AMRA

KARIN TAG

Das Geheimnis der Atlantischen

Kristall Bibliothek

AMRA

Originalausgabe

Besuchen Sie uns im Internet:
www.AmraVerlag.de

Deutsche Ausgabe:

Auf der Reitbahn 8, D-63452 Hanau
Telefon: + 49 (0) 61 81 – 18 93 92
Kontakt: Info@AmraVerlag.de

Herausgeber & Lektor	Michael Nagula
Umschlag	Frankl Design
Layout & Satz	nimatypografik
Druck	FINIDR, s.r.o.

ISBN 978-3-939373-51-3

Inhalt

ANHANG

Vorwort

Dieses Buch beschreibt eine Reise, die ich mit Corazon de Luz, dem Kristallschädel Herz des Lichtes, erlebte. Sie beschreibt eine Welt, die ganz eng mit den Menschen verbunden ist und von der bisher nur die alten Schamanen und Weisen der alten Völker wussten. Diese Welt ist zugleich ein wichtiger Teil unseres Lebens auf dem Planeten Erde, und es ist unerlässlich, dass die Menschen von ihr erfahren. Es gibt dort so viel tiefgründiges Wissen, und in diesen Tagen der Bewusstwerdung entspringt ihr der Geist einer ganz besonderen Liebe – zur Unterstützung der Menschen. In dieser Welt gibt es wahre Schatzkammern kosmischen Wissens, die es den Menschen ermöglichen können, einen friedlichen Weg in eine glückliche Zukunft einzuschlagen. Ohne dieses Wissen läge die Welt der Menschen im Dunkel, und es ist nur den Wesen und Helfern im Inneren der Erde zu verdanken, dass sich die Welt der Menschen in eine harmonische und lichtvolle Welt verwandeln wird.

Wir alle tragen hier in dieser Zeit einen wichtigen Baustein dazu bei, dass die Welt, in der wir leben, eine bessere Welt werden kann. Jeder Einzelne von uns spielt in dieser bedeutsamen Geschichte eine Rolle, die ganz außerordentlich wichtig ist. Jeder von uns tut sein Bestmögliches, um diesen heiligen Planeten für unsere Nachfahren und alle Lebewesen, die auf ihm leben, lebens- und liebenswürdig lichtvoll zu gestalten.

Wir alle erfüllen eine Prophezeiung, die älter ist als die uns bisher bekannte Zeitrechnung. Die Wahrheit über die Zeit und die wahren Vermächtnisse unserer Vergangenheit sollen uns nun Stück für Stück wieder begegnen. Viele Schamanen und Weisen der alten Völker haben uns diese Zeit vorhergesagt. Auch die Weissagungen des Kristallschädels Corazon de Luz, die wir über die Jahre erhalten durften, haben uns die Zukunft erfahren lassen. Sie geben uns die Kraft, unsere eigenen Fähigkeiten zu entdecken und mit ihnen zu wachsen.

Um die Veränderung der Erde ranken sich zahlreiche Spekulationen. Sie erfolgen in einem Zeitalter, das besondere Geheimnisse und Verbindungen birgt, die durch Corazon de Luz langsam für die Menschen geöffnet werden. All dies dient dem Zweck, die Menschen mit Liebe zu erfüllen und ihnen den Weg ins Glück zu zeigen.

Meine Erlebnisse haben nichts mit mir persönlich zu tun, sondern mit dem Prozess, der in dieser Zeit auf Erden seinen Lauf nimmt. Ich erzähle Ihnen von meiner Reise nicht um meiner selbst willen, sondern weil die Menschen die Wahrheit erfahren müssen. So soll Ihnen, lieber Leser, in diesem Buch deutlich werden, welche wundervollen Helfer wir in dieser Zeit haben, die für uns unsichtbar das Licht auf dem Planeten Erde verankern.

Diese Geschichte ist eine Einweihung in die wichtigsten Mysterien unserer Erde, und ich freue mich, dass die Menschen nun reif genug sind, sie zu erfahren.

1

Reise in die Alte Welt

Der Tag begann wie ein ganz gewöhnlicher Morgen. Es war warm und sonnig, und ich erfreute mich bei einer Tasse Tee an dem schönen Sonnenschein, der mein Gesicht wärmte. Der Sommer ging langsam zu Ende, was man an den kalten Nachttemperaturen deutlich spüren konnte. Ich hatte mich auf meiner Terrasse niedergelassen und bereitete mich auf die nächsten arbeitsreichen Stunden vor.

In diesen Tagen war ich zwischen meinen vielen Reisen mit Corazon de Luz endlich wieder einmal zu Hause, und ich genoss die intensive Zeit mit meinen beiden Kindern. Ihr Lachen und ihre Fröhlichkeit bereiteten mir so viel Freude. Linda und Merlin waren meine Herzensquellen, und ich war jeden Tag dankbar, dass ich sie hatte. Sie gaben mir viel Kraft für die manchmal sehr anstrengende Zeit mit Seminaren und Workshops und dem arbeitsintensiven Forschen mit der Photonenkamera. Ihre tiefe unschuldige Liebe war es, die mich unaufhörlich weitermachen ließ. Schließlich ging es ja bei dem Gesamtprojekt »Kristallschädel« auch um die Zukunft der beiden, genauso wie um die Zukunft der vielen anderen Kinder auf dem Planeten Erde.

Glaubte man den Inkaschamanen, so betraf die Prophezeiung der Kristallschädel nicht nur den Zeitenwechsel dieser Jahre – vielmehr sprach sie von einer völligen und anhaltenden Veränderung des Planeten Erde. Ich hatte den Kristallschädel Corazon de Luz erhalten, um an diesem großen Projekt mitzuwirken, und ich gab alles, um diese Aufgabe so gut wie möglich zu erfüllen. Mit Ritualen und Einzelterminen und durch Seminare und Workshops sollte Corazon de Luz ein Baustein dieser Veränderung sein.

In den vielen Jahren, die ich den Kristallschädel nun schon begleitete, waren immer wieder wundervolle Dinge geschehen. Zahlreichen Menschen gab er die Erinnerung an die eigenen Fähigkeiten zurück, niemals forderte oder manipulierte er sie. Sein Vorgehen zeugte von einer unendlichen Liebe, und seine Botschaften berührten die Menschen stets tief im Herzen. Suchten sie mich wegen eines privaten Channelings auf, dann gab er ihnen nicht nur Hoffnung, er verwandelte sie in glückliche, positive und freudige Lichtträger, die ihre wahren Begabungen, Fähigkeiten und Aufgaben erkannten und nutzten.

Diese Channelings absolvierte ich nun schon seit fünfzehn Jahren, und es war immer das gleiche Lichtwesen gewesen, das sich uns als Engel präsentierte und durch mich sprach. Erst in späteren Jahren wurde mir der Zusammenhang mit dem Kristallschädel klar, denn noch vor zehn Jahren hätten die Menschen sich irrtümlich vor dem Kristallschädel gefürchtet. Sie glaubten damals noch, es handele sich um schwarzmagische Geschöpfe. Heute wissen sie, dass der Kristallschädel Corazon de Luz in diesen Erdentagen eine besondere Aufgabe hat und dass er nur in reinster Form von Licht und Liebe dem Allschöpfer dient.

Mit der Veröffentlichung der ersten drei Bücher, die ich geschrieben hatte, war der Kristallschädel zum Berater aus göttlichen Ebenen geworden. Die Channelings nutzte er, um den Menschen ihre Fähigkeiten zu beschreiben und ihnen nahezulegen, in welcher Weise sie diese fördern konnten. Ich stellte in Volltrance meinen Körper zur Verfügung, während der Kristallschädel die Menschen beriet. Das war sehr angenehm für mich, da ich mich mit den Geschichten des Einzelnen nicht befassen musste, sondern während des Körperaustrittes meine eigenen spirituellen Reisen erfahren konnte. Manchmal schlief ich auch einfach nur. In jedem Fall konnte ich mich nach der Beratung an nichts mehr erinnern, da mein Geist den Körper während des Trancezustands komplett verließ.

Sehr viele Menschen aus aller Welt kamen zu diesen Beratungen, weil es sich wie ein Lauffeuer verbreitet hatte, dass die Botschaften von Corazon de Luz so überaus weise und hilfreich für alle Lebenslagen waren. Gab der Kristallschädel doch als Hüter der Chronik der Zeitgeschichte Auskunft über Vergangenheit, Gegenwart und Zukunft. So hatte er es seit vielen Tausenden von Erdenjahren getan und die Menschen dabei in ihrem Wachstum begleitet. Früher waren es Könige und Herrscher gewesen, die sich beraten ließen – heute steht diese Möglichkeit jedem Menschen offen. Ich machte da keinen Unterschied, und ich tat mein Bestes, dem Ansturm auf Termine, der sich entwickelt hatte, Genüge zu leisten. Ich wusste, wie wichtig diese Botschaften für die Menschen waren.

Dieser Tag war also ein solcher mit Einzelterminen, und ich sammelte mich im frühen Morgensonnenschein, um die Termine bis in den späten Abend durchhalten zu können. Ich aß ein wenig Obst und getrocknete Datteln – das liebte ich, weil es den Körper sehr kräftigt und nicht belastet. Als der erste Kunde zum Channeling kam, war ich gut gelaunt und im Herzen fröhlich gestimmt. Ich knuddelte meine beiden Kinder und begab mich in das Beratungszimmer. Wie immer streichelte ich Corazon de Luz zur Begrüßung, und irgendwie sah er an diesem Morgen besonders leuchtend aus. Ich lächelte ihn an und bemerkte, dass er sehr kraftvoll wirkte. Es schien wohl ein besonderer Tag zu werden, denn ich hatte den Eindruck, als lächelte er zurück, um mir Mut zu machen, die bevorstehenden Termine zu meistern. Immerhin sollten es an diesem Tag zehn Einzeltermine werden.

Ich vertraute dem Kristallschädel aus Erfahrung, und ich wusste, dass er mich nicht überfordern würde. So setzte ich mich neben ihn und nahm ihn, als der erste Kunde vor mir Platz genommen hatte, wie immer zu Beginn des Termins in meine Hände und auf meinen Schoß. Als ich ihn aufnahm, spürte ich eine starke pulsierende Kraft von ihm ausgehen und wunderte mich darüber. Irgendwie war es, als schwitzte er, denn ich spürte, wie meine Hände feucht wurden. Ich spürte aber auch dieses warme

Gefühl um mein Herz, und ich konnte mühelos »einschlafen«, um meinen Körper wie gewohnt zu verlassen.

Im Laufe der fünfzehn Jahre hatte ich das einige tausend Mal gemacht, und es war mir immer leichter gefallen, aus dem Körper auszutreten, als wieder zurückzukommen. Die Rückkehr in den Körper war oft unangenehm, und ich fühlte mich dabei, als würde ich der Weite des Kosmos entrissen und wieder in ein kleines Mauseloch gesperrt werden. Manchmal hatte ich den Eindruck, von einem Hochhaus zu stürzen. Der Aufenthalt außerhalb des Körpers war oft sehr unterschiedlich. Ich sah den Kosmos, die Sterne und Planeten, oder ich wurde geschult. Und manchmal, wie gesagt, schlief ich auch einfach nur ein.

Als ich diesmal aus dem Körper austrat, hörte ich ein ohrenbetäubendes Pfeifen, und ich spürte sofort, dass etwas anders war als sonst. Wenn ich bisher den Körper verlassen hatte, war ich frei von Körperempfindungen gewesen. Ich hatte mich körperlich nicht gespürt, sondern feinstofflich im leeren Raum des Universums geschwebt. Diesmal spürte ich aber den Kristallschädel ganz deutlich in meiner Hand. Ich fühlte ihn warm auf meinem Schoß, und ich konnte meinen eigenen Atem spüren.

Einen kurzen Augenblick zögerte ich loszulassen, denn ich wollte den Zugang zu meinem Körper nicht verlieren, schließlich hing ich mit meinem Herzen doch noch an meinem Leben mit meinen Kindern. Ich spürte einen Ruck durch meinen Körper gehen – durch meine Zweifel ausgelöst. Mein Verstand war unsicher, ob ich das Geschehen annehmen sollte. Ich spürte Angst und Unsicherheit in meinem Kopf. Aber mein Herz war ganz ruhig und gelassen. Ich fühlte mich nicht bedroht, und Corazon de Luz lag kraftvoll vibrierend in meinen Händen. Ich beschloss, ihm zu vertrauen, und ließ meine ängstlichen Gedanken los.

Plötzlich erfasste mich ein sturmartiges Energiefeld, das mich wirbelnd umtoste. Ein ohrenbetäubendes Dröhnen erfüllte meinen Kopf und machte es mir unmöglich, weiterzudenken. Ich wurde wie durch einen Tunnel gerissen, der auf und ab führte – in einer atemberaubenden Geschwindigkeit hinein ins Nichts. Es war die reinste Achterbahnfahrt, mein Körper wurde förmlich hinweggefegt. Ich hielt den Kristallschädel als meine einzige Sicherheit fest umklammert. Mir wurde heiß, und mein Herz pochte wie wild. Das Dröhnen in meinem Kopf wurde ständig lauter, und immer noch presste ich den Kristallschädel an mein Herz. Ich hatte das Gefühl, mein Körper könnte zerrissen werden – und versuchte dann vorsichtig, die Augen zu öffnen.

Was ich sah, war so beeindruckend, dass ich es niemals vergessen werde. Vor meinen Augen öffnete sich ein Lichttunnel, der mich mit einer rasenden Geschwindigkeit in sich hineinzog. Das Licht des Tunnels wirkte gläsern leuchtend, und es schien, als blitzten kleine Kristalle an seinen Wänden auf. Ich umklammerte den Kristallschädel noch fester und rief: »Corazon, was bedeutet das? Wo bringst du mich hin?« Kaum hatte ich das gesagt, beschleunigte sich mein Tempo im Tunnel, und ich konnte nichts mehr erkennen. Ich verlor das Bewusstsein.

Als ich wieder zu mir kam, hatte ich rasende Kopfschmerzen. Ich versuchte die Augen zu öffnen, aber das Licht tat mir in den Augen weh. Ich tastete vorsichtig umher, um zu erfahren, wo ich mich befand. Den Körper hatte ich wohl nicht verlassen. Ich spürte unter mir ein weiches Fell, und kaum, dass ich mich bewegte, berührte eine Hand meine Stirn. Eine tiefe Männerstimme sprach zu mir: »Beruhige dich, es ist alles gut gegangen, du bist in Sicherheit, du musst dich nur erst an das Licht hier gewöhnen. Ruh dich aus.«

Ich spürte ein feuchtes Tuch auf meiner Stirn, und zwei feste starke Arme hoben mich auf und gaben mir aus einem steinernen Becher kühles Wasser zu trinken. Ich hatte kaum Kraft und fühlte mich wie im Fieber. Ich hörte die Stimme sagen: »Trink das Wasser, es wird dir die Sinne wiedergeben, und dann schlaf, du wirst bald alles erfahren, was du wissen musst!« Ich trank das Wasser und spürte, wie es in meinen Körper floss. Es war, als würde es mir das Körpergefühl zurückgeben und meine Gedanken klären. Ich wurde müde und versank sofort in einen traumlosen, endlos langen Schlaf.

Als ich wieder erwachte, war das Dröhnen in meinem Kopf verschwunden. Ich hatte keine Schmerzen mehr und schlug vorsichtig die Augen auf. Immer noch lag ich auf einem Fell auf einem steinernen Boden. Ich sah mich vorsichtig um und stellte fest, dass das Licht in dem Raum, in dem ich mich befand, so gleißend hell war, dass ich die Augen kaum offen halten konnte. Die Wände des Raumes schienen aus einem leuchtenden Stein zu bestehen, der in sich selbst strahlte. Keine Kerze oder künstliche Lichtquelle beleuchtete den Raum, sondern alle Dinge strahlten in sich in einem glänzenden hellen Schein.

Mein Blick schweifte durch den Raum, und ich konnte weder ein Fenster noch eine Tür entdecken. Dies gab mir den Eindruck, ich könnte gefangen sein. Sofort erschrak ich und tastete unter mich und um mich herum – wo war der Kristallschädel? Hatte man ihn mir weggenommen? Hastig suchte ich nach ihm, als eine Hand mich am Arm berührte.

Ich blickte auf und war fassungslos vor Erstaunen. Neben mir stand ein großer Mann mit warmen, leuchtenden, dunklen Augen. Sein markantes Gesicht wirkte wie das eines Inka. Er trug ein weißes Gewand, das mit goldenen Schnallen geschmückt war. Seine langen schwarzen Haare waren zum Zopf gebunden und wurden von einer Spange mit einem Schlangenkopf gehalten. Auf der Brust trug er ein eigenartiges Amulett mit einem Symbol, und an seinen muskulösen Oberarmen blitzten goldene Armreifen mit Edelsteinen. Der Mann wirkte majestätisch, und es schien, als würde er aus seinem innersten Wesen heraus leuchten, genau wie die steinernen Mauern des Raumes, in dem ich mich befand.

Mir stockte der Atem – bis ich die tiefe Liebe spürte, die von dem Mann ausging, und ich sofort aufhörte, mich zu fürchten. Der Dunkelhäutige schien genau zu wissen, was in mir vorging, denn er ließ meinen Arm los und lächelte mich mit seinen warmen Augen liebevoll an. Dann griff er unter sich und gab mir den Kristallschädel in meine Hände. Während er das tat, streichelte er Corazon de Luz zärtlich und lächelte wissend.

Mit derselben tiefen, liebevollen Stimme, mit der er mir vorher schon das Wasser gereicht hatte, sprach er zu mir: »Willkommen in der Alten Welt! Hier hast du den heiligen Schädelstein wieder, ich habe ihn nur eine Weile für dich verwahrt. Fürchte dich nicht, du bist hier jenseits aller Dunkelheit. Corazon de Luz hat dich hierhergebracht, so wie es seit Jahrtausenden prophezeit worden ist. Mein Volk und ich haben dich seit langem erwartet. Ich bin San Saiman, der Hüter der heiligen Stadt des Lichtes, und dies ist die Pforte zur heiligen Anlage des Wissens. Ich werde dich und Corazon de Luz auf der Reise durch die Alte Welt begleiten, denn ihr habt hier eine wichtige Aufgabe zu erfüllen!«

Als ich ihn ansah, spürte ich die Kraft, mit der er das sagte. Ich wollte so viele Fragen stellen, aber irgendwie schien er alle meine Gedanken zu kennen, denn bevor ich etwas sagen konnte, fuhr er schon fort zu sagen: »Ich weiß, dass du viele Fragen hast. Ich kann sie dir jetzt nur nicht beantworten. Wie du siehst, bist du hier in einer anderen Welt, die aus starkem Licht geschaffen ist. Es ist das göttliche Licht der Liebe, und diese Stadt ist zwischen den Dimensionen erbaut worden von den Sternenwesen, die den Planeten Erde beschützen. Ich darf dir noch nicht viel sagen, aber sehr viel geheimes Wissen liegt hier verborgen, und du musst dich gedulden. Du wirst erst ein paar Reinigungen und Prüfungen erfahren müssen, bevor du deiner Bestimmung begegnen kannst. Erst musst du die Gesetze des Lichtes erlernen und dich an die Qualität des Lebens in dieser Dimension gewöhnen, dann kann ich dir mehr sagen. Vertraue mir, ich bin hier zu deinem Schutz.«

Dies sagte er mit solchem Nachdruck, dass ich spürte, wie überflüssig jede Gegenfrage gewesen wäre. Irgendetwas in mir war zutiefst überzeugt, dass er es gut mit mir meinte. Also fügte ich mich vertrauensvoll seinen Weisungen. Er bedeutete mir mich umzukleiden und wies auf eine weiße Stoffrobe, die auf dem Boden vor mir lag. Während ich mich danach bückte, schritt San Saiman durch den kleinen Raum auf eine der leuchtenden Steinwände zu. Sie öffnete sich lautlos vor ihm, und er verschwand in einen leuchtenden Steingang, aus dem Musik ertönte.

Kaum hatte sich der strahlende Mann entfernt, betraten zwei wunderschöne Frauen den Raum. Ihre Haut leuchtete wie übernatürlich, und sie waren in weiße Gewänder gehüllt. Ihre langen Haare flossen wie flüssiges Gold über ihre Schultern, und ihre Augen leuchteten so schön wie das Sternenlicht. Sie lächelten fröhlich und halfen mir, mich anzukleiden. Dabei bemerkte ich, dass ich mich hier viel leichter bewegen konnte. Es war eine Leichtigkeit in mir, die fast so etwas wie Schwerelosigkeit war. Diese Leichtigkeit fühlte sich beglückend an – so beglückend, dass ich lächeln musste.

Mir viel auf, dass die beiden jungen Frauen meine Kleider in ein Stoffbündel packten und es verschnürten. Sie lächelten mich beruhigend an und halfen mir, die weiße Robe anzulegen. Dabei bemerkte ich, dass der Raum, in dem ich mich befand, irgendwie lebendig war. Der Stein schien lebendiges Licht zu sein. Ich versuchte den Stein zu berühren, aber er war beinahe durchlässig. Ich fragte mich, ob ich träumte. Ich versuchte eine der jungen Frauen zu berühren. Während eine mir die weiße Robe mit einer goldenen Spange fixierte, berührte ich sie vorsichtig am Arm. Sie fühlte sich transparent an wie flüssiges Licht. Sie lachte und berührte *mich* mit festem Griff, den ich deutlich kraftvoll auf meinem Arm spürte. Dabei fiel mir auf, dass mein menschlicher Körper heller wirkte als gewöhnlich, aber er war immer noch feststofflich und wirkte dunkel im Gegensatz zur leuchtenden Umgebung.

Die beiden Frauen lächelten mich wissend an. Sie schienen meine Gedanken lesen zu können. Eine von ihnen reichte mir einen goldenen Krug mit Wasser. Sie musste gespürt haben, dass ich durstig war. Ich trank den Becher in einem Zug leer. Das Wasser schmeckte süßlich und angenehm leicht. Als ich den goldenen Becher näher betrachtete, fühlte ich, wie das Licht in meinem Körper wuchs. Das besondere Wasser konnte die Lichtqualität meines Körpers anheben. Mit jedem Becher, den ich trank, schien ich mich mehr und mehr meiner lichtvollen Umgebung anzupassen. Das hatte San Saiman wohl gemeint, als er sagte, ich müsse mich an das Licht dieser Welt anpassen.

Tausend Fragen stürzten mir durch den Kopf. Wo war ich wohl, und was hatte das alles zu bedeuten? Warum hatte Corazon de Luz mich hierhergebracht?

Ich fürchtete mich überhaupt nicht mehr, und das Wasser, das ich trank, gab mir das glückselige Gefühl von Leichtigkeit. Ich ließ mich vom Lächeln der beiden Frauen anstecken, und ich fühlte mich eigenartig frei in meinem Herzen.

2

Die heilige Stadt und die Einweihung in das Licht

Während mich die beiden Frauen liebevoll in eine weiße Robe hüllten, gingen mir so allerlei Gedanken durch den Sinn. Es beunruhigte mich schon, dass ich weder wusste, wo ich mich befand, noch, ob ich meinen Weg in meinen Körper und mein reales Leben wiederfinden würde. Bisher waren die Austritte aus meinem Körper während der Trancezustände immer nur geistiger Natur gewesen. Niemals hatte ich eine derartige Reise mit meinem Körper gemacht, und ich fragte mich, ob ich wohl träumte oder ob ich tatsächlich in dieser Art von Zwischendimension gelandet war.

Mein Blick fiel auf Corazon de Luz, der sich auf meinem Felllager befand. Er leuchtete stärker als sonst, und er schien mich anzulächeln. Ich hatte es über die vielen Jahre gelernt, bereits an seinem Äußeren zu erkennen, wie er gestimmt war. Im Moment sah er sehr lebendig und kraftvoll aus. Der vermeintlich harte Stein konnte seinen Gesichtsausdruck beeindruckend verändern. Schon sehr oft hatte er mich vor unangenehmen Überraschungen gewarnt, wenn es nötig war. Sein leichtes Lächeln beruhigte mich jetzt, und ich freute mich, dass er in diesem übernatürlichen Licht so wunderschön leuchtete.

Als ich meinen Blick vom Kristallschädel abwandte und aufsah, erblickte ich San Saiman. Er musste lautlos zurückgekehrt sein. Warm und liebevoll schaute er mich mit seinen leuchtenden Augen an. Die beiden Frauen nahmen das Bündel mit meinen Kleidern und verließen den Raum. Eine von ihnen verneigte sich leicht vor San Saiman, bevor sie mit einem strahlenden Lächeln hinausging.

Ehe ich darüber nachdenken konnte, welche Bedeutung diese Geste hatte, richtete San Saiman das Wort an mich. »Fühlst du dich ein wenig besser?« Ich nickte ihm zu, auch wenn ich tief in meinem Herzen immer noch unruhig war, denn ich wollte einfach mehr über diese Umstände erfahren. »Du befindest dich in keinem Traum, Carino, dies hier ist eine reale Welt.« Ich wunderte mich, dass er das sagte, er schien wohl meine Gedanken oder Gefühle lesen zu können. »Du bist von Corazon de Luz hierhergebracht worden, so wie es die Prophezeiungen seit Tausenden von Jahren bestimmt haben. Deine Ankunft hier ist ein Zeichen, dass der Planet Erde erwacht und die Menschen reif sind für eine wundervolle Veränderung ihres Bewusstseins. Weißt du, es ist eine lange Geschichte, die ich dir erzählen werde, wenn der Augenblick gekommen ist. Dein Hiersein hat eine große Bedeutung für alle Menschen, die in deinem Zeitalter auf Erden leben. Corazon de Luz hat dich durch die Lichtpforte hierhergebracht, weil es wichtige Dinge gibt, die die Menschen deiner Zeit erfahren sollen. Sie müssen die Wahrheit kennen lernen, und es ist wichtig, dass du mit deinen eigenen Augen sehen und mit deinem eigenen Herzen fühlen und begreifen kannst, was die Geheimnisse der Erde den Menschen zu sagen haben.

Wir haben Corazon de Luz gebeten, dich hierherzubringen, weil es wichtig ist, dass die Menschen lernen, die Kosmische Wahrheit zu leben. Ich bin San Saiman, ein Lichtbote und Hüter der Wahrheit, und ich habe mehrere Jahrtausende des Lichtes auf diese Zeit gewartet. Ich habe den Weg für dich und für die Menschen vorbereitet, und ich freue mich, dass nun die Zeit der großen Veränderungen auf dem Planeten Erde beginnt. In der Zeit deines Hierseins werde ich dich begleiten und schützen. Ich werde versuchen, dir die heiligsten kosmischen Gesetze und Geheimnisse zu erklären, damit du den Menschen davon berichten kannst.

Dein Geist und ein verdichteter Teil deines Körpers sind hiergekommen in die Welt des Lichtes, während der andere feststoffliche Teil deines Körpers in deiner Welt verblieben ist. So kannst du unsere Welt mit allen Sinnen wahrnehmen und die Lektionen und Aufgaben als real erfahren, die dir hier in der Welt des Lichtes die Wahrheit offenbaren können. Ich will dir allerdings auch die Risiken deines Aufenthaltes nicht verschweigen. Für dich als dreidimensional bezogenen Menschen wird dies mit Prüfungen verbunden sein. Du lebst in deiner Welt der Emotionen und Handlungen von Menschenvölkern, und es ist für dich hier kein leichtes Wachsen, welches dir geschenkt wird. Um das allumfassende Geheimnis zu erfahren, um dessen Erkundung sich dein Aufenthalt hier dreht, musst du Prüfungen ablegen und dein Bewusstsein reinigen. Gelingen dir die Prüfungen, so wirst du der erste Mensch sein, der in unserer Lichtwelt nicht nur Zutritt erhält, sondern auch die Einweihungen der Hohepriester in die kosmischen Geheimnisse des Allwissens erfährt. Gelingen dir diese Prüfungen nicht, so wirst du deine Heimreise nicht antreten können.«

Während San Saiman sprach, ging er in dem Raum hin und her. Jeden Schritt, den er tat, beobachtete ich, und ich fragte mich immer wieder, ob ich dies alles nur träumte. Es kam mir so vor, als *müsste* ich träumen, denn das Licht des Steinbodens veränderte sich und wurde immer heller unter San Saimans Schritten.

»Nein, du träumst nicht. Das ist der erste Teil der ersten Prüfung, dass du den Blick aus der dreidimensionalen Täuschung nehmen kannst. Deine Welt ist nur Täuschung und Illusion der Materie. Hier bist du viel dichter an der Grenze zum wahren Lichtbewusstsein. Du hast eine schwierige Aufgabe zur Wahl bekommen. Und niemand weiß, ob du, stellvertretend für die Menschen, diese Aufgabe annehmen möchtest.«

Er wandte sich mir zu und sah mich prüfend an. Seine wundervollen braunen, warmen Augen erfüllten mich mit Vertrautheit. Ich spürte seinen Blick tief in meinem Herzen. Ein warmes Gefühl breitete sich in mir aus, und ich merkte, wie sich in meinen Augen Tränen sammelten. »Ich kenne dich besser, als du glaubst. Ich kenne die Menschen länger, als du nur ahnen kannst. Ich hüte die wertvollsten Geheimnisse des Universums, und es ist keine leichte Entscheidung, den Menschen zu vertrauen. Du hast ein gutes Herz. Eine starke Menschenfrau bist du, aber du hast auch deine menschlichen Ängste und Gedanken deines Verstandes, die dich schnell in die Irre leiten können. Wie gesagt, es ist nicht ohne Risiko, diesen Weg einzuschlagen. Aber wir haben ihn schon begonnen, und es gibt keine Wahlmöglichkeit mehr.«

Er sah mir noch fester in die Augen und sprach mit freundlicher, warmer Stimme zu mir: »Ich weiß um deine Kinder, und in deinem Herzen habe ich die Liebe zu ihnen gesehen. Diese Liebe wird dich vor eine schwere Prüfung stellen, und es wird ungewiss sein, wie die Ältesten nach deiner Schulung entscheiden werden. Trotzdem bitte ich dich, mit mir zu kommen und die Schulung anzunehmen. Ich will dir helfen, so gut ich kann – manchmal werde ich dir aber nicht helfen dürfen. Je länger dein Aufenthalt hier dauern wird, umso mehr wirst du dich an das Licht gewöhnen und desto schwieriger wird deine Rückkehr in dein früheres Leben sein. Es kann sogar sein, dass du nicht mehr zurückkehren wirst.

Von deinem Aufenthalt und dem Wissen, das du hier erlangst, hängen die Zukunft deines Planeten und die Entwicklung der Menschheit ab. Der Planet steht kurz vor dem Erwachen, und die Menschen müssen lernen, die Erde zu verstehen, wenn sie die Zeitenwende und den Tausendjährigen Frieden mitgestalten wollen. Die Menschen sollen mit deinen Augen und Empfindungen das Herz der Erde wahrnehmen, und sie sollen die Geschichte der Welt aus den Beschreibungen eines Menschen erfahren. Dies ist eine große Chance für die menschlichen Völker der Erde, die Bibliotheken des kosmischen Wissens zu öffnen. Es geschieht nur ein einziges Mal, und kein anderer Mensch wird diese Chance erhalten. Die kosmischen Ältesten haben nur einen Versuch für dieses Abenteuer gestattet, und das bedeutet nicht etwa, dass du etwas anderes wärst als ein Mensch mit all seinen verschiedenen Seiten. Es ist schwer, sich das vorzustellen, aber die Schädelsteine sind zu diesem Zweck auf die Erde gebracht worden – einzig, um die Menschen zu schulen und sie hierherzubringen, damit das Licht auf dem Planeten Erde eröffnet werden kann.«

Ich schluckte bei San Saimans Worten. Ich dachte an meine beiden Kinder, und ich sorgte mich, wie sie ohne mich zurechtkommen sollten. Ich war alleinerziehende Mutter, und ich hatte keine Verwandten. Durch die vielen Botschaften von Corazon de Luz wusste ich aber, dass er eine wichtige, weltgestaltende Aufgabe auf dem Planeten hatte. Ich wusste, dass die kosmischen Ältesten die Kristallschädel nur deshalb auf die Erde gebracht hatten, um uns Menschen in diesen Tagen zu helfen, das Bewusstsein des Friedens zu entwickeln. Mit der Zeitenwende und dem Eintritt der Erde in die Milchstraße waren Energieerhöhungen verbunden, die zu einer Veränderung des Bewussteins der Menschen auf dem Planeten führen würden. Und ich wusste auch, dass meine Kinder und alle anderen Kinder der Erde ohne die Helfer der Sternenvölker keine Chance hatten, dies friedvoll zu erleben.

Ich sah in San Saimans Augen. Irgendetwas erschien mir so sehr vertraut an seinem Blick. Hatte ich diese Augen schon einmal gesehen? Ich schaute verlegen zu Boden und seufzte ein wenig. Ich fragte: »San Saiman? Warum ich? Warum soll ich dies tun?« Er antwortete: »Weil es deine Bestimmung ist!« Mit diesen Worten wandte er sich von mir ab und schritt auf den Gang zu, in dem er schon einmal verschwunden war. Dann drehte er sich wieder zu mir um und nickte mir lächelnd zu: »Nur Mut, Carino, wir schaffen das schon. Komm!«

Er ging mit entschlossenen Schritten voran. Ich nahm Corazon de Luz in meine Hände und folgte ihm. Ich fragte mich, woher er meinen Spitznamen kannte, den die Indianer mir gegeben hatten. Tausend Gedanken wirbelten in meinem Kopf umher. Mein Herz pochte, und ich war den Tränen nah. Was hatte dies alles zu bedeuten? Warum hatte Corazon de Luz mich für diese

Aufgabe ausgewählt? Beklommen folgte ich dem muskulösen, kraftvollen Mann.

Er hatte langes Haar, und das Licht brach sich eigenartig darin. Seine Lockenspitzen funkelten wie silbriges Licht, und es war, als hätte er Sternenstaub darin. Der Gang, durch den er mich führte, schien endlos zu sein. Die Wände waren ganz aus Stein, und ein eigenartiges, pulsierendes Licht schien den Stein von innen heraus zu beleuchten. Es funkelte und blitzte darin, und es wirkte, als sei der Stein lebendig. Schließlich kamen wir an eine Art Pforte, die sich wie von selbst öffnete, als San Saiman die Hand beim Gehen leicht erhob. Er drehte sich zu mir und reichte mir die linke Hand. Ich ergriff sie und hielt mit der anderen Corazon de Luz. Ich wusste, dass ich ohne den Kristallschädel nicht zurückfinden würde. Das erfasste mein Herz intuitiv. Ich hielt Corazon de Luz fest umklammert.

Mein Herz raste vor Aufregung, als ich dem schönen Mann durch die Pforte in die Lichtwelt folgte. Nachdem ich eingetreten war, machte San Saiman einen Schritt zur Seite und gab den Blick nach vorne frei. Was ich sah, war unglaublich beeindruckend. Unwillkürlich drehte ich mich um. Der Gang schien einer gigantischen Felswand entsprungen zu sein. Der winzig wirkende Ausgang bildete eine Öffnung mitten im Fels in riesiger Höhe und lag hoch über dem, was ich vor mir sah – eine Stadt aus Licht und Kristall.

Der Himmel war ein einziges Lichtermeer aus Sternen, die eine Art Gewölbe bildeten, und zwei Monde leuchteten hell und groß über der Stadt. Riesige Vögel kreisten über ihr, und die Luft roch angenehm süßlich wie Honig. Die Stadt schien aus purem Kristall erbaut zu sein, denn die Kuppeln und Dächer blitzten in regenbogenfarbenem Licht. Die Wege schienen aus reinem Gold sternenförmig durch die Stadt angelegt worden zu sein. Zu meiner Linken brach ein gewaltiger Wasserfall lautlos den leuchtenden Fels hinunter.

Ruhe und friedvolle Stille herrschten in dieser Welt. Alles schien aus verzaubertem Licht zu bestehen. Überall funkelte und leuchtete es, und die Bäume und Pflanzen erweckten den Eindruck, aus flüssigem Gold zu bestehen, die Blüten aus einem Nebel von Farben. Lichtgestalten tummelten sich unten in der Stadt und um sie herum. Sie schienen zu lachen, und vollkommener Frieden leuchtete ersichtlich auf ihren Gesichtern. Das lautlose Wasser erfüllte alles mit seinem Schein. Es floss vom Wasserfall aus in vielen tausenden Bächen durch die Stadt. Was das Wasser auch berührte, wurde lebendiges Licht, und es schien, dass der Geist des Wassers hier alles mit Liebe bezauberte.

San Saiman lächelte mir zu und rief: »Willkommen in der heiligen Stadt!« Bei seinen Worten stiegen mir die Tränen in die Augen. Es berührte mich tief, dass ich diese Stadt sehen durfte, denn ich spürte, dass sie etwas ganz Besonderes war.

Über einen gewundenen Pfad stiegen wir an der Felswand hinunter auf den Weg, der geradewegs in die Stadt führte. Ich hatte ein Gefühl von Schwerelosigkeit, als ich San Saiman auf dem hellen Erdreich folgte. Es federte unter meinen Füßen leicht nach, und rechts und links wuchsen seltsame Blumen und Pflanzen, die in den schönsten Farben fast gläsern leuchteten. Sie wirkten zerbrechlich wie dünnstes Glas, und doch waren sie biegsam wie flüssiges Licht. Es war so wundervoll anzusehen, dass mir erneut die Tränen in die Augen traten. Je näher wir der heiligen Stadt kamen, umso schöner leuchteten die Gärten und Anlagen vieler Tausender kleiner Tempel und Schreine, die alle mit buntem Leben erfüllt zu sein schienen. Lichtmenschen in den herrlichsten bunten Gewändern lächelten mich an und verneigten sich leicht, als wir vorübergingen. Ich hatte den Eindruck, sie würden mich kennen, und irgendetwas an ihnen kam mir auch merkwürdig vertraut vor.

Je näher wir dem Zentrum der Stadt kamen, umso leuchtender wurden die kleinen Gassen und Straßen. Ich hatte den Eindruck, wir näherten uns einem strahlenden Mittelpunkt. Überall war es auffallend still. Alle Lebewesen schienen von einer tiefen Ruhe durchflossen zu sein. Kein störender und kreischender Lärm erfüllte hier das Leben, sondern eine melodische Stille, die alles in einen sonderbaren Frieden hüllte.

Schließlich bogen wir an der hellsten Passage in eine große Allee ein, die auf einen riesigen Tempel zuführte, der inmitten der Stadt ein leuchtendes Zentrum bildete. Als ich das Bauwerk mit seiner Leuchtkraft sah, stockte mir abermals der Atem. Es schien aus lebendigem Licht zu bestehen, denn die Fassade, die hohen runden Kuppeln, die bunt verzierten Fenster, die vergoldeten Pforten, alles gleißte und pulsierte. Es floss unaufhörlich, so dass ein lautloser Strom aus Licht den Tempel erfüllte, der es wie einen Palast aus flüssigem Gold wirken ließ. Er schien mit ätherischem Licht zum Leben erweckt worden zu sein, und das Gebäude schien zu atmen. Es erweckte den Eindruck, als wäre es selbst ein lebendiges Wesen.

Eine riesige Pforte aus Kristall, mit prunkvollen Edelsteinen verziert, bildete den Eingang der wundervollen heiligen Stätte. Als San Saiman mir bedeutete, ihm in den Tempel zu folgen, fühlte ich eine warme Freude in mir aufsteigen. Intuitiv wusste ich, dass es eine Ehre war, in dieses heilige Gebäude einzutreten. Ich folgte San Saiman, der zufrieden lächelte, als er meine tränenerfüllten Augen sah. Er reichte mir die Hand, und ich konnte den warmen Lichtfluss in seinem Körper spüren. Danach führte er mich durch die Pforte, die sich ganz von selbst öffnete, als er auf sie zuging.

Helles Licht strahlte aus dem Tempel nach außen, und ich wandte den Blick ab, weil der innere Glanz des Bauwerkes mich blendete. San Saiman führte mich hinein, und ich konnte nur Umrisse erkennen, weil meine irdischen Augen das Licht nicht zu erfassen vermochten. Meine Schritte wurden unsicher, und mein Kopf begann zu schmerzen. San Saiman führte mich weiter in das helle Licht hinein, bis wir an einer Art Altar zum Stehen kamen. Ich konnte erkennen, dass er aus flüssigem Kristall bestand. Ein riesiger glänzender Kristallblock war im Zentrum des Tempels zu einem Altar errichtet worden, aus dem lichthelles Wasser in eine Art Brunnen floss. Ein kristallener Kelch ruhte in einer besonderen Vertiefung im Kristallblock, und das Wasser floss um ihn herum in ein goldenes Becken.

Das Wasser war so hell, dass ich nicht lange hinsehen konnte, denn meine Augen schmerzten bei dem Versuch, alles erkennen zu können. San Saiman füllte den kristallenen Becher mit Lichtwasser und reichte ihn mir. Als ich das Wasser im Becher sah, bekam ich meine Lider kaum noch auf. Ich spürte das Licht durch meinen Körper strahlen, und ich spürte, dass mein Körper die Kraft des Lichtes nicht aushalten konnte.

Mit Nachdruck sprach San Saiman zu mir: »Schnell, trink den Becher des Lichtes. Dein Körper wird sich sonst in dieser Welt nicht halten können. Das Wasser ist das heilige Wasser der Lichtwelt der Sternenvölker. Es wird dir die Fähigkeit geben, in dieser Welt bleiben zu können. Du wirst eine Weile schlafen, aber dein Körper wird von diesem Wasser in die Schwingung des Lichtes eingeweiht. Sei unbesorgt, ich beschütze dich.«

Ich umklammerte Corazon de Luz, den ich die ganze Zeit über in meiner rechten Hand unter dem Arm getragen hatte. Ich umschloss ihn mit meiner Hand wie einen Rettungsanker, der mich vermeintlich am Leben halten würde. Mein Herz war warm und erfüllt von Freude bei der Vorstellung, den Becher zu leeren. Doch mein Verstand fragte sich zu diesem Zeitpunkt unter dem hämmernden Kopfschmerz, ob dies bedeutete, dass ich nicht mehr in meine Welt zurückkehren konnte, sobald ich den Becher geleert hatte. Hilfesuchend griff ich nach San Saimans Hand und spürte, wie seine warme Lichtkraft mich beruhigte. Schließlich war ich ja nicht ohne Grund hierhergebracht worden, und ich musste das Vertrauen darauf entwickeln, dass dies alles einem höheren Sinn folgte.

Vorsichtig hob ich den Becher an meine Lippen und trank ihn langsam leer. Es schmeckte leicht und süßlich. Ich hatte das Gefühl, der Inhalt sprang in meinem Mund freudig hin und her, gerade so, als wäre er lebendig. Irgendwie schien er meinen Körper zu beleben. Ein warmes Gefühl durchfloss mich Zelle für Zelle, und ich spürte eine endlose Freude in mir aufsteigen. Ich spürte, wie meine Augen das Licht nun besser wahrnehmen konnten, und auf einmal begann ich die schönsten Töne zu hören.

Ich lehnte mich an San Saiman an und wäre fast in seine Arme gesunken. Ich trug ein solches Glücksgefühl in meinem Herzen, dass ich kaum noch atmen konnte.

San Saiman hielt mich, und ich vernahm, wie er mit sanfter Stimme auf mich einsprach. Ich verstand nicht, was er sagte. Es schien mir, als würde ich in einem Rausch des Glückes schweben. Mein Körper wurde leicht, und ich fühlte, wie jede Art von Verspannung aus meinem Körper wich. Ich fühlte eine Art von kindlicher Leichtigkeit, die sich in jeder einzelnen Körperzelle ausbreitete. Jegliche Last und jegliche Verkrampfung wichen aus meinem Körper. Ich rang nach Luft. Ich hatte das Gefühl, dass selbst die Luft sich zu verändern schien, die meine Lungen mit dem Hauch des Glücks erfüllten.

Ich schloss die Augen und sah einen tanzenden Lichternebel vor mir. Das Licht floss endlich auch durch meinen schmerzenden Kopf, und ich spürte, wie selbst der Schmerz in ein unglaubliches Glücksgefühl verwandelt wurde. Dann begann mich ein wundervoller Traum zu umfangen. Ich sah tanzende Lichtmenschen und eine riesige lichterfüllte Stadt. Ich sank vollends in San Saimans Arme und spürte, wie er mich aufhob und davonbrachte. Er trug mich auf den Armen und hatte Corazon de Luz in meinen Schoß gelegt. Mit beiden Händen hielt ich den Kristallschädel fest und verlor schließlich das Bewusstsein.

3

Der Wächter des Quells der Reinheit

Als ich wieder zu mir kam, wusste ich erst nicht, wo ich mich befand. Ich wagte es nicht, die Augen zu öffnen, weil ich nicht wusste, ob das Licht mich blenden würde. Ich blinzelte durch meine halb geöffneten Lider und sah mich vorsichtig um.

Ich befand mich in einem Raum aus purem Gold. Ich konnte es kaum glauben, aber der gesamte Raum bestand aus reinstem Gold, das mir wie lebendig vorkam. Der Raum war fünfeckig und fensterlos. Ich war auf einer Art Liege aufgewacht, die aus dem purem Gold beschaffen war. Jemand schien mich mit einem Tuch aus gewebtem Gold zugedeckt zu haben, und ich tastete mit den Fingern über das hauchdünne, feine Gewebe.

Als ich meine Finger sah, erschrak ich, weil ich den Lichtfluss darin bemerkte. Meine Hände schienen genauso von dem Lichtfluss erfüllt zu sein wie alles andere um mich herum. Corazon de Luz war mir gegenüber auf einem goldenen Tisch platziert worden, und ein Strauß Lichtblumen schmückte seine glänzende Erscheinung. Auch er wirkte seltsam verändert. Ein Lichtermeer pulsierte durch ihn hindurch, und ich sah, wie lebendig er innerlich war. Millionen Sterne schienen in ihm zu erstrahlen. Mit beiden Händen fuhr ich mir übers Gesicht und spürte, dass mein ganzer Körper sich verändert hatte.

Ich wusste nicht, wie lange ich geschlafen hatte. Es war ein traumloser, langer Schlaf gewesen, der mich irgendwie hatte gesunden lassen. Ich fühlte mich wie neu geboren, innerlich wie äußerlich rein und leicht. Ich fühlte mich von all meinen irdischen Sorgen und Lasten befreit – und erhob mich von meinem goldenen Lager.

Dann sah ich mich in dem kleinen, fünfeckig angelegten Raum um. Der Boden unter meinen Füßen gab ein wenig nach, als ich umherschritt, und ich hatte den Eindruck, dass ich schwebte statt zu laufen. In dem Raum schien es keinen Eingang oder Ausgang zu geben. Er hatte auch keine Lichtquelle wie Kerzen oder etwas Ähnliches. Das Gold schien ihn aus sich heraus zu beleuchten. Die Wände waren mit Tausenden tanzender Blumen verziert. Gravuren prangten darauf, die ebenso lebendig wirkten wie das Gold selbst. Sie bewegten sich auf und ab und strahlten abwechselnd in den buntesten Regenbogenfarben.

Ich trat zu Corazon de Luz, der in diesem Moment stärker zu pulsieren begann. Ich sah, wie die kleinen Lichtsterne in dem Kristallschädel wirbelnd hin und her sprangen. Er vibrierte ein wenig, und ich spürte, dass seine Kraft gewachsen war. Sein Leuchten verbreitete ringsum einen Nebel aus weißem Licht, während seine Hülle noch immer aus einer festen Kristalloberfläche bestand. Sie spiegelte und blitzte aus sich heraus. Es sah wunderschön aus, und ich blickte tief in den magischen Schädelstein.

Tausende von Bildern sah ich wirr durcheinanderziehen. Bilder von Lichtgestalten und der heiligen Stadt. Es schien, als wolle Corazon de Luz mir die Geschichte der Stadt erzählen. Schemenhaft sah ich die Epochen der Erbauung, und ich sah die Lichtmenschen diesen zauberhaften Lichtpalast anlegen. Auch sah ich die einzelnen Tempel und Anlagen entstehen, und ich sah riesige Feste, die in ihnen gefeiert wurden. Ich sah den Haupttempel und den Brunnen des Lichtwassers, aus dem ich getrunken hatte. Und ich sah San Saiman, wie er als Priester dem Volk das Wasser des Lichtes aus dem kristallenen Becher reichte. Dabei wirkte er majestätisch und würdig. Aber es war keine Spur von Stolz in ihm, die eine menschliche Schwäche gezeigt hätte. Er war einfach und rein, und in seinem Herzen sah ich einen Stern leuchten. Ich lächelte bei diesem Bild und wusste sofort, was Corazon de Luz mir sagen wollte. Ich hatte nichts zu befürchten, so lange ich San Saiman vertraute.

Kaum hatte ich diesen Gedanken, verschwanden die Bilder in Corazon de Luz wie in einem Nebel. Ich kannte den Kristallschädel, und ich war mir bewusst, dass er mir nur Bilder zeigte, die etwas zu bedeuten hatten. Zweifellos war es ihm wichtig, mir zu zeigen, dass ich San Saiman vertrauen konnte. Wozu auch immer das nötig sein mochte.

Kaum hatte ich dies gedacht, öffnete sich lautlos eine Seite des fünfeckigen Raumes, und eine Frau trat ein. Sie passierte eine Tür, die ich vorher gar nicht bemerkt hatte. Eine schlanke Lichtgestalt war diese Frau, und ihr feines Gesicht strahlte wie der Schein des Vollmondes. Wie eine Elfin wirkte sie auf mich. Weißlich leuchtete die Haut, wo sie nicht mit einem Gewand aus gewobenem Silber bedeckt war. Sie hatte silbrige Haare, und ihre Lippen waren blassrot. Wasserblaue Augen lächelten mich aus ihrem Gesicht an.

Ein ungewöhnliches Licht ging von ihr aus, und sie schien über dem Boden zu schweben. Eine feine Kette aus glänzendem Silber trug sie, die den Eindruck erweckte, als seien Perlen aus Sternenlicht daran aufgereiht. Die Frau strahlte mich an und hielt mir beide Hände zum Gruß entgegen. Ich erwiderte ihren Gruß und schritt auf sie zu.

»Ich begrüße dich, Menschenkind. San Saiman hat mir schon viel von dir berichtet. Ich wollte sehen, ob es dir gut geht. Ich freue mich, dass du aus deinem langen Schlaf erwacht bist. Wie ich sehe, seid du und dein heiliger Schädelstein wohlauf. Komm, ich führe dich ein wenig herum, damit du dich einfinden kannst in den heiligen Tempel.« Ich war verunsichert, denn ich konnte nirgends San Saiman erblicken. Ich wusste nicht, ob es richtig war, sich zu entfernen. Doch schon beantwortete sie mir diese Frage: »Komm nur, es ist gut, wenn du dich ein wenig umsiehst. San Saiman habe ich bereits rufen lassen, er wird bald hier sein.«

Ich sah mich nach Corazon de Luz um. Er lächelte, und so wusste ich, dass an der Situation nichts Bedrohliches war. Ich betrachtete die wunderschöne Frau, die sich nun grazil abwandte und mir bedeutete, ihr zu folgen. Ich beschloss, Corazon de Luz mitzunehmen, und wollte ihn gerade aufnehmen, als mir die Mondlichtfrau eine aus Gold gewebte Tasche reichte. »Gib ihn besser hier hinein, dann ist er sicherer in deiner Hand.« Also verstaute ich den Kristallschädel vorsichtig und war froh, dass ich keine Angst mehr haben musste, ihn fallen zu lassen. Dankbar verschnürte ich die goldene Tasche und hängte sie mir über den Rücken. So konnte ich mich frei bewegen und den Kristallschädel dennoch bei mir haben.

Freudig folgte ich der Mondlichtfrau, denn ich war schon neugierig auf den heiligen Tempel. Sie schritt mit mir durch die Halle, die ich zuvor gar nicht hatte sehen können, weil das Licht mich geblendet hatte. Nun konnte ich alles deutlich erkennen und war fasziniert von der Schönheit des Tempels. An den Wänden strahlten die größten und schönsten Edelsteine in allen möglichen Farben, und im Zentrum des Raumes floss das Lichtwasser, das mich gereinigt hatte, in den zauberhaften Brunnen aus kristallklarem Stein. Es floss mit wundersamen Klängen, die bei jeder Bewegung eine neue Harmonie anstimmten. Vorher schien das Wasser lautlos geflossen zu sein. Nun war ich in der Lage, es fließen zu hören, und meine Augen waren offen für das Licht, das es mit sich führte.

Die Mondlichtfrau ging voraus und lächelte mir immer wieder freundlich zu. Ich folgte dem Lauf des Wassers und sah, dass es einem Felsen entsprang. Je näher ich dem Felsen kam, umso deutlicher erkannte ich, dass er wie ein Mond leuchtete in silbrigmagischem Schein. Das Wasser entsprang etwas oberhalb seines Inneren, aber man konnte die Stelle nicht genau erkennen. Dann blieb die wunderschöne Frau auf einmal stehen.

Sie erhob ihren in weißem Licht leuchtenden Arm. Majestätisch sah sie aus, und ich bewunderte ihre Kraft, die sich als Leuchten um ihren Körper herum zeigte. Sie begann in einer fremden Sprache zu singen, und das Wasser begann freudig zu tanzen unter der betörenden Kraft, die von der anmutigen Gestalt ausging.

Sie schien das Wasser zu dirigieren, und es machte ihr sichtlich Freude, magisch mit ihm zu spielen.

Sie wandte sich mir zu und sprach: »Ich bin die Mondin des Wassers, und ich verleihe dem Wasser die Kraft des Lebens. Ich spiegele das Licht in die Kraft des Wassers und bezaubere damit alles, was in Licht lebendig werden soll. Mein Geist lebt vom Licht der Sterne, aus dem ich geboren bin, und ich segne das Wasser mit dem Hauch des Lebens. In deiner Welt findest du meine Kraft im Leuchten des Mondes und in der Magie der Wasser, die auf diesem Planeten fließen. Ich bin die Schwester der Erde, und ich verleihe ihr die Kraft des lebendigen Wassers, damit sie fruchtbares Leben gebären kann. Ich bin das Leuchten des Mondes, das euch Menschen die Magie der Träume und die Heilkraft eurer Zellen spendet. Ich bin der Geist allen Wassers, das auf Erden fließt.

Dieser Quell ist der Quell der Reinheit, der jegliches Wasser aller Dimensionen des Planeten Erde mit Leben behaucht. Das Wasser ist der Quell, der euch geboren hat und der euch reinigt und am Leben erhält. Ich schütze diesen Quell und gebe ihm mit meinem Sternenlicht das Leben. Ich singe das Wasser lebendig, und ich erhalte es, damit die Menschen es zu ihrem Heil nutzen können.

Seit Millionen von Erdenjahren nach eurer Zeitvorstellung schütze ich nun schon das Licht des Wassers. Die Menschen wissen nicht, dass es mich gibt, und sie sorgen sich derzeit nicht genug um den Schutz des Wassers auf Erden. Du bist das erste Menschenkind, dem ich begegne, und ich bitte dich, den Menschen davon zu berichten, dass die Wasser nicht zufällig auf eurem Planeten fließen. In jedem Tropfen spiegeln sich mein Licht und meine Liebe für das Leben. Auch wenn die Menschen mich nicht sehen können, so können sie doch meine Präsenz spüren, wenn sie in der Berührung mit dem Wasser ihre Herzen öffnen.

Wasser muss mit Liebe begegnet werden. Es ist wie ein sanftes Kind, das tanzend in Schwingung der Freude seine Bahnen auf Erden zieht. Es ist kraftvoll und machtvoll, und es ist die pure

Kraft des Wachsens und Heilens auf diesem Planeten. Ohne das Wasser zu heiligen, werden die Menschen die Erde nicht weiter bewohnen können, denn Wasser ist die einzige Möglichkeit, das Licht in sich aufzunehmen. Nur Wasser hat die Fähigkeit, die Schwingungen des Lichts in die einzelnen Körperzellen der dreidimensionalen Materie zu tragen. Nur Wasser kann eure Körper zu lebendigen Gefäßen für eure Seele machen. Ohne Wasser und seine heilige Kraft entfernt ihr euch immer mehr vom Licht des Schöpfers.«

Während sie dies sagte, hob sie wieder den Arm, und der Felsen vor ihr öffnete sich. Eine riesige Grotte tat sich meinen Blicken dar. Sie war ganz aus Silber, und in ihr leuchtete es silbrig-weiß. »Sieh hin, dort ist der Stern des Wassers verborgen. Aus ihm entspringt das Licht, welches ich dem Wasser einhauche mit meinem Gesang.«

Und bei diesen Worten erhob sich ein strahlender Stern aus dem Wasserbecken. Er funkelte und drehte sich in übernatürlichem Licht. »Hier findet alles Licht seinen Ursprung, und es bewegt die Wasser allen Lebens. Sieh, wie der Stern des Lebenslichtes das Wasser heiligt! Jeder einzelne Lichtstrahl berührt die Menschen, wenn sie dem Wasser auf Erden begegnen. Du hast von dem Lichtwasser getrunken und seine Wirkung gespürt. Das Lichtwasser meines Sternes ist die Essenz allen Lebens auf Erden. Diese Essenz ist in göttlichem Willen geschaffen, und die Güte der Kraft Gottes spiegelt sich darin.

Du bist der erste Mensch, der dieses Geheimnis erfährt. Es ist nur eines der vielen Geheimnisse, welches die heilige Stadt hütet. Das Wasser des Lebens hat dir die Augen geöffnet, damit du das Licht sehen kannst, aber es hat auch dein Herz geöffnet, damit du all die Dinge verstehen kannst, die San Saiman und ich dich lehren werden. Du wurdest uns vor Tausenden von Jahren angekündigt, und wir haben lange darauf gewartet, dass der Kristallschädel uns den ersten Menschen bringt, um ihn zu schulen. Ich freue mich, dass das Flüstern der Erde nun auch von euch Menschen gehört werden kann. Sieh den Stern des

Lichtes, wie er strahlt! Er strahlt für die Kraft des Lebens aller Wesen auf dem Planeten Erde, und dies tut er schon seit Millionen von Jahren!«

Als sie das sagte, tauchte der Stern wieder in das Wasserbecken ein. Ich konnte sehen, wie sein Licht das Wasser belebte. Tausende Lichtfunken sprangen vom Stern ins Wasser, und es schien, als würde das Wasser lebendig. Die Wellen im Becken flirrten vor Lichtfunken und spiegelten sie, und der kleine Quellfluss hüpfte lebendig und lange aus dem Fels seines Ursprungs.

Ich sah die Mondenfrau an, und mir fielen das kraftvolle Leuchten und die majestätische Ausstrahlung auf, weder stolz noch herrschsüchtig. Sie war rein wie das Wasser selbst, von dem sie sprach. »Dieser Felsen, mein Menschenkind, ist aus Diamant geformt. Er bricht das Licht meines Sternes in millionenfacher Wirkung, und er umschließt zum Schutz das heilige Becken meines Sternes. Er ist der Wächter des Wassers des Lebens.«

Bei diesen Worten verschloss sich der Felsen lautlos. Erst jetzt bemerkte ich, dass er aus reinem Diamant bestand, und es verschlug mir den Atem. Nur tief im Inneren der Erde konnte man wohl so einen riesigen Diamanten finden. Solch ein gigantischer Stein musste ganz dicht am Erdkern entstanden sein. Ich war tief beeindruckt.

»Von hier fließt das Lichtwasser über die Brücke der Lichtschwingung in alle Wasser der Erde, und Tausende und Abertausende Funken dieses Lichtwassers leben in den Körperzellen der Menschen. Deshalb ist es wichtig für die Reinheit der Menschen, dass sie das Wasser hüten und dass sie große Mengen davon zu sich nehmen, damit ihre Zellen vorbereitet sind auf die Zeit des Lichtes auf Erden. Berichte den Menschen von diesem Geheimnis, es wird viel Leid bei ihnen auflösen und in ihren Zellen wieder das Glück des Lichtes säen.«

Einen Moment lang schien es, als wäre eine Spur von Traurigkeit in ihrem Blick. Sie beugte sich zu mir vor und schaute mir tief in die Augen. »Menschenkind, es gibt so viel Glück in eurer Welt, ihr Menschen habt nur verlernt, es zu sehen. Eure Augen sind verschlossen für das Licht der Welt. Eurem Wesen nach seid ihr von gleicher Abkunft, tragt ihr die gleiche Liebe in euch wie das Lichtvolk dieser Welt. Aber ihr könnt uns nicht wahrnehmen, und die Mächtigen eurer Zeit halten die Bücher der Wahrheit verschlossen und verborgen. Nun kommt die Zeit der Erinnerung, und du bist ein Sendbote des neuen Bewusstseins auf Erden. Gehe behutsam damit um und bestehe deine Prüfungen!«

Etwas Mahnendes lag in ihrer Stimme, doch ehe ich darauf antworten konnte, spürte ich eine wärmende Kraft, die sich mir von hinten näherte. Es war San Saiman, der sich zu uns gesellte. Streng sprach er zur Mondenfrau: »Mathab, überfordere sie nicht, es ist noch zu früh für diese Erklärungen, habe Geduld!«

Ehrfurchtsvoll verneigte sie sich vor San Saiman, der in diesem Moment hell wie die Sonne strahlte. Sein makelloses Antlitz war in einen goldenen Schein gehüllt, und seine warmen braunen Augen sprühten goldenes Licht. Erst jetzt fiel mir auf, dass die Ausstrahlung der beiden völlig unterschiedlich war. San Saiman war in goldenes Licht gehüllt, das wie flüssig auch seinen Körper durchwogte, während Mathab in einem silbernen Lichtfluss gleißte. Sie waren grundverschieden, San Saiman warm und kraftvoll, Mathab mystisch weiß und lichtvoll. Und doch verband die beiden etwas, und ich glaubte, Mathab sei seine Frau.

Bei diesem Gedanken empfand ich ein leichtes Stechen. Hatte mich die Kraft und Magie des leuchtenden Mannes ungewollt tief in meinem Herzen berührt? Irgendwie wurde ich den Eindruck nicht los, dass ich ihn kannte und mehr mochte, als ich mir eingestehen wollte. Er hatte etwas Sanftes und zugleich Kraftvolles in seinem Wesen, und in seinen Augen hatte ich ein besonderes Licht gesehen. Aber ich verwarf den Gedanken sofort wieder und beschloss, nicht weiter darüber nachzusinnen. Es erschien mir zutiefst ungehörig.

San Saiman schritt auf mich zu und sah mich an. Hatte er meine Gedanken bemerkt? Schweigend richtete er den Blick auf Mathab. »Komm, Schwester«, sagte er freundlich, »wir wollen unseren Gast auf das Treffen vorbereiten. Es wird Zeit für die erste Begegnung.«

Sie nickte wissend und antwortete lächelnd: »Ja, mein Bruder, du hast recht. Du kennst mich doch, ich bin ungeduldig.« Lächelnd bedeutete sie mir, ihr zu folgen.

Ich schämte mich und meinte rot zu werden. Mir war klar, dass sie sich absichtlich als Bruder und Schwester zu erkennen gegeben hatten, weil meine Gedanken wie ein offenes Buch vor ihnen lagen. Entweder konnten sie mir meine Gefühle ansehen oder in meinen Kopf schauen. Verlegen versuchte ich, an etwas anderes zu denken.

Als ich Mathab folgte, ging ein paar Schritte hinter mir San Saiman, der mir die Hand auf die Schulter legte. Ganz kurz nur, aufmunternd, wie ein sanfter Hauch, dann bewegten wir uns auf einem schmalen Pfad zwischen blanken Kristallfelsen hindurch.

Lange Zeit schritten wir auf dem sich auf- und abwärtswindenden Pfad dahin, stundenlang, wie mir schien. Schließlich gelangten wir an eine gewundene Treppe, die in die Tiefe führte. Sie bestand aus reinem Bergkristall und musste Tausende von Jahren alt sein. Ihre Stufen waren ausgetreten von den Füßen all der Lichtmenschen, die sie bereits hinabgestiegen waren. Sie schien endlos weit in die Tiefe zu reichen und leuchtete wie all das andere Felsgestein magisch aus sich selbst heraus.

Mathab blieb auf dem Absatz stehen und wandte sich mir zu. »Diese Stufen führen dich hinab in eine große Grotte am Fuße des heiligen Tales, in dem die heilige Stadt erbaut wurde. Dort liegt die Grenze unseres Lichtreiches, und dort wirst du ein Wesen finden, das dich auf deine nächste Einweihung vorbereitet. Mein Bruder und ich sind der Meinung, dass du IHR allein gegenübertreten solltest. Aber es ist wichtig, dass du mit reinem Herzen den Ort der Begegnung erblickst, und deshalb haben wir dir den Quell des Lichtes gegeben, um dich auf die Begegnung mit IHR vorzubereiten. Sprich nur die Wahrheit und beantworte alle IHRE Fragen mit der Kraft deines Herzens, dann wirst du erfahren, weshalb du hierhergekommen bist. SIE wird dich prüfen, und dein Herz wird antworten.«

Mathab hob die rechte Hand und hielt sie einladend in Richtung der Stufen. Ich wandte mich an San Saiman, sehnte mich nach seiner Unterstützung. Er neigte sich mir zu. Indem er seine Hand erneut auf meine Schulter legte, sagte er: »Ich glaube an dein Herz, SIE wird dich verstehen.« Er lächelte und sah mich freundlich an.

Ich hatte keine Ahnung, wovon die beiden eigentlich sprachen, und fürchtete mich, etwas Falsches zu tun. Dann nickten sie ermutigend, und ich begriff, dass ich die Stufen allein hinabsteigen musste. Ganz gleich, was mich dort unten erwartete.

4

Das Flüstern der Erde

Nachdem ich San Saiman und Mathab einen kurzen Blick zugeworfen hatte, stieg ich langsam die Treppe aus Bergkristall hinab. Anfangs leuchteten die Stufen noch und wirkten lebendig wie alle Gebäude und Wege in der heiligen Stadt. Aber je tiefer ich kam, desto blasser wurde das Leuchten im alten Kristall. Bald strahlte ich selbst heller als meine Umgebung, weil ich noch immer das Lichtwasser und sein besonderes Funkeln in meinem Körper trug.

Der Duft von modriger Erde drang dumpf aus der Tiefe, und ich wurde unsicher, als ich die Treppe immer weiter hinabstieg. Sie schien nicht enden zu wollen, und ich fragte mich, wohin sie wohl führte. Mathab hatte von einer Grotte gesprochen, die ein Wesen beherbergte, und ich solle nur die Wahrheit sprechen. Was erwartete mich hier unten?

Corazon de Luz wurde auf meinem Rücken allmählich schwerer, und auch meine Schritte waren nicht mehr so leicht wie vorher in der lichten Stadt. Feucht roch es und es wurde immer dunkler. Schließlich konnte ich nur noch sehr wenig erkennen, während ich mich langsam über die Stufen nach unten tastete. Von irgendwoher kam ein Windhauch, der den modrig erdigen Duft an mir vorüberwehte. Immer weiter ging ich Schritt für Schritt, immer tiefer in die Erde hinab. Um mich herum wurde alles lautlos und still. Aber wenn ich den Blick nach oben richtete, konnte ich nach wie vor das Licht der heiligen Stadt erkennen, das in weiter Ferne über mir erstrahlte. Mir war, als beobachtete mich San Saiman, denn wenn ich an ihn oder die heilige Stadt dachte, wurde es mir warm um mein Herz.

Als ich plötzlich einen warmen Lichtschein vor mir sah, wusste ich, dass ich am Ende der Treppe angekommen war. Er drang aus einem kleinen Gang, der rechts neben mir ins Unbekannte führte. Mutig ging ich dem Licht nach und folgte dem niedrigen Gang durch dunkles Felsgestein, das sich wie eine Schlange nach rechts und links wand.

Der Boden unter meinen Füßen wurde lehmig und der erdige Duft intensiver, je näher ich der Lichtquelle kam. Sie konnte nicht mehr weit entfernt sein. Am Ende des Ganges musste ich ein paar Stufen hinabsteigen, bevor ich in eine große Grotte Einlass fand.

Das Gewölbe erhob sich bis in gigantische Höhen. Es schien, als bestünden die aufragenden Wände aus versteinertem Erdreich. Im Gegensatz zu den Gängen der heiligen Stadt funkelte es hier nicht, vielmehr roch alles nach saftigem Mutterboden, als hätte ein Bauer sein Feld mit der Egge bestellt. Ich atmete tief ein, denn schon immer hatte ich den süßen Duft des Erdreichs geliebt, der nach jedem Winter den Frühling verkündet. Es war gerade so, als sei die Erde, aus der das Gewölbe gefasst war, frisch erwacht.

Das Licht, das mich bis hierher geführt hatte, drang aus einer tiefen Spalte im Boden. Als ich mich dem klaffenden Riss näherte, entdeckte ich, dass darin ein Lavastrom seine Bahn zog. Weit voraus, am Ende des abfallenden Grottenbodens, verlief er eine Weile ebenerdig, bevor es dampfte und zischte, und beim Näherkommen sah ich, dass dort ein kleiner Bach mit Lichtwasser der heiligen Stadt unmittelbar in die Lava floss.

Es war ein fantastisches Schauspiel, den funkelnden Lichtfluss und den Lavastrom in seinen unterschiedlichen Farben leuchten zu sehen. Sie verliefen einige Dutzend Meter parallel, bis sie miteinander verschmolzen. Ich bestaunte das wallende Schauspiel eine Weile und spürte, dass hier, wo ich jetzt stand, der Boden unter meinen Füßen noch irdisch fest war und nicht leuchtete. Ich ging weiter und näherte mich dem altarähnlichen Gebilde, in der Hoffnung, auf jenes Wesen zu treffen, das Mathab erwähnt hatte.

Dort musste die Grenze zwischen der materiellen Welt des Planeten Erde und der Lichtwelt der Lichtmenschen liegen.

Ich sah mich um, konnte aber weit und breit nichts erkennen, und so ließ ich mich auf dem Boden nieder, um zu warten. Und während ich so dasaß und wartete, dachte ich an unsere Erde und ihre Schönheit. Wie kraftvoll sie doch war, wie einzigartig.

Vor mir fraß die Lava sich durch den Boden, und alles, was sie erfasste, zerschmolz zu flüssigem Gestein. Es zischte und roch nach flüssigem Metall. Ich blickte dorthin, woher ich gekommen war, und auf der einen Seite floss der Lichtbach, auf der anderen Seite die dampfende Lava. Ich sann darüber nach, dass ich an der Grenze zwischen zwei Welten saß, die direkt an dem altarähnlichen Vorbau ihren Mittelpunkt hatten.

Dort, an dem Vorbau, war ein kleines Plateau angelegt worden. Neugierig stand ich auf und wollte es aus der Nähe betrachten. Als ich den Vorbau betrat, geschah etwas Merkwürdiges. Sowohl der Lavastrom als auch der Lichtfluss hielten in ihrem Lauf inne. Es war, als gefroren sie in der Bewegung, genau in dem Moment, als ich einen kräftigen Windhauch auf meinem Gesicht spürte. Die Erde begann zu vibrieren, und der Luftzug wurde stärker. Jähe Windböen streiften mich, als zöge etwas unsichtbar an mir vorbei.

Dann, urplötzlich, wurde es ringsum ganz still. Wie aus dem Nichts hörte ich eine Stimme, die mir zuflüsterte: »Erdenkind, ich sehe dich. Was machst du hier? Du hast hier nichts verloren. Du hast die Grenzen der Dimensionen überschritten und leuchtest wie eine Frau des Lichtvolkes. Was willst du hier?«

Ich erinnerte mich an Mathabs Worte und beschloss, nur die Wahrheit zu sagen. »Die Lichtmenschen haben mich hierhergebracht. Ich bin mit dem Kristallschädel Corazon de Luz in die heilige Stadt gekommen und soll nun das Wesen dieser Grotte aufsuchen. Man sagte mir, ich habe eine Aufgabe zu erfüllen, die schon vor Tausenden von Jahren prophezeit wurde. Weißt du etwas darüber?« Vor Aufregung klang ich ganz heiser.

»Ob ich etwas darüber weiß?« Die Stimme lachte bitter auf. »Erdenkind, ich bin Gaia, die Wächterin der Erde. Ich hüte die dritte Dimension der Erde, und ich weiß alles über die Menschen. Ich glaube dir nicht, dass du aus der Lichtstadt kommst. Ich kenne die Menschen, ich hüte die Welt ihrer Täuschung in der Materie, und ich weiß, dass sie nicht reif sind, die Lichttunnel zu durchfliegen. Die Menschen tragen zu viele Ängste in sich, und sie haben im Laufe der vielen Jahrtausende jeglichen Funken der Liebe verloren. Welcher Hochmut treibt dich an? Was maßt du dir an, mich derart zu belügen?«

Ich war erschrocken über ihre Reaktion, denn ich hatte nicht erwartet, dass sie nicht wie die Lichtmenschen in mein Inneres schauen konnte. Ich überlegte, was ich ihr sagen konnte, um sie zu überzeugen. »Du bist also Gaia, die Hüterin der Erde, die Göttin der Fruchtbarkeit. Es ist mir eine Ehre, dir zu begegnen. Ich komme wahrhaftig aus der heiligen Stadt. San Saiman und Mathab haben mir die Wasser des Lichts zu trinken gegeben. Sieh doch, wie meine Hände und mein Körper leuchten!« Ich hielt die Hände empor, weil ich vermutete, dass jenes Wesen, mit dem ich sprach, mich von irgendwoher beobachtete.

»Ich sehe, Erdenkind, dass du die Wahrheit sprichst, aber das hilft dir nicht bei deiner Absicht, die Landesgrenzen zu überschreiten. Ich weiß, warum du gekommen bist. Der Sonnenkönig hat dich geschickt. Er und seine Schwester wollen den Menschen helfen in dieser Zeit des Übergangs ins Lichtbewusstsein. Die Prophezeiung der kosmischen Ältesten hat es so angekündigt. Du sollst die Wahrheit, das Wissen und die heiligen Gesetze des Kosmos zu den Menschen bringen. Ich sage dir, es nützt dir nichts, dass du hierhergekommen bist. Ich sehe jeden Tag der Erdenzeit, dass die Menschen dieses Zeitalters noch nicht reif sind für diese Wandlung.«

Ihr Flüstern zischte böse, und zornig fuhr sie fort: »Die Menschen sind töricht und einfältig. Jeden Augenblick ihres Daseins auf Erden quälen sie den Planeten mit ihrem Raubbau an ihm. Sie hören mein Flüstern nicht, das ich ihnen durch die Jahreszeiten sende. Ich habe es mit Wehklagen betrauert, dass die Menschen den Ruf meiner Stimme nicht mehr vernehmen. Ich hüte die Welt der Täuschung für sie, und ich materialisiere die Wünsche ihrer Gedanken, indem ich den Strom des Lichtes mit dem hitzigen Quell der Materieverdichtung verbinde. Jeden Tag höre ich ihre Gedanken, empfinde ich ihre Ängste, und ich habe lange genug gesehen, dass sie ihren Ursprung völlig vergessen. Sie zerstören die Erde mit ihren Waffen, und ich habe Mühe, alles im Gleichgewicht zu halten. Würde ich dich einlassen und würdest du aus den Grenzen des Lichtlandes wieder in deine Welt wechseln, so würdest du den Menschen von dieser Welt hier berichten und ihnen den Ort beschreiben. Du würdest ihn beschreiben als einen Ort, an dem man sich alles wünschen kann. Das würde die Machthaber der Menschen anhalten, danach zu streben, ihn beherrschen zu wollen. So etwas darf ich nicht zulassen. Der Mensch ist in seinem Herzen nicht reif für die Wahrheit!«

Mir stockte der Atem, als ich das hörte. Irgendwie hatte sie ja recht. Erführen bestimmte Machthaber von diesem Ort, würden sie alles daransetzen, daraus eine Waffe oder eine ähnlich zerstörerische Macht zu entwickeln. Ich seufzte. »Gaia, ich glaube, du hast recht. Die Menschen haben die Geheimnisse der Erde vergessen. Und ich glaube auch, dass sie eine solche Kraft, wie du sie hier hütest, missbrauchen würden. Bitte erzähle mir mehr über die Prophezeiung und meine Aufgabe, damit ich das alles besser verstehen kann.«

Sie war wohl erstaunt darüber, dass ich ihr zugestimmt hatte, denn sie zögerte eine Weile mit ihrer Antwort. »Ich sehe, du bist aufrechten Herzens hierhergekommen. Das ist gut. Nun, die Prophezeiung besagt, dass das Wissen und die kosmische Wahrheit in diesem Zeitalter auf die Erde zurückgebracht werden müssen. Die kosmischen Ältesten haben diesen Zeitpunkt des Eintritts der Erde in die Milchstraße gewählt, um den Menschen den Tausendjährigen Frieden zu überbringen. Die Menschen werden die Wahrheit langsam in ihren Herzen begreifen, und sie sollen auch mit der Lichtwelt und der Dimension der heiligen Stadt wieder verbunden werden. Doch würdest du in dieser Grotte die Grenzen der Lichtwelt überwinden, dann hätte ein Mensch sich in seiner Lichtqualität so verändert, dass die anderen es sehen könnten. Es würde eine drastische Veränderung auf Erden bedeuten.

Ich soll nun an dieser Stelle als Göttin der Erde, als Wächterin der täuschenden Welt der Menschen entscheiden, ob eine solche Überwindung der Grenzen der Welten rechtens ist? In diesem Augenblick, mein Erdenkind, muss ich dich enttäuschen. Ich bin das Flüstern der Erde, und ich sage dir, dass die Menschen nicht reif sind für solches Wissen in diesen Tagen. Um das überhaupt in Erwägung zu ziehen, müsste ich dich auf eine harte Reise der inneren Prüfung schicken. Auf eine Reise zur Begegnung mit deiner eigenen Angst. Und ich müsste dich stellvertretend prüfen für alle Menschen, die in dieser Zeit auf dem Planeten Erde leben. Willst du das auf dich nehmen? Und selbst wenn du es versuchen wolltest, gibt es kaum Aussicht auf ein Gelingen. Nehmen wir an, du würdest die Prüfungen trotz aller Schwierigkeiten bestehen, so könnte ich dich dennoch nicht in deine Welt zurückkehren lassen. Zu gefährlich wäre es, wenn die Menschen die Wahrheit erführen.«

Ich war erschüttert über das, was sie mir sagte. Ich dachte sofort an meine beiden Kinder, und ich spürte einen tiefen Schmerz bei dem Gedanken, sie womöglich nicht mehr wiedersehen zu können. Mir schossen die Tränen in die Augen. Es war plötzlich alles ganz still um mich. Tränen der Verzweiflung rannen mir übers Gesicht. Der Schmerz brannte tief in meinem Herzen, und ich bekam kaum noch genug Luft zum Atmen.

Plötzlich flüsterte Gaia mir zu: »Du liebst deine Kinder, nicht wahr? Schmerzt es dich so sehr, dass du ihnen nicht mehr begegnen darfst? Spürst du diesen Schmerz? Genauso empfinde ich für den Planeten Erde. Er windet sich vor Schmerzen, weil seine Kinder ihn vergessen haben. Jeden Tag weine ich tausend bittere Tränen, dass ich als Göttin der Erde keine Macht habe, sie zu heilen. Die Macht, die Erde zu heilen, liegt in den Gedanken der Menschen. Würdet ihr den Schmerz der Erde spüren und sie als eure Mutter annehmen, könntet ihr spüren, wie sehr die Erde um ihre Kinder trauert!«

Bei diesen Worten öffnete sich etwas in meinem Herzen. Ich spürte, wie Gaia mir die Tränen der Erde fühlbar machte. Ich hatte den Eindruck, ich könnte die Traurigkeit der Erde wahrnehmen. Es war, als könnte ich in sie hineinschlüpfen. Ich schloss die Augen und sah die Erde aus der kosmischen Perspektive, wie sie so dalag als blaues Juwel in der Schwärze des Universums. Ich sah die Menschen und ihre Städte und spürte, wie die Erde weinte.

Mir liefen Tränen über die Wangen, und ich wusste, es waren nicht meine Tränen. Es waren die Tränen von Mutter Erde. Als der Schmerz mich zu überwältigen drohte, hörte Gaia auf, mir die Gefühle der Erde ins Herz zu leiten.

»Hör gut zu, Menschenkind«, sagte sie, »dieser Planet ist eure Mutter, und wie jede Mutter liebt sie ihre Kinder. Ich sehe, dass du deine Kinder liebst, und ich habe auch die Lieder gehört, die du in deiner Welt für die Erde singst. Ich habe sie gehört, und ich kenne dich besser, als du glaubst. Die Menschen werden mich niemals sehen, aber sie können mich hören, denn ich bin das Flüstern der Erde, ich bin ihre Stimme. Ich sage dir, dieser Weg ist dir verwehrt. Du musst einen anderen Weg gehen. Suche das Herz der Erde und heile es mit dem Trost, den du deiner Mutter Erde geben kannst. Suche danach die Erdenmutter selbst auf und bringe sie zum Lächeln, dann wird der Planet erwachen und deine Kinder werden auf Erden in Frieden leben. Doch du wirst nicht zurückkehren können!«

Kaum hatte sie dies gesagt, fegte ein heftiger Windstoß durch den Raum. Der Lavastrom floss wieder, und auch der Lichtfluss plätscherte wieder in seiner Bahn. Gaia, die Wächterin und Stimme der Erde, hatte gesprochen.

Ich spürte einen tiefen Schmerz in mir und war außer mir vor Trauer. Der Gedanke, dass es mir verwehrt sein sollte, meine Kinder wiederzusehen, ließ mich verzweifeln. Ich beschloss umzukehren und die Treppe in die Lichtstadt wieder hinaufzusteigen. Ich hoffte auf die Hilfe San Saimans und seiner Schwester Mathab.

5

Die Pforte zur heiligen Kammer

Langsam erklomm ich die schier endlosen Stufen hinauf ins Reich der Lichtmenschen. Mit jedem Schritt fühlte ich mich schwerer und erschien es mir mühsamer, die nächste Stufe zu bewältigen. Ich spürte Corazon de Luz in der Tragetasche auf meinem Rücken. Der Kristallschädel hatte ohnehin schon ein beachtliches Gewicht, aber jetzt hatte ich den Eindruck, als würde auch er mit jeder Stufe, die ich erklomm, schwerer.

Es roch modrig nach Erde, und mein Kopf begann zu schmerzen. Ich erinnerte mich, dass ich das heilige Wasser zu mir genommen hatte, um das Licht, das die heilige Stadt erfüllte, überhaupt verarbeiten zu können. Mit dem Abstieg über die steinernen Stufen in das Erdenreich Gaias musste ich wohl an Licht verloren haben, weshalb mir der Aufstieg nun größere Mühe bereitete. Aber weil auch das Gewicht des Kristallschädels zunahm, streifte ich die Tasche von meinem Rücken, um ihn eingehend zu untersuchen.

Vorsichtig setzte ich mich auf eine der steinernen Stufen und nahm Corazon de Luz aus seinem Behältnis. Wunderschön leuchtete und glänzte er in der dämmrigen, fast dunklen Beleuchtung der langen Treppenflucht, die von oben nur schwach erhellt wurde. Ich strich über die glatte, angenehm kühle Oberfläche des Schädelsteins und spürte in ihn hinein. Meinem Eindruck nach wollte Corazon de Luz mir etwas mitteilen.

Ich öffnete ihm mein Herz, und plötzlich verstand ich, warum der Kristallschädel so schwer geworden war. Er wollte, dass ich umkehrte. Und mit einem Mal wusste ich auch, was zu tun war.

Ich packte den Kristallschädel und stieg hastig die Stufen wieder hinab. In Bruchteilen einer Sekunde hatte ich begriffen, dass ich mich beeilen musste, denn je länger ich hier unten blieb, desto schwerer würde es mir fallen, wieder den Aufstieg in die heilige Stadt zu schaffen. Ich hastete die Stufen hinunter, Corazon de Luz fest umklammert. Ich beeilte mich, lief so schnell ich konnte und tastete mich die Stufen nach unten und durch den dunklen Gang zurück zu der Stelle, an der ich Gaia begegnet war.

Ich spürte jetzt, wie der Kristallschädel vibrierte. Ich hatte ihn bei der ersten Begegnung mit Gaia nicht zeigen wollen, aus der Befürchtung heraus, ihn vielleicht zu verlieren. Kaum war ich jedoch an dem kleinen vorspringenden Altar angekommen, setzte ich mich auf den Boden und stellte Corazon de Luz nun direkt vor meinen Füßen ab.

Er begann zu leuchten, und mein Herz füllte sich mit einem Strom an Liebe. Ich beugte mich zu dem Kristallschädel vor und strich über seine Krone. Dann schloss ich die Augen und atmete tief ein. Ich konzentrierte mich auf einen der schönsten Momente in meinem Leben, den ich mit ein paar Freunden auf einer kleinen Vorinsel auf Mauritius erlebt hatte. Ich badete damals im Meer, und der blaue Himmel und das türkisblaue Wasser erfüllten mein Herz. Ich konzentrierte mich auf die Liebe, die ich für Mutter Erde empfunden hatte, und sah im nächsten Moment eine meiner Zeremonien mit den Indianern in Peru. Immer stärker spürte ich die Kraft der Liebe für Mutter Erde in mir. Ich begann mit schamanischen Gesängen für Mutter Erde und erklärte dem Planeten meine Liebe.

Dann spürte ich, wie ein kalter Windhauch aufkam, und öffnete leicht die Augen. Das heilige Wasser und der Lavastrom hatten – wie schon einmal – in ihrem Fluss innegehalten. Ich machte mein Herz weit auf und stimmte seelenvoll die heiligen Gesänge der Inka für Mutter Erde und ihre Heilung an. Ich bemühte mich, überhaupt nicht darauf zu achten, was um mich herum geschah. Ich sang und betete unablässig für die Heilung der Erde und den Frieden unter den Menschen.

Vor meinem geistigen Auge sah ich die lachenden Gesichter meiner Kinder und spürte, dass Gaia anwesend war. Ich wusste, dass sie in diesem Moment tief in meine Seele blickte, und mir war klar: Sie prüfte meine Gesinnung.

Ich berührte Corazon de Luz und hoffte auf seine Unterstützung. Ich sang und betete, tief berührt vom Strom der Liebe, der mich wie ein strahlendes Licht erfasste. Corazon de Luz wurde gleißend hell und leuchtete.

Plötzlich sah ich, wie ein heller Lichtwirbel um Corazon de Luz entstand. So hatte ich ihn noch niemals leuchten sehen. Der Wirbel wurde heller und kraftvoll, und es war, als löste sich eine Lichtgestalt aus dem Kristallschädel. Wie eine Wolke schwebte ein Engel über ihm, ätherisch durchscheinend wie der Hauch eines Nebels. Es war das erste Mal, dass ich dieses Lichtwesen, das in Corazon de Luz lebte, mit eigenen Augen sehen konnte.

Der Engel neigte sich mir zu und berührte mein Herz. Er lächelte mich liebevoll an und schien mich ermutigen zu wollen, mich noch mehr auf meine Gesänge zu konzentrieren. Ich sang, so hoch und so intensiv ich nur konnte. Und während ich dies tat, materialisierte sich Gaia direkt vor meinen Augen.

Als feenhafte Gestalt in einem unwirklich schönen Licht bewegte sie sich auf Corazon de Luz zu. Sie verneigte sich vor dem Lichtwesen und berührte den Kristallschädel sanft. Es war eine Begegnung aus tiefster Liebe.

Je mehr ich sang, desto leuchtender wurde Corazon de Luz, und ich konnte Gaia sehen, wie sie von Glück durchflossen das Lichtwesen betrachtete. Sie war betörend schön in ihrer Feengestalt und mit den dunklen und zugleich leuchtenden Haaren. In ihren Augen sah ich das Meer, und ihre Kleider spiegelten die Schattierungen der Erde. Auf ihrem Gewand wechselten nebelhaft Bilder, die den Körper von Gaia zeigten – wie Hologramme, welche die Berge, Flüsse, Täler und Wiesen des Planeten zeigten.

Gaia war die Seele und Schönheit der Erde. Ihre Lippen trugen die Farben von Rosenblüten und änderten die Farbe mit jedem Augenblick erneut. Sie war so atemberaubend schön anzusehen, dass mir fast der Atem stockte. Dennoch sang ich weiter mein Lied der Liebe für Mutter Erde und sah, wie das Lichtwesen des Kristallschädels Corazon de Luz die Göttin Gaia liebevoll umarmte – und ich sah auch, wie diese hinreißend schöne Frau Tränen in Regenbogenfarben weinte. Und dann schauten beide in meine Richtung, und Corazon de Luz bedeutete mir, nun ganz still zu sein – und ich beendete meinen Gesang.

Ich hatte gar nicht bemerkt, dass mir Tränen der Rührung über die Wangen geflossen waren. Gaia blickte mich liebevoll an.

»Menschenkind«, sprach sie, »erst jetzt erkenne ich dein Herz und deine reine Absicht. Ich habe auf diesen Augenblick lange gewartet. Du bringst die Erinnerung an das Licht zurück in diese Hallen. Und du hast das Lichtwesen der Sterne mit dir gebracht, wie es schon lange prophezeit war. Mein Herz quillt über vor Freude, dass die Prophezeiung ihrer Erfüllung nahe ist, und ich sehe wieder Hoffnung für die Menschen und das Herz des Planeten. Verzeih mir, dass ich so schroff gewesen bin, aber ich habe seit langem nicht mehr zu hoffen gewagt, dass diese Zeit einmal kommen würde. Nun bist du zum Boten des Schicksals geworden, und ich will dir und den Menschen ebenso helfen, wie die Lichtwesen der Sterne es tun.

Seit vielen Tausenden von Erdenjahren hat dieses Sternenwesen des Lichtes den Schädelstein bewohnt, nur um auf den Moment des Erwachens der Menschen zu warten. Es wird Zeit, dass die Menschen sich an ihren Planeten erinnern und vor allem daran, dass sie selbst Wesen des Lichtes sind. Du bist ein Zeichen der Hoffnung, und ich will dir helfen, deine schwere Prüfung in dieser Welt zu bestehen.

Ich habe in dein Herz gesehen, und dein Gesang hat mir gezeigt, dass deine Absicht ehrenvoll ist. Dennoch kann ich dir nicht erlauben, die Grenzen der Welten hier zu überschreiten. Du musst in die heilige Stadt zurückkehren. Das Licht in deinem Körper schwindet schnell. Trinke vom heiligen Wasser der heiligen Stadt, das hier in den Lavastrom der Erde mündet. Tauche Schädelstein Corazon de Luz ebenfalls in das Wasser, damit seine

Kräfte stärker werden und er dir noch besser helfen kann. Du kannst den Weg nach oben in die heilige Stadt nur schaffen, wenn du von diesem heiligen Wasser trinkst.«

Sie deutete zum Fuß des Altars, an dem sich das Wasser in die Lavaströme ergoss. »Doch sei vorsichtig, du musst das Wasser an der Stelle entnehmen, an der die Lava und das Wasser zusammenfließen. Ich werde die Kraft der guten Gedanken in das Wasser geben. Und ich gebe dir ein Geschenk mit, das dir helfen wird, das Herz der Erde zu heilen. Begib dich auf die Suche nach dem Herz der Erde. Ich bin die Seele der Erde, und ich gebe dir meine Liebe und meinen Segen mit auf den Weg. Das Herz der Erde wird dich erkennen, wenn du diesen Kristall an deinem Herzen trägst. Mit diesem Kristall wirst du die Pforten zur heiligen Kammer in der heiligen Stadt öffnen können. San Saiman wird dir ein Helfer sein, ebenso wie der Engel des Lichtes, der dich in Corazon de Luz begleitet. Ich wünsche den Menschen Glück und gebe dir alle meine guten Gedanken mit auf den Weg deiner Prüfungen!«

Kaum hatte sie dies gesagt, bewegte sich die Lichtgestalt auf mich zu, und ich sah, wie sich ein weißer Kristall an einer goldenen Kette manifestierte. Aus einem Lichtwirbel entstanden, lag er plötzlich direkt neben Corazon de Luz auf dem Erdboden.

»Ich danke dir, große Gaia. Ich verspreche dir, mein Bestes zu tun, um die Prophezeiung zu erfüllen, auch wenn ich noch nicht weiß, was dies alles bedeutet. Ich hoffe und wünsche, dass ich diese Prüfungen bestehen kann, und bitte dich um deine Hilfe!«

»Den Weg deiner Prüfungen musst du stellvertretend für die Menschen gehen. Ich kann dir nicht dabei helfen. Alles, was ich tun kann, habe ich getan. Aber alle, deren Aufgabe es ist, die Erde zu schützen, werden im Geist mit ihrer Kraft und Liebe bei dir sein.«

Gaia löste sich direkt vor meinen Augen auf. Sie verschwand mit einem Windhauch, der mich wie ein eisiger Nebel berührte. Das Engelwesen Corazon de Luz lächelte mir zu und berührte mich sanft an den Wangen. Noch niemals zuvor hatte ich das

Wesen des Kristallschädels gesehen. Mir schossen Tränen des Glücks in die Augen bei seinem Anblick. Es war so wunderschön. Lange, wogende goldene Haare umsäumten ein liebliches androgynes Gesicht. Die Augen glänzten wie aus purem Sternenlicht, und seine Gestalt funkelte und gleißte, als bestünde es aus Millionen glitzernder Sterne. Das Wesen blickte mir tief in die Augen, und ich spürte seine grenzenlose Liebe. »Beeil dich!«, hörte ich es flüstern.

Im nächsten Moment löste sich auch die Gestalt des Engelwesens auf, ein Energiewirbel zog es wieder in den Kristallschädel zurück. Der Schädel glühte auf und strahlte dann wieder ganz weiß, und ich bemerkte, dass das heilige Wasser und der Lavastrom erneut zu fließen begonnen hatten.

Vorsichtig nahm ich den Schädelstein auf und tat, was Gaia mich geheißen hatte. Ich sank auf die Knie, schob mich langsam in Richtung des heiligen Wassers. Dort, wo die Lava in das Wasser mündete, dampfte und zischte es. Ich hatte Angst, es könnte zu heiß sein, und fürchtete, den Kristallschädel fallen zu lassen. Tief atmete ich durch und hielt den schweren Kristallschädel mit beiden Händen fest, als ich ihn in den Wasserstrom senkte.

Es war wirklich dampfend heiß, aber dann spürte ich einen eisigen Windhauch um mich herum. Wie ein Wirbelwind fuhr er plötzlich ins Wasser und kühlte mir die Hände, als ich Corazon de Luz eintauchte. Es war Gaia, die mir half, mich nicht zu verbrennen.

Voller Vertrauen tauchte ich den Schädelstein nun vollends in den heißen Wasserlauf ein und sah, wie das Leuchten von Corazon de Luz sich intensivierte. Dann hob ich ihn wieder heraus und setzte ihn neben mir auf dem Boden ab. Ich nahm den Kristallanhänger auf, den Gaia mir geschenkt hatte. Es war ein Bergkristallherz, das ebenfalls leuchtete und strahlte wie ein Diamant. Und dann tauchte ich auch den Anhänger in das Wasser – abermals kühlte Gaia es mit einer eisigen Windbö ab, damit ich mich nicht verbrannte. Der Wind verschwand, als ich das Herz wieder aus dem Wasser hob. Aber zuvor umfächelte er noch zärtlich mein Gesicht, und ich verneigte mich leicht, denn ich wusste, dass Gaia mich sehen konnte.

Ich verstaute den Kristallschädel in der Tragetasche und legte mir das Kristallherz um. Es funkelte hell auf meinem Herzen und gab mir Kraft. Dann beugte ich mich erneut hinunter. Mit der Hand schöpfte ich Wasser aus dem heiligen Fluss und trank das leuchtende Elixier des Lichtes. Sofort spürte ich die belebende Wirkung, die auch mich licht und leuchtend werden ließ. Ich nahm einige tiefe Züge, bis ich nicht mehr trinken konnte. Dann machte ich mich schnell auf den Weg durch den Gang bis zur steinernen Treppe.

Jetzt war Corazon de Luz leicht wie eine Feder auf meinem Rücken. Trotzdem erschien mir der Aufstieg in die heilige Stadt endlos. Ewigkeiten lang wand sich die Treppe nach oben. Ich beschloss, nicht mehr hinaufzusehen, sondern blickte auf meine Füße. Stufe für Stufe schritt ich dem heller werdenden Licht entgegen – und dann war ich angekommen.

Erschöpft und froh zugleich stand ich auf der letzten Stufe und sah San Saiman, der am Eingang zur heiligen Stadt saß. Ich betrachtete den großen lichtvollen Mann. Er hatte seine Arme auf die Knie gestützt und sein Gesicht in den leuchtenden Händen verborgen. So wartete er auf meine Rückkehr. Mathab war nicht zu sehen. Offenbar war er bestürzt, weil er glaubte, dass ich es nicht zurück in die Lichtstadt schaffen würde. Ich war schon sehr lange weg, und er wusste, dass ich nicht zurückkehren konnte, wenn das Lichtwasser in meinem Körper seine Wirkung verlor. Das schien ihn tief zu berühren.

Doch als ich so dastand, hörte er offenbar wieder meine Gedanken und blickte hoch. Er atmete erleichtert auf, und ich sah ein freudiges Lächeln auf seinem markanten Gesicht. »Carino, du hast es geschafft, ich bin unendlich glücklich! Ist alles in Ordnung?«

»Ja, San Saiman, ich habe es dank Corazon de Luz geschafft, Gaia im Herzen zu berühren und den Weg hierher zurückzufinden. Sie gab mir dieses Kristallherz. Bring mich bitte zur Pforte der heiligen Kammer, sie muss geöffnet werden.«

San Saiman nickte und reichte mir einen goldenen Becher mit Lichtwasser, den ich sofort leerte. »Komm, wir gehen in die heilige Stadt. Die heilige Kammer befindet sich im Tempel des Lichts und ist seit vielen tausend Jahren verschlossen. Niemand durfte sie bis jetzt öffnen. Die geheimen Zeichen der Zukunft sollen darin geschützt und verborgen liegen.«

Ich folgte ihm auf dem Pfad in die heilige Stadt bis zum Tempel des Lichts, in dem ich das erste Mal vom heiligen Wasser getrunken hatte. Kaum betraten wir den Tempel, eilte Mathab direkt auf uns zu. »Mein Bruder, sie hat es geschafft. Sie ist tatsächlich zurückgekehrt, welch eine Freude!«

Sie neigte sich mir zu und umarmte mich. »Carino, wir hatten schon keine Hoffnung mehr, dich wiederzusehen, du warst sehr lange dort unten. San Saiman war der Einzige, der noch an deine Rückkehr glaubte. Bruder, es scheint, die Prophezeiung nimmt ihren Lauf. Wir müssen uns vorbereiten.«

Der lichtvolle, sonnenhelle Mann entgegnete: »Ja, Schwester, ich habe mich nicht geirrt in ihrem Herzen. Auch Gaia hat die Gabe der Herzenssicht, und so ist doch alles gut gegangen. Aber dies ist erst der Anfang. Das ist jetzt der Augenblick, auf den wir alle gewartet haben.« Er bedeutete mir, ihm weiter zu folgen.

Wir schritten vorbei am Altar des heiligen Wassers, an dem ich das erste Mal vom Lichtwasser trinken durfte, und betraten das Innere des Tempels. So weit war ich beim ersten Mal nicht gekommen. Die Wände bestanden hier aus purem Gold, und eingravierte Bildszenen stellten einen großzügig angelegten Schmuck dar.

Im hinteren Bereich des Tempels befand sich eine der schönsten Pforten, die ich je gesehen hatte. Blumenornamente, reichhaltig und prächtig, dienten als Umrahmung. Goldene Engel zierten die beiden prunkvollen goldenen Flügel. Sie waren durch ein großes Schloss gesichert, das die Form eines Vierecks hatte, mit einer herzförmigen Aussparung in der Mitte. Sie war gerade groß genug, dass der Herzanhänger, den Gaia mir gegeben hatte, dort hineinpasste.

Ich nahm die Kette mit dem Anhänger von meinem Hals und gab sie San Saiman. Doch dieser bedeutete mir, dass ich das Herz selbst in die vorgesehene Öffnung führen sollte. Ich folgte seinem Wunsch, und gleich darauf sprang das Schloss auf und San Saiman schob die beiden Flügel der Pforte auf, hinein ins Innere der heiligen Kammer.

Das schien ihn sehr zu berühren, denn er hatte Tränen in den Augen, als er sich mir zuwandte. Der heilige Tempel sollte nun sein Inneres und zugleich Heiligstes preisgeben, aber noch konnte ich nicht in die heilige Kammer hineinsehen, nur einen Duft wahrnehmen, der uns wie von tausend wundervollen Blüten entgegenströmte. Es war wirklich einzigartig, als wäre mit der Pforte eine Tür in die feinste Welt betörender Blütendüfte geöffnet worden. Das Licht aus der Kammer leuchtete merkwürdig dämmrig, berührte jedoch liebevoll Herz und Seele. Irgendwie traten auch mir Tränen in die Augen, weil mein Herz spürte, dass diesem Ort heilige Schwingungen entströmten.

San Saiman faltete die Hände zum Gebet und ließ sich auf seine Knie nieder. Er hatte die Schwelle zur heiligen Kammer immer noch nicht überschritten. Erst jetzt bemerkte ich Mathab, die uns die ganze Zeit schweigend begleitet hatte. Auch sie weinte Freudentränen und verneigte sich an der Schwelle in Richtung des Mittelpunktes und tat es San Saiman gleich, indem sie auf ihre Knie sank und mit einem freudigen Lächeln betete.

Ich beobachtete die Lichtgeschwister und bemerkte, dass ihre Ausstrahlung zunahm. Allein der Blick in die heilige Kammer schien sie schon mit einem Vielfachen ihrer Leuchtkraft zu erfüllen. In San Saimans dunklen Locken, die zu einem langen Zopf gebunden waren, blitzten Millionen kleiner Sterne auf, und Mathabs langes Haar flimmerte wie der Vollmondschein in einer sternklaren Sommernacht. Der Duft der Blüten tat wohl sein Übriges, denn ich hatte den Eindruck, als verstärkte er noch die Leuchtkraft der Lichtmenschen.

Mir fiel auf, dass der gesamte Tempel von diesem Duft schwanger war. Er erfüllte alles so kräftig, dass ich nicht verstand, warum er nicht schon vorher aus der verschlossenen Kammer nach außen gedrungen war. Die goldene Halle des Tempels schien den Duft geradezu einzusaugen, und ich spürte, dass in diesem Moment alle Lichtmenschen der heiligen Stadt innehielten, um ihn von ganzem Herzen in sich aufzunehmen. Und ich irrte mich nicht.

Von überall her kamen die Lichtmenschen gleich scharenweise zum Tempel geströmt, und die goldene Halle mit dem Lichtwasserbrunnen füllte sich in Windeseile mit dem Volk der heiligen Stadt. Männer, Frauen und Kinder sammelten sich im heiligen Tempel und atmeten den Duft der heiligen Kammer ein. Sie lachten und weinten Tränen des Glücks und der inneren Freude. Tief bewegt sah ich, wie ihre Lichtstärke zunahm, und ich spürte, wie auch das Licht in meinem Körper sich auszudehnen begann.

Gleich allen anderen kniete ich nieder und atmete den betörenden Duft ein, der mich an wilde Rosen und Jasmin erinnerte. Als ich die Augen schloss, erkannte ich, wie der Duft mich in eine Bilderwelt entführte. Ich sah den Planeten Erde im sternenfunkelnden Universum – und ich konnte ihn wahrnehmen, als ein eigenes Wesen spüren.

Es war, als schenkte mir der Duft eine Reise über den Planeten kurz nach seiner Schöpfung und als flöge ich in Gedanken an die herrlichsten Orte der Welt. Ich spürte Mutter Natur und erinnerte mich an ihre Schönheit. Ich sah rauschende Wasserfälle und von Blumen übersäte Wiesen. Ich erblickte Ozeane mit springenden Delfinen und Seen mit den fantastischsten Wasserblumen. Bilder von Urwäldern in überwältigender Blütenpracht entstanden vor meinem geistigen Auge, und all diese wundervollen Anblicke der Mutter der menschlichen Erdenvölker erfüllten mich mit Ruhe und Frieden.

Der Duft, welcher der heiligen Kammer entströmte, weckte die Erinnerung an die gesunde kraftvolle Mutter Erde wieder in den Herzen aller, die in diesem Moment zugegen waren. Auch in mir wuchs die Lichtkraft, denn es schien, als würde mein Körper, als würden sich meine Zellen bei der Erinnerung an die Gesundheit von Mutter Erde regenerieren.

Ich öffnete die Augen erst wieder, als San Saiman und Mathab sich erhoben, und da erst fiel mir auf, dass auch Kristallschädel Corazon de Luz, der sich in der goldenen Tragetasche auf meinem Rücken befand, ganz leicht geworden war. Ich spürte ihn kaum noch auf meinem Rücken. Aber ich wusste, er war noch dort – friedvoll und licht.

San Saiman nahm das Herz aus dem Schloss, das die Pforte so lange verschlossen gehalten hatte, und gab es mir zurück. »Das gehört dir, Carino, du wirst es noch einmal brauchen.« Und mit dem letzten Wort bedeutete er mir, die heilige Kammer zu betreten.

Es war mir peinlich, als Erste dort hineinzugehen, und ich schämte mich. Waren es nicht San Saiman und das Volk der Lichtwesen gewesen, die all dies erschaffen hatten, vor vielen Tausenden von Jahren? Erleuchtet waren sie gewesen, etwas dermaßen Großes zu schaffen, und ich kam mir so klein und unbedeutend vor, dass ich es nicht wagen wollte, als gewöhnlicher Sterblicher die heilige Kammer zuerst zu betreten.

San Saiman und Mathab hatten meine Gedanken wohl wieder einmal erraten und blickten mich auffordernd an. Mathab sprach: »Der Kristallschädel soll die heilige Kammer als Erster betreten. Bitte trage ihn voraus!«

Ich nickte zustimmend, nahm Corazon de Luz von meinem Rücken und öffnete die aus goldenen Fäden gewebte Tasche, die ihn bis jetzt beherbergt hatte. Er strahlte in allen Regenbogenfarben. Der betörende Duft schien ihn ebenso zu berühren wie mich, so dass er beinahe unwirklich erschien, wie er nun in den schönsten Pastelltönen leuchtete. Wie schillerndes Glas wirkte er, das silbrig und golden aufblitzte.

Ich hielt ihn mit beiden Händen, und nachdem San Saiman und Mathab einen Schritt zur Seite getan hatten, wollte ich die Schwelle zur heiligen Kammer überqueren. Ich hatte meinen Fuß noch nicht hineingesetzt, als eine wundervolle Musik erklang. Harfenartige Klänge versetzten den Raum mit seinen Düften in Schwingung, und tausend Engel schienen zum Einzug des Kristallschädels in die heilige Kammer zu spielen.

Corazon de Luz vibrierte in meinen Händen und funkelte und strahlte übernatürlich hell. In seinem Licht sah ich eine Art Altar am Ende der heiligen Kammer. Ich schritt darauf zu, während Corazon de Luz immer stärker vibrierte. Im Schein des Kristallschädels konnte ich einen Sockel aus purem Gold auf dem Altar erkennen. Irgendwie wusste ich, dass ich Corazon de Luz auf dem Sockel absetzen musste. Ich fühlte es und tat es.

6

Die erste Prüfung

Kaum hatte ich den leuchtenden und vibrierenden Kristallschädel auf dem Altar abgesetzt, wurde es plötzlich ganz still im heiligen Raum. Ich konnte den Blick nicht von Corazon de Luz nehmen, denn er strahlte so wunderschön. San Saiman und Mathab folgten mir, und ich konnte deutlich spüren, wie sie sich von hinten näherten. Sie traten an meine Seite, und San Saiman drehte mich liebevoll mit Blickrichtung in die heilige Kammer.

Die Pforte zur heiligen Kammer lag dem Altar gegenüber. Der Boden, über den ich gerade gegangen war, schien nicht mehr zu existieren. Es war, als läge unter mir ein glitzernder Sternenhimmel, der unendlich bis ins Universum reicht. Die Wände der heiligen Kammer sahen aus wie Wasserfälle, die von Regenbögen umspannt ihre Form behielten. Die Pforte zur heiligen Stadt war noch zu sehen und wurde von hell leuchtenden, wie lebendig tanzenden Rosenranken eingefasst, dem Ursprung des alles erfüllenden lieblichen Dufts.

Ich fühlte mich leicht und schwerelos, und ein Blick nach unten verriet mir, dass ich im schwerelosen Raum des Universums schwebte. Hinter mir leuchtete Corazon de Luz wie ein Stern, ein Anblick, den ich mit meinen Sinnen kaum erfassen konnte. Es fühlte sich so unglaublich schön an, eins zu sein mit dem Universum.

Ich begann zu weinen angesichts der großen Freiheit und Liebe in mir. Ich fühlte mich unendlich glücklich.

»Dies ist die Schwelle des universellen Lebens in der unendlichen Liebe Gottes«, sprach San Saiman. »Hierher kommen alle Seelen, nachdem sie ihre Lektionen auf Erden bestanden haben, um sich zu entscheiden, wie ihre nächste Inkarnation aussehen soll. Es ist niemandem gestattet, die Schwelle zu übertreten und danach zurückzukehren in die materielle Welt der Erde. Um diese Schwelle zu übertreten, bedarf es der Loslösung vom dreidimensionalen Körper.

Die heilige Pforte wurde hier angelegt, weil die Prophezeiung besagt, dass nur ein einziges Mal in der Geschichte des Planeten Erde und der Geschichte der menschlichen Völker der Erde eine Aussicht auf ›die Schwelle in das Licht‹ gewährt werden soll, nämlich um die Menschen darin zu schulen, dass das Leben der Seelen eine ewige Reise im Licht der Liebe des Schöpfers aller Dinge ist. Mit der heiligen Stadt und der Pforte haben wir an diesem Ort ein Sichtfenster erschaffen, das es den Menschen ermöglicht, die Schulung über das ewige Leben zu beginnen. In diesen Tagen erhalten die Menschen die Chance, die Pforte der Milchstraße zu nutzen, um die Wahrheiten des Universums neu zu erlernen.

Es gibt so viele Geheimnisse um die Schöpfung des Planeten Erde und so viele Geheimnisse um den göttlichen Kern im Menschen – und dabei haben die Menschen nur vergessen, wer sie sind und woher sie einst kamen. Unsere Aufgabe ist es, den Menschen zu helfen, ihr göttliches Licht wieder lebendig werden zu lassen, und ihnen die Einweihungen zu geben, die erforderlich sind, den Planeten Erde zu heilen.

Einst haben die kosmischen Ältesten die Wahrheiten des Universums niedergeschrieben. Auf heiligen Kristalltafeln haben sie das Wissen um die Schöpfung der Welt und die Zusammenhänge des Kosmos niedergelegt. Sie haben dreizehn heilige Tafeln angefertigt, auf denen die Symbole und Zeichen der geheimen universellen Lichtsprache gespeichert sind. Sie haben alle heiligen Formeln und die Möglichkeit der Sicht in die Zukunft, die Gegenwart und die Vergangenheit in den heiligen Tafeln verankert, um den Menschen zu ermöglichen, Lösungswege für die Problemstellungen in ihrer Entwicklung zu erhalten.

Die Tafeln sind mit dem Lichtnetz verbunden, aus dem die Materie erschaffen ist, und können die Materie in ihrer Leuchtkraft beeinflussen. Unendlich viele Seelenleben sind darin verzeichnet, und das Allwissen der göttlichen Schöpferkraft ist mit den Tafeln verbunden. Mit ihnen wäre es den Menschen möglich, sich bewusstseinsmäßig zu verwandeln in lichtvolle und gütige Wesen, die den Planeten lieben und achten. Heilung von allen materiellen Verstrickungen wäre ebenso möglich wie die vollständige Heilung des Planeten Erde.

Nun, mit diesem Wissen ist sehr große Macht verbunden. Deshalb können die Kristalltafeln nur nach und nach in die Hände der Menschen gegeben werden. Schritt für Schritt erhalten sie diese Kristalltafeln, um sich zu entwickeln und weiterzuwachsen in der Liebe füreinander und für den Planeten Erde, der ihre Mutter ist. Die Planeten sind lebendige Wesen, und sie schützen die Menschen an dieser Stelle des Universums.«

San Saiman hielt kurz inne und hob die Hand. Wie hingezaubert stand plötzlich eine Verkleinerung des Sonnensystems vor mir im leeren Raum. In rasender Geschwindigkeit sah ich nun die Entstehung der Erde aus Licht und die einzelnen Epochen der verschiedenen menschlichen Entwicklungen gleich einem Film vor mir ablaufen.

»Die Entwicklung der Menschen hat seinen Lauf genommen und ist nicht über die Schwelle des materiellen Denkens hinausgekommen«, fuhr San Saiman fort. »Die Menschen begreifen nicht, dass sie eins sind mit dem Universum und der Wahrheit des ewigen Lebens. Sie können nicht sterben, weil sie wie alle Lichtwesen das ewige Leben in Gott haben.

Nun, der Schöpfer und seine Kraft sind in allen Dingen, und so zeigt er sich in der Liebe der Menschen füreinander, aber auch in der Tatsache, dass die Menschen immer neu geboren werden und dass sie nicht sterben können, weil der Schöpfer ihnen das ewige Lebenslicht gibt. Die Menschen leben in ihren einzelnen

Leben in der imaginären Vorstellung, dass ihr einzelnes Leben endlich ist. Aus dieser Sicht versperren sie sich den Weg zur wahren Bedeutung der göttlichen Kräfte, die ihnen eigen sind. Aus der Sichtweise der Sterblichkeit ihrer Seele und ihres Bewusstseins heraus binden sie sich an die Materie und glauben an die Zeit, die ihnen ihr vermeintliches Ende suggeriert.

Carino, die Menschen sind verzweifelte und traurige Gefangene ihres eigenen Vorstellungsgefüges von der Endlichkeit des Lebens. Mathab und ich hüten diese Stadt nun schon seit 70.000 Erdenjahren und warten auf den Tag, an dem sich die Prophezeiung der kosmischen Ältesten erfüllt, die sie den Menschen einst gaben.

Der Kristallschädel Corazon de Luz ist der Vermittler der verschiedenen Welten, und er wurde zu diesem Zweck auf die Erde gebracht. Auf dreizehn Kristallschädel haben die kosmischen Ältesten die Informationen gespeichert, die nötig waren, um die Menschen in ihrem Bewusstsein auf diese Zeit vorzubereiten. Zwölf von ihnen haben die Schwingungen vorbereitet, und Corazon de Luz ist der dreizehnte von ihnen, welcher als Einziger in der Lage ist, die Brücke zwischen den Welten herzustellen und die Menschen zu schulen. Der unscheinbarste unter den Kristallschädeln, ist Corazon de Luz doch derjenige, der das Lichtwesen getragen hat, das heute mit euch Menschen kommuniziert und das eure Fragen beantwortet hat, um euch an diesen Wendepunkt der Zeit zu bringen.

Corazon de Luz hat dich hierher an das Tor zur Welt des ewigen Lichtes gebracht, und nun beginnt deine Reise der Lektionen des Lichts, wenn du den Mut dazu hast. Stellvertretend für die Menschen sollst du die Wahrheiten des Kosmos sehen und lernen, damit umzugehen. Alles, was du hier lernst, sollst du den Menschen niederschreiben, auf dass sie lernen, die Wahrheit des Lichtes selbst zu leben. Um dieses Wissen zu erhalten, musst du, Carino, Prüfungen bestehen, Lektionen des Lichtes, die dich schulen, das Licht des ewigen Lebens zu verstehen. Da der Ausgang deiner Lektionen ungewiss ist, kann es sein, dass du nicht in dein Leben zurückkehren wirst. In dem Fall würdest du hier die Schwelle des Lichts überschreiten. Die Menschen dürfen nur dann die Wahrheiten des Lichts erfahren, wenn du den Weg findest, das Herz der Erde zu heilen – darüber werde ich dir später mehr berichten.

An dieser Stelle muss ich dich noch einer anderen Prüfung unterziehen, die darüber entscheidet, ob dein Weg hier in der Materie endet oder ob du eine Chance erhältst, den Menschen die heiligen Tafeln der kosmischen Ältesten zu überbringen. Dazu werde ich dir gleich eine Frage stellen. Wir dürfen dir bei der Antwort auf die Frage nicht helfen, und auch Corazon de Luz darf es nicht. Die Frage, mit der du dich nun beschäftigen musst, ist die entscheidende Kraft, die dich hier in der Lichtwelt voranschreiten lässt.

Carino, der Kristallschädel Corazon de Luz hat dich hierhergebracht, weit jenseits der materiellen Welt mit deinen Kindern. Bist du bereit, diese andere Welt aufzugeben und hierzubleiben, um die Prophezeiung zu erfüllen? Kann dein Herz dies tragen? Kannst du diese Welt jetzt loslassen und deinen Körper, der dich mit deinem jetzigen Leben auf Erden verbindet?« Er sah mir tief in die Augen, und ich wusste, dass er wie immer meine Gedanken gelesen hatte, denn als er von der Schwelle in die Lichtwelt gesprochen hatte, waren mir sofort meine Kinder in den Sinn gekommen. Ich hatte mir gewünscht, sie wiederzusehen, und die Ungewissheit über ihre Zukunft hatte tief in meinem Herzen geschmerzt.

Ich blickte betroffen auf den Boden, der eigentlich keiner war. Tausende Gedanken flogen mir durch den Kopf. Warum war gerade ich für diese Aufgabe ausgesucht worden, und warum war diese Aufgabe mit so harten Prüfungen verbunden? Ich konnte mir die Antwort auf diese Fragen selbst geben. Der Mensch ist eng gebunden an seine Erfahrungen und Gefühle in der Materie, und immer gab es etwas, das ihn mit dem Herzen an seine Umwelt fesselte, es sei denn, er war lebensmüde. Der Mensch entschied sich immer für die Liebe, die ihn mit der Materie verband, denn so war er nun einmal beschaffen.

Ich spürte, wie mein Herz und mein Verstand in einen Zweikampf gingen. Dann kam mir die Logik des Unterfangens in den Sinn. Wenn ich an dieser Stelle aus Sorge und Liebe für meine Kinder beschloss, nicht weiterzugehen und die Lichtwelt zu verlassen, gab es keine Aussicht auf eine friedliche Zukunft auf dem Planeten Erde mehr. Damit gab es aber auch keine Zukunft für die Kinder der Erde, also auch nicht für meine eigenen. Entschied ich mich jetzt für die Sorge und Angst um meine Kinder, vertraute ich dem Sinn des ganzen Unterfangens nicht. Ich vertraute dann nicht dem, was ich bisher gesehen und erfahren hatte. Damit glaubte ich an all das nicht, was mir so liebevoll begegnet war.

Wenn wir das ewige Leben haben, konnte es nur der Weg nach vorne sein, der mich zu dem brachte, was ich liebte. Und ich liebte die Vorstellung, meine Kinder in Frieden auf einem gesunden Planeten aufwachsen zu sehen. Ich liebte die Vorstellung, dass die Menschen von dieser Welt und ihren lichten Geheimnissen erfuhren.

Es gab nur die Möglichkeit, es zu versuchen, denn wenn ich hier schon aufgab, würde ich meine Kinder auch nicht wiedersehen. So war der Gedanke an meine Kinder das eigentliche Motiv, weiterhin zu versuchen, die Prophezeiung zu erfüllen, denn San Saiman hatte gesagt, ich solle die Wahrheiten für die Menschen aufschreiben. Er gab also einen guten Grund zu der Hoffnung, dass es mir gelang, die Prüfungen zu bestehen.

»San Saiman«, entgegnete ich deshalb. »Die Liebe zu Mutter Erde hat mich dazu gebracht, mit dem Kristallschädel Rituale für den Frieden abzuhalten und den Menschen den Kontakt mit dem Lichtwesen Corazon de Luz zu ermöglichen. Das allein hat mich hierhergebracht, und eines weiß ich mit Sicherheit: Die Liebe zu meinen Kindern und die Hoffnung auf eine Heilung der Erde in Frieden werden mich weitertragen.«

San Saiman nickte wohlwollend. »Das war die Antwort, die ich sicher war von dir zu hören. Nun soll deine Reise mit Corazon de Luz beginnen. Sie wird dich in das Innere der Erde führen. Ich werde dich begleiten und dir helfen, so gut ich kann. Mathab wird in der heiligen Stadt bleiben und an dieser Pforte für dich wachen, denn hier wirst du die Schwelle ins Licht übertreten, wenn du die Prüfungen nicht bestehen solltest. Aber bevor du hinübergehst, wird sie dir die Zukunft deiner Kinder zeigen, damit du in Frieden loslassen kannst.

So viel können wir dir zur Beruhigung sagen. Die erste Begegnung mit Gaia, der flüsternden Stimme der Erde, hast du gemeistert. Lass uns weiterziehen. Wenn unsere gemeinsame Reise erfolgreich ist, wirst du die heiligen Kristalltafeln der Bibliothek des Wissens zu den Menschen bringen und die Dunkelheit auf Erden wird für immer verschwinden. Wenn unser aller Vorhaben gelingt, werden unsere Welt und die eure wieder im Einklang sein.«

Erneut hob er die Hand, und ich sah, wie der Boden unter meinen Füßen zu Kristall wurde. Das Universum verschwand, und ich spürte die Anziehung der Erde wieder auf meinen Körper wirken. Corazon de Luz strahlte nach wie vor auf dem Altar. Ich brachte ihn wieder in der goldenen Tasche auf meinem Rücken unter.

Mathab schaute mich freundlich an. Sie legte ihre zarte Hand auf meine Schulter und nickte mir zu. »Habe Mut, die Liebe wird dich leiten!«

Auch ich nickte und schluckte dabei. Ich war berührt von diesem Augenblick und fürchtete mich ein wenig vor dem, was mich erwartete. Dann folgte ich San Saiman zum Ausgang aus der heiligen Kammer. Mathab blieb als Wächterin der Lichtschwelle zurück.

Sie lächelte aus ihren strahlenden Augen. »Ich bin das Licht des Mondes in den Wassern, die du trinkst«, flüsterte sie. »Ich bin das Leuchten der Sterne am Abendhimmel, ich bin die Schwester der Erde, und ich liebe euch Menschen!«

7

Der Fluss im Inneren der Erde

Ich folgte San Saiman, der mich zum Lichtwasserbrunnen führte. Überall im Tempel beteten die Lichtmenschen lächelnd und atmeten den Blütenduft der Erde ein. Begeistert sah ich, dass sie leuchteten und glänzten wie die Sterne am Abendhimmel. Als San Saiman mir bedeutete, von dem Lichtwasser zu trinken, tat ich es mit Freude. Ich wusste ja schon um seine Wirksamkeit und spürte, dass es wichtig war, noch einmal davon zu trinken.

Seit ich das erste Mal von dem heiligen Wasser getrunken und es mich in einen tiefen Schlaf versetzt hatte, war ich nicht mehr müde geworden. Das schien eine besondere Wirkung des Wassers zu sein. Es ließ einen nicht müde werden, und seit es meinen Körper an die Lichtwelt angepasst hatte, brauchte ich auch nicht mehr zu schlafen.

Also nahm ich erneut tiefe Züge des Wassers und schloss die Augen, damit es mich erneut belebte mit seinem Strom an Licht und Lebenskraft.

Im Inneren der heiligen Kammer war wieder Musik erklungen. Der Blütenduft strömte bis zu mir, und ich konnte die Erde spüren. Ich empfand tiefe Liebe und dachte bei mir, was für eine gute Sache es doch war, dass es mich hierher verschlagen hatte. Die Begegnung mit Gaia und der Aufenthalt in der heiligen Stadt waren so tief bewegend gewesen, dass ich es für nichts auf der Welt hätte eintauschen mögen. Noch nie zuvor war ein Mensch hier gewesen und hatte die Möglichkeit gehabt, tief in die Geheimnisse der Erde einzutauchen. Wie glücklich konnte ich mich schätzen, dass ich das alles erleben durfte.

Ich spürte, dass ich auch in Zukunft eine aufregende Zeit haben würde und meine Chancen, zurückzukehren zu meinen Kindern, nicht gerade hoch waren, aber ich musste wenigstens versuchen, meine Aufgabe zu erfüllen. Und ich wusste, dass ich San Saiman vertrauen konnte, Corazon de Luz hatte es mir ja zu Beginn in einer Vision vermittelt.

Tief in meinem Herzen spürte ich, dass von dem kraftvollen Mann eine unbeschreibliche Liebe ausging. Ich öffnete die Augen wieder und sah, dass er bei den Lichtmenschen stand und mit ihnen sprach. Sie verneigten sich immer wieder vor ihm, und jetzt erst wurde mir klar, dass er der Herrscher und Lehrer der Lichtmenschen war.

Etwas Majestätisches ging von ihm aus. Dennoch schien sein Wesen rein und liebevoll zu sein, denn in den Augen seines Volkes spiegelten sich Vertrauen und Liebe. Der Anblick rührte mich so sehr, dass ich meinte, eine solche Szene schon einmal gesehen zu haben. Ich dachte noch darüber nach, als San Saiman sich zu mir wandte und ich sah, dass seine dunklen Augen strahlend hell leuchteten, als wäre die Sonne selbst darin gebündelt. Sein Blick wärmte mein Inneres, und ich hatte das unbedingte Gefühl, dass ich schon einmal in seine Augen blicken durfte. Vielleicht war es in einem anderen Leben gewesen?

Als hätte er meine Gedanken gehört, nickte San Saiman mir lächelnd zu. Es war etwas sehr Vertrautes an seinem Lächeln. Nur für den Bruchteil eines Augenblicks durfte ich in seine Seele blicken, bevor er sich umdrehte und mir bedeutete, ihm zu folgen.

Ich sah, dass er eine goldene Tragetasche geschultert hatte. Eine der Frauen gab ihm noch einen goldenen Wasserbeutel, den er sich umlegte. Ein Lichtmann reichte ihm einen weißen Stab, den er in der Rechten führte und als Gehstock verwendete. Dann stieß der kraftvolle Mann durch gepresste Lippen einen leisen Pfiff aus, und ein wundervoller weißer Vogel ließ sich auf seiner Schulter nieder. Er hatte ein schneeweißes Federkleid und erinnerte mich an eine große Schnee-Eule. Die Federspitzen glitzerten in regenbogenfarbenem Licht.

So schien San Saiman gerüstet für den Weg und machte sich auf, den Tempel zu verlassen. Alle Lichtmenschen verneigten sich vor ihm, als er an ihnen vorüberschritt. Ich folgte ihm, wie er es mir aufgetragen hatte, und bemerkte, dass die freundlich strahlenden Lichtwesen mir aufmunternd zulächelten, während ich an ihnen vorüberging.

Am Eingang des heiligen Tempels wartete San Saiman auf mich. Ich konnte die heilige Stadt sehen, als ich durch die Pforte des Tempels ins Freie trat. Sie leuchtete atemberaubend, und der Duft der Blumen in der heiligen Kammer umwogte alle Gebäude, die in einem bunten Lichterzauber glitzerten, als atme die Stadt neue Lebensfreude.

San Saiman nickte wissend. »Komm, Carino, es ist Eile geboten, der Weg zum Fluss ist weit.« Und damit begannen wir, einem der goldenen Wege zu folgen, der aus der Stadt führte.

Ich hatte die heilige Stadt über den Pfad in der Felswand betreten, doch dieser Weg führte in die entgegengesetzte Richtung, vorbei an lichtdurchfluteten und farbenprächtigen Häusern. Er schlängelte sich durch ein Tal, das gesäumt war von Bergen aus reinstem Kristall. Der Himmel bestand aus einer Kuppel aus Licht, die in einem Regenbogen zu enden schien. Herrliche Gärten und Felder lagen an den Füßen der blitzenden Berge, und es war friedlich und still im Tal des Kristallgebirges.

Der weiße Vogel auf San Saimans Schulter war eine Mischung aus einer Eule und einem Falken. Als er auf ein Zeichen seines Herrn aufstieg, zog er weite Kreise über uns und schien unseren Weg nach vorne zu überblicken.

An einer Wegbiegung machte San Saiman halt und schaute zurück auf die heilige Stadt. »Wollen wir hoffen, dass wir schnell wiederkehren können, Carino. Auch für mich ist der Ausgang dieser Reise ungewiss. Ich überlasse mein Volk meiner Schwester, um mit dir zu gehen und den Menschen die Hoffnung auf eine Zukunft zu geben. Ich gebe mein Handeln in die Hand des Schöpfers!« Ich spürte, dass sein Herz bei dem Gedanken schmerzte, seine heilige Stadt vielleicht nicht mehr wiederzusehen.

»Warum tust du das alles, San Saiman?«, fragte ich ihn.

»Weil es seit Anbeginn des Universums unsere Aufgabe ist, Carino. Weil es ein Teil der Prophezeiung ist.«

Ich nickte und suchte irgendwie nach tröstenden Worten, aber er wandte sich schnell ab und lief in Richtung der Berge weiter. Ich folgte ihm und versuchte meine Gedanken auf die Landschaft zu richten, die mir so wundervoll vorkam wie in einem Märchen aus blitzenden Kristallen. Unwirklich sahen die Felsen in ihrem Licht aus, denn sie spiegelten auch noch den Himmel in seinen wundervollen Regenbogenfarben.

Plötzlich endete der Weg vor einem Durchgang im Berg. Es sah aus, als wäre hier ein Tunnel angelegt worden. Über dem Eingang entdeckte ich leuchtende Schriftzeichen, die ich nicht deuten konnte.

»Hier liegt der Übergang in das Land der Naturwesen der Erde«, erklärte San Saiman. »Unsere erste Aufgabe ist es, die Naturwesen um Hilfe zu bitten, denn auch sie haben den Menschen einiges zu verzeihen!«

Ich ahnte, dass dies Schwierigkeiten bedeuten mochte. Wenn die Naturwesen nicht gut auf Menschen zu sprechen waren, hießen sie uns in ihrem Land vielleicht nicht willkommen.

San Saiman hatte meine Gedanken gelesen und nickte. Ich ahnte, dass nun eine schwierige Zeit beginnen würde. Trotzdem folgte ich ihm ohne zu zögern in den Gang, der tief in den Berg hineinführte.

Der Gang wand sich wie eine Spirale und endete an einem leuchtenden Fluss. Es war kein Lichtwasser, das darin floss, das konnte ich an der Farbe erkennen. Es schimmerte golden und war weniger hell als das Lichtwasser, das ich zum Erhalt meiner Lichtqualität schluckweise aus dem goldenen Wasserbeutel trinken sollte, den San Saiman mit sich führte. Ich hatte keine Ahnung, wie lange der Vorrat reichen würde, und so nahm ich jeweils nur wenige Schlücke, um mir das wertvolle Nass einzuteilen.

Sanft und friedlich wirkte vor uns der Fluss und strömte lieblich in seinem Bett aus goldenem Sand.

Wir folgten weiter dem Weg, der sich am Fluss entlangwand, bis zu einer Anlegestelle, an der ich ein Boot erkannte, das dort festgemacht war. Es bestand aus purem Gold und erinnerte mich an eine altägyptische Barke. Sie wirkte genauso, wie sie auf den alten Zeichnungen auf Papyrus zu finden waren. Gut vertäut lag sie an einem Steinblock aus Kristall, und es schien, als wäre sie dort schon lange unbenutzt festgemacht. Auf dem Bootsdeck lagen zwei lange paddelförmige Ruder, die wohl zum Steuern dienten.

San Saiman löste das alte Tau, und wir bestiegen das prunkvolle goldene Boot. Ich kauerte mich auf den Boden, und San Saiman nahm eines der langen Ruder auf.

»Ruh dich aus, Carino, es ist eine lange Fahrt durch die Dunkelheit!«, sprach er, während der weiße Vogel sich auf seiner Schulter aufplusterte. Er war nicht von San Saimans Seite gewichen, während wir durch den Gang gelaufen waren. Mit seinen golden leuchtenden Augen blickte er schweigend voraus in die Dunkelheit.

Ich nickte und lehnte meinen Kopf an den Bootsrand, während San Saiman das Boot von der Anlegestelle steuerte. Es schien wie von selbst auf den Fluss hinauszutreiben. Langsam und bedächtig trug der goldene Strom die Barke ins Innere der Erde.

Zu sanftem Schaukeln summte San Saiman leise eine mir unbekannte Melodie. Es war so beruhigend, seine Stimme zu hören. Je weiter wir dem Flusslauf folgten, umso dunkler wurde es, und so fiel ich schließlich in einen traumlosen Schlaf.

8

Das goldene Tor

Als ich die Augen wieder aufschlug, konnte ich fast nichts erkennen. San Saiman leuchtete im tiefen Dunkel des Tunnels, durch den die Barke lautlos glitt. Er schien sie mühelos zu steuern, denn wir berührten weder die Felsen, noch blieben wir an Untiefen im Fluss hängen.

Ich beobachtete den wundervollen Vogel auf seiner Schulter und begriff, dass er es war, der San Saiman das Boot steuern ließ. Mit seinen leuchtenden Augen konnte das eulenartige Wesen in der Dunkelheit bestens sehen, und San Saiman schien gedanklich mit dem Vogel eins zu sein. So wie er anscheinend meine Gedanken und Gefühle lesen konnte, so konnte er wohl auch mit dem wundervollen Vogeltier lautlos kommunizieren.

»Wir sind fast am Ziel, Carino. Mach dich bereit. Nimm noch etwas von dem Lichtwasser zu dir. Die goldene Pforte ist nahe, ich kann schon den Zwerg spüren, der sie hütet. Nimm dich in Acht vor ihm. Der alte Graubart ist listig und seine Zunge bisweilen scharf wie ein Rasiermesser. Ich habe ihn lange nicht gesehen, und so wollen wir doch mal schauen, ob er uns einlässt in das Naturreich der Feen und Zwerge. Bedecke dich mit diesem Mantel und sage kein Wort – er muss nicht unbedingt erfahren, warum wir hier sind.«

Mit diesen Worten legte er mir einen erdfarbenen Mantel um, den er einem Bodenfach der goldenen Barke entnommen hatte. Er selbst hatte sich offenbar schon mit einem ähnlichen Mantel bekleidet, während ich geschlafen hatte.

Ich wusste nicht, wie lange mein Schlaf gedauert hatte, aber hier roch es plötzlich erdig und modrig wie in einem alten Wald. Ich schulterte den goldenen Beutel mit Corazon de Luz darin und deckte den Mantel darüber. Ich war neugierig und zugleich ein wenig ängstlich. Wer wusste schon, was uns in dieser Welt alles begegnen mochte?

Plötzlich wurde der Fluss breiter, und die Barke steuerte auf eine Anlegestelle zu, geradewegs auf einen großen Felsbrocken aus grauem Gestein, reich verziert mit alten Schriftzeichen. San Saiman sprang vom Boot und vertäute das goldene Gefährt. Immer noch war es nahezu völlig dunkel. Ich hatte die Gravuren des großen Steines nur erkennen können, weil San Saiman im Dunkeln leuchtete, und beim Festmachen des Bootes war sein Licht auf den Stein gefallen. Ich blickte an mir herab, und auch ich leuchtete im Dunkeln.

»Er wird dich für eine von uns halten.« San Saiman wandte sich mir zu. »Sag am besten nichts und versuch seine bohrenden Fragen nicht in dein Herz zu lassen, denn er hat durchaus die Fähigkeit, deine Gedanken zu lesen. Graubart ist ein guter Wächter, und wir müssen ihn nicht wissen lassen, welch wertvollen Schatz wir dabei haben!« Er blickte vielsagend auf den verborgenen goldenen Beutel, in dem sich Corazon de Luz befand. »Zwerge lieben glitzernde magische Steine. Er soll nicht wissen, was du bei dir hast, sonst wird es schwierig für uns, die Pforte zu durchschreiten, ohne deinen Begleiter abzugeben.«

Ich erschrak ein wenig. In diesem Augenblick wurde mir erst richtig bewusst, auf welches Abenteuer ich mich eingelassen hatte. Sicher waren nicht alle Wesen der Inneren Erde so freundlich wie San Saiman – und er schien meine Angst zu spüren, denn er bedeutete mir, ihm rasch zu folgen. »Schnell, ehe du es dir noch anders überlegst.«

Hastig ging er voraus, und ich folgte ihm. Sein weißer Vogelgefährte flog wie ein unsichtbarer Schatten vor ihm her. Wir eilten auf einer steinernen Treppe dahin, die uns weg vom Fluss nach oben führte. Die Stufen waren sehr klein und alles andere als tief, eher für die Füße von Kindern in den Stein gemeißelt.

Nach wie vor war es fast völlig dunkel, und ich tastete mich hinauf, bis wir an eine Art Pforte kamen. Der weiße Vogel ließ sich wieder auf San Saimans Schulter nieder. Behutsam klopfte der stattliche Mann an, und nach einer Weile öffnete sich die Pforte und ein Lichtstrahl fiel in das Dunkel des Ganges, aus dem wir gekommen waren.

Erst jetzt konnte ich erkennen, dass die Pforte aus purem Gold gefertigt war. Ich bewunderte die wundervollen Schriftzeichen, die darauf angebracht waren. Das Licht, das uns entgegendrang, kam von einer Laterne, die an einem Stab getragen wurde – von einem winzig wirkenden Zwerg mit grauem Bart und langen gekräuselten Haaren.

Er trug ein braunes Gewand und einen bunten Hut, der ihn so ganz anders aussehen ließ, als wir Menschen uns die Zwerge vorstellen. Nur sein langer Bart schien an einen Zwerg zu erinnern. Das faltige und runzelige Gesicht wirkte beinahe liebenswürdig. Seine lange knochige Nase hingegen passte überhaupt nicht ins Bild.

»Wer stört mich hier so eindringlich? Wer benimmt sich hier, als wolle er Einlass und Durchgang finden mitten in der Nacht? Was sehen meine grünen Erdenäuglein für ein ungewohntes Antlitz zu dieser unsittlichen Stunde? Was wollt ihr Lichtmenschen denn zu dieser Zeit hier bei uns? Die Zeit des Tauschens und des Handels ist längst vorüber. Ihr müsst einen guten Grund haben, jetzt einen solchen Lärm zu machen!«

San Saiman verneigte sich vor dem kleinen Mann. »Ich grüße dich, Graubart, lange habe ich dich nicht gesehen. Wie steht es in der Welt der Zwerge? Ich bin hier, um deinem König einen guten Tausch anzubieten. Lass uns ein, und er wird dich tüchtig belohnen.«

»Was für ein Tausch soll das sein? Natürlich habe ich dich erkannt, Lichtmann. Ich erinnere mich noch gut, wie du mich das letzte Mal mit deinem Licht im Dunkeln geblendet hast. Mit dir kommt Bewegung in die Stille. Äußerst unangenehme Veränderungen bringst du mit, wenn man dir begegnet. Es ist doch besser, wenn alles bleibt, wie es ist, oder?« Der kleine Zwerg stampfte unwillig auf. »Was kannst du mir schon berichten, das so wichtig erscheint, dass ich meinen König in seinem wohlverdienten Schlaf störe?«

»Nun, Graubart, ich weiß um deine Neugier, aber ich darf nur dem König selbst berichten«, antwortete San Saiman dem grimmig blickenden Zwerg.

Da reckte sich der Kleine und stellte sich auf seine Zehenspitzen. Ich sah, dass er keine Schuhe trug. Seine übergroßen Füße wirkten wie knorrige Äste einer alten Eiche. »Wohl vorlaut und aberwitzig, wie? Denkst, du kannst einen alten Zwerg an der Nase herumführen, was? Ich merke doch genau, dass du mir was verheimlichst, he?« Er blitzte San Saiman aus stechend grünen Augen an. »Was könnte es wohl sein, das einen aus der Lichtstadt hierherführt – mitten in der Zeit des Vergessens? Willst etwas in unsere Welt schmuggeln, was? Und wer ist da mit dir gekommen? Eine Lichtfrau, wie ich sehe. Was will die denn hier bei uns – sonst lässt du doch auch keine aus deinem Volk zu uns.«

»Graubart, sei nicht so grimmig, alter Freund. Du weißt doch, dass es immer gute Absichten sind, die ich mit mir führe. Das ist meine Tochter, ich will sie dem König vorstellen. Es wird Zeit, dass sie eure Welt kennen lernt«, entgegnete San Saiman.

Argwöhnisch blickte der Zwerg mich an. Er schritt um mich herum und schnupperte mit seiner großen Nase. »Die riecht nicht wie du, du tückischer Narr. Ich merke doch gleich, wenn du mich belügst. Das ist nicht deine Tochter. Hast dir wohl eine Lichtfrau zur heimlichen Geliebten genommen, was? He? Und jetzt wollt ihr euch bei uns verstecken. Was sonst könnte der Grund sein für euer nächtliches Erscheinen?« Prüfend zupfte der Zwerg an meinem Gewand. »Die ist komisch. An irgendwas erinnert sie mich. Bei meinem grauen Barte, hier ist doch was faul. Antworte mir, was macht ihr hier?«

»Lass sie in Ruhe«, sagte San Saiman mit nachlassender Geduld. »Bring uns jetzt zum König. Vergiss nicht, dass dir dafür sicher eine gute Belohnung winkt!«

Der Zwerg stutzte einen Moment und dachte laut nach. »Also, wenn ich die Lichtfrau und den Lichtmann nun als Fundstücke abgebe, dann kann es wirklich sein, dass der König das zu schätzen weiß. Schon lange habe ihm nichts mehr von der goldenen Pforte gebracht. Aber er schläft. Mmmmh. Wie soll man ihn aufwecken?«

San Saiman unterbrach ihn. »Das Lichtwasser wird ihn aufwecken. Ich habe genug von der Quelle mitgebracht, um das zu schaffen. Wir haben wichtige Kunde für den König. Lass uns gehen, Zwerg, sonst verlieren wir nur kostbare Zeit.«

San Saiman hatte das so überzeugend gesagt, dass der Zwerg wieder aufstampfte. »Mit Lichtwasser wecken, ja, warum bin ich nicht gleich darauf gekommen. Du Leuchte hast es mir vorweggenommen. Ich wäre auch noch selbst darauf gekommen. Bilde dir nur nicht ein, dass du hier der einzige Schlaue bist. Zwerge haben nämlich listige Köpfe, und ich wäre schon noch dahintergekommen, dass du von eurem Lichtgebräu dabeihast. Also gut, ich bringe euch zum König. Aber wehe, wenn es nicht wichtig ist. Wenn du ihn weckst, und es gibt keinen guten Grund, dann wird er dich mit Zwergenlist verzaubern.« Der Kleine fuchtelte mit den Ärmchen in die Luft und tat ganz wirkungsvoll, als würde er zaubern. Dann drehte er sich um und stapfte auf nackten Füßen durch die goldene Pforte. Sein Bart war so lang, dass er hinter ihm auf dem Boden schleifte.

San Saiman zwinkerte mir zu. »Komm, folgen wir dem Zwerg«, flüsterte er, »sonst verzaubert er uns noch in dieser dunklen Nacht!«

Wir folgten ihm und sahen zu, wie der Zwerg die riesige goldene Pforte kraftvoll wieder hinter uns schloss. Mit blitzenden Augen taxierte er uns und murmelte in seinen grauen Bart: »Ich weiß schon, dass das wieder nur Veränderungen bringt. Immer, wenn Lichtmenschen hier erscheinen, bringen sie garstige Veränderungen mit. Seit langer Zeit leben wir nun schon im Dunkeln, weil die letzte Veränderung den Schlaf des Vergessens über uns brachte. Wie schön war es noch, als wir in den Wäldern sangen und die Welt der Naturwesen noch mit Freude und Fantasie belebt war. Lichtmann, immer wieder hast du uns die alten Geschichten erzählt und uns von der neuen Zeit erzählt, die niemals kam. Was bringst du dieses Mal für einen Unsinn mit?«

Der Zwerg rümpfte die Nase und blickte mich an. »Ich bin zwar kurzsichtig, aber meine Nase hat mich noch nie getäuscht. Du riechst nach etwas, was ich völlig vergessen habe. Nicht nach einer Lichtfrau, sondern ... Was war es noch gleich ...?« Er zupfte an seiner langen Nase und fuhr sich unter die bunte Mütze. »Es ist mir entfallen, beim Barte meines Großvaters und aller meiner Vorfahren. Ich weiß, ich kenne den Geruch!« Er drehte sich um, schnappte sich die Laterne und schickte sich an, durch den anschließenden Gang zu eilen.

»Meine Füße sind zwar nicht so groß wie eure, Herr Sonnemann, aber sie haben mich noch immer dahin getragen, wohin ich musste«, jammerte der Zwerg, »oder soll ich sagen, wohin sie wollten – nein, wohin *ich* wollte! Ach, beim Barte meines Großvaters und meiner Ahnen, das habe ich nun davon, dass ich die Pforte überhaupt aufgemacht habe. Immer muss ich mich überreden lassen. Garstige Veränderungen, ja, garstige ...«

Er brabbelte unaufhörlich vor sich hin, während er in einer unglaublichen Geschwindigkeit durch den steinernen Gang wuselte.

9

Der Zauber des Vergessens

Es war nur wenig Licht in dem Gang, der sich gemächlich dahinwand und langsam nach oben zu führen schien. Hin und wieder passierten wir eine Kreuzung in dem unterirdischen Labyrinth, durch das wir uns einen Weg suchten. Nach einer Weile machte der Zwerg halt und hörte auf zu brabbeln. Nachdenklich, mit halb zusammengekniffenen Augen, sah er in das Dunkel vor sich.

Plötzlich drehte er sich um und starrte San Saiman an. »Sag mir, dass du es nicht getan hast! Du hast mich alten Zwerg doch nicht so hinters Licht geführt? Sag es mir, dass du gerade *das* nicht getan hast?«

San Saiman setzte sich auf den Boden und blickte den Zwerg freundlich an. »Was, Graubart? Was habe ich nicht getan?«, fragte er mit ruhiger Stimme.

Tief und durchdringend sah der Zwerg ihn an. Ich zitterte innerlich. Hatte er unser Vorhaben bemerkt? Hatte er durchschaut, dass ich als Mensch ins Reich der Naturwesen gekommen war?

»Du hast es nicht getan, nein, unmöglich!« Der Zwerg näherte sich mir. Er sah mich stechend an. »Warum sprichst du die ganze Zeit kein Wort? Wer bist du? Du leuchtest wie eine Lichtfrau, aber dein Geruch verrät mir, dass du etwas anderes bist. Wollt ihr beide mich täuschen und dem König etwas zuleide tun? Glaube mir, ich bin ein Zwerg – und ich bin nicht umsonst der Wächter der goldenen Pforte!«

Der Kleine nahm seine Laterne und leuchtete mich an. Als der Lichtschein auf mich fiel, riss er Mund und Augen auf. Ihm stockte die Stimme. Dann wurde er ganz grau im Gesicht und ließ die Laterne langsam sinken. »Beim Barte meines Großvaters und meiner Ahnen, ich kenne dich. Ich weiß, ich habe dich schon gesehen!« Und nach einer Pause fuhr er fort: »Ich habe nur vergessen, woher ich dich kenne. Ist das nicht sonderbar?«

San Saiman hatte sich auf seinen weißen Stab gestützt und den Zwerg beobachtet. »Mein alter Freund«, sagte er nun beschwichtigend, »wir haben viel zusammen erlebt, du, Graubart, Wächter der Pforte, und ich, San Saiman. Es ist viele Jahrtausende und einige Zeitalter her. Du kannst es nicht mehr wissen. Du lebst im Schlaf des Vergessens. Mein Freund, dies ist ein neues Zeitalter, das nun beginnt, und vielleicht wirst du dich bald erinnern. Doch nun bring uns zum König und höre auf, mit uns im Kreis zu laufen. Denke nicht, dass ich es nicht bemerkt hätte. Es ist Zeit für eine Veränderung im Land der Zwerge und Feen, findest du nicht? Es wird Zeit, dass ihr euch erinnert. Auch du, Graubart der Weise. Oder sollte ich sagen, König Graubart? Du selbst bist der wahre König der Zwerge und hast es doch wahrhaftig vergessen. Nur deine spitze Zunge ist die gleiche geblieben, lieber Freund.«

Wütend sprang der Zwerg nach vorn. »Was sagst du da? Ich, der König, das kann nicht sein, du törichter Lichtmann. Daran müsste ich mich doch wohl erinnern, nicht wahr?« Er schüttelte den Kopf, wie um diesen Gedanken loszuwerden. »Wie kann er so etwas sagen, so etwas Törichtes, nur weil ich für einen kleinen Augenblick den Weg vergessen habe.« Erneut blickte er San Saiman an. »He, so leicht kannst du mich nicht zum Narren halten. Eine unerhörte Unverschämtheit, so etwas zu behaupten!«

Das Gesicht des Zwerges wurde ganz rot vor Zorn. Dann schwieg er plötzlich und wurde nachdenklich. San Saiman wartete geduldig und beobachtete weiter. Dabei blinzelte er mir zu, und ich setzte mich ebenso wie er auf den Steinboden.

Ich weiß nicht, wie lange wir so gesessen haben. Irgendwann schaute der Zwerg mich jäh an und sagte: »Wo wolltet ihr noch gleich hin? Was habt ihr doch ganz richtig gefragt? Ich glaube, ich bin dieser Tage ein wenig vergesslich.«

»Lieber Graubart«, entgegnete San Saiman sanft, »sei so lieb und bring uns zum König in sein Schloss!«

»Richtig, das war es«, seufzte der Zwerg erleichtert, »ihr wolltet zum König. Ich bringe euch zu ihm! So etwas, beim Barte meines Großvaters und meiner Ahnen, da war mir das doch glatt entfallen. Ach, immer diese Veränderungen. Ist es nicht entsetzlich? Immer wenn der Lichtmann auftaucht, gibt es diese gewaltigen Veränderungen ...« Er brabbelte weiter in seinen Bart und stapfte langsam voraus.

»Graubart«, sagte San Saiman. »Ich glaube, mein Vogel Milan sollte uns vorauseilen. Er kennt den Weg zum Schloss und wird uns führen. So kannst du dich noch ein wenig mit dir selbst unterhalten und brauchst nicht über den richtigen Weg nachzudenken.«

Wachsam breitete der weiße Vogel, der auf San Saimans Schulter geschlafen hatte, die Schwingen aus und stieg auf. Der Zwerg verdrehte die Augen, als sei dies überhaupt nicht nötig, und brabbelte weiter vor sich hin, folgte dem Vogel aber durch die Gänge.

Milan fand seinen Weg durch das Labyrinth – bis sich vor uns eine große Halle aus Stein auftat. Sie war durch unsere kleine Laterne nur schlecht beleuchtet. Am Eingang blitzten im Halbschatten weiße Marmorsäulen, reich mit Edelsteinen verziert.

San Saiman flüsterte mir zu: »Willkommen im Königreich der Zwerge!«

Auf einer Säule rechts vom Eingang sah ich eine große Steinfigur. Sie stellte einen Zwerg dar, der auf einem Einhorn ritt. Links ragten zwei in Relief gearbeitete weiße Bäume mit Äpfeln aus echten Rubinen auf. Sie funkelten ganz betörend im Dämmerschein. Mehr konnte ich im Vorübereilen mangels Lichtes nicht erkennen.

Ich wollte schon fragen, was es mit den Bäumen auf sich hatte, aber San Saiman bedeutete mir zu schweigen. Der Zwerg durfte wohl meine Stimme nicht hören. Also folgte ich weiter San Saiman und dem merkwürdig vergesslichen Graubart, bis wir an eine noch prunkvollere Steinhalle kamen. Riesige Säulen erhoben sich auch hier, die eine Pforte einrahmten, durch die wir geradewegs in die Mitte der Halle schritten. Der weiße Vogel Milan schien den Weg gut zu kennen und führte uns geradewegs zu einem Thron aus purem Gold.

San Saiman kniete lächelnd nieder, und ich tat es ihm gleich. »Nun, Graubart, mein lieber Zwerg. Ich finde, hier sollten wir eine Weile verweilen. Wie wäre es mit einem Schluck Wasser zu deiner Erinnerung?«

Entsetzt drehte sich der Zwerg um. »Garstiger Lichtmensch, wie kannst du mir das antun? Niemals würde ich meinem König das Wasser wegtrinken, wie kommst du auf diese vermessene Idee? Überhaupt kenne ich diesen Ort zwar, aber ich kann mich wirklich nicht erinnern, wo wir sind. Lasst uns besser weitergehen. Lichtwasser trinken, nein, wie ungehörig, das kann auch nur einem Lichtmann einfallen, so etwas!«

Er schüttelte den Kopf, und seine langen Barthaare verfingen sich an seinen Füßen. Er blieb stehen und bückte sich, um sie wieder zu lösen, und stolperte dabei. Fast wäre er gefallen. Unter großem Geschimpfe stapfte er ein weiteres Mal ungeduldig auf und brabbelte: »Immer diese Veränderungen, garstige Veränderungen!«

San Saiman lächelte und setzte ihn geradewegs auf den goldenen Thron. »Mein guter Graubart, König der Zwerge, es wird Zeit für einen tüchtigen Schluck Erinnerungen!« Kaum gesagt, hatte er dem Zwerg auch schon einen großen Schwall des Lichtwassers aus dem Trinkbeutel, den er bei sich trug, eingeflößt. Der Zwerg schaute ihn dabei fragend an, doch ehe er sich versah, hatte er das Wasser bereits in sich aufgenommen – und es erfüllte ihn mit dem leuchtenden Licht des Lebensquells.

Die Veränderungen in dem Zwerg und rings um ihn herum waren atemberaubend. Er verwandelte sich in eine leuchtende fröhliche Zwergengestalt, und der ganze Palast schien sich plötzlich mit Licht zu füllen. Je stärker das Lichtwasser den König durchfloss, desto mehr gaben die Säulen der Königshalle das Licht wieder, das sich durch den König in seinem Reich spiegelte. Je mehr die Halle leuchtete, desto mehr von der Fülle und dem Reichtum des Zwergenreiches konnte ich erahnen.

Die Säulen gleißten und funkelten im Regenbogenlicht, und Tausende bunter Edelsteine verzierten den Hallenboden. Der Thron, auf dem Graubart saß, leuchtete und glitzerte im strahlenden Schein heller Farben.

Der kleine Zwerg lächelte mit blitzenden Augen und rief verzückt aus: »Beim Barte meines Großvaters und meiner Ahnen, wie lange habe ich dieses Licht nicht mehr gesehen. Wie wohlig scheint dies Gefühl der Freude in mir zu klingen. Lichtmann, wie schön ist es, dich zu sehen! Wo warst du so lange Zeit? Ich habe mir schon Sorgen um dich gemacht. Komm, alter Freund, lass uns die Zwergenfrauen rufen und lass uns die alten Geschichten erzählen. Bei meinem Barte, ich bin so froh, dich zu sehen.« Er blinzelte leicht, als habe er tief geschlafen und erwache nun aus einem bösen Traum. Dann hüpfte er freudig von seinem Thron und umarmte San Saiman freundschaftlich. »Lieber Freund, es ist Zeit für eine Geschichte, nicht wahr?« Kaum hatte er dies gesagt, kam er auch auf mich zu.

In San Saimans Augen konnte ich sehen, dass er sich darüber sorgte, ob der Zwerg mich erkennen und wie er auf mich reagieren würde. Es war schon merkwürdig, wie er nun an meinem Gewand zupfte und seine lange Nase in die Luft reckte. Ich spürte, wie seine lustig blickenden Augen mich tief drinnen berührten. Auch er schien über die Gabe zu verfügen, direkt ins Herz zu schauen.

Ich öffnete mich ihm, weil ich den Eindruck hatte, endlich willkommen zu sein. Plötzlich hielt der Zwerg inne und sein Blick wurde starr. Er drehte sich um, sprang zurück auf seinen Thron und sagte kein einziges Wort.

Mittlerweile war der gesamte Thronsaal ein einziges Meer tanzender Lichter, und ich stellte fest, dass der Boden nicht nur aus funkelnden Edelsteinen bestand, die wie hingestreut wirkten, sondern aus reinstem Kristall. Die Edelsteine waren darin eingelassen, und um jeden Stein rankten sich wundervolle Bilder und Figuren. Ein einziger Kristall bildete den Boden, und nirgends sah ich einen Anfang oder ein Ende der spiegelnden Fläche.

Ich spürte eine magische Kraft davon ausgehen.

»Ganz recht, Menschenkind«, sagte der Zwergenkönig, »dies ist heiliger Kristall, aus dem die Zwerge vor Tausenden von Jahren diesen Boden geschaffen haben. Viele Feste, rauschende Hochzeiten und Freudentänze wurden hier abgehalten.«

Er blickte traurig in meine Augen und fuhr langsam fort: »Wir verstehen unser magisches Handwerk und die Kunst, den reinsten Kristall aus der inneren Erde zu verflüssigen und ihn danach in die schönsten Sachen zu verwandeln. Diese Kunst haben wir einst von den Sternenvölkern erlernt, noch vor der langen Zeit des Vergessens. Es war eine Zeit, da euer und unser Volk noch in Freundschaft und Freude lebten. Heute ist der Zauber des Vergessens das Einzige, was uns verbindet. Und dieser Zauber ist ein Segen.«

Er schluckte, und ich glaubte, Tränen in seinen Augen zu sehen. »Lichtmann, willst du mir ganz das Herz brechen? Ich habe den Zauber des Vergessens nicht ohne Grund über mich und mein Volk gelegt. Ich möchte nicht erinnert werden, und schon gar nicht möchte ich eine Menschenfrau in meinem Lande wissen. Was hast du törichter Lichtmann dir dabei nur gedacht?« Traurig drehte der Zwerg sich um und zupfte sich am Bart. »Was will eine von ihnen hier in meinem Thronsaal? Soll ich ihr die Wahrheit über die Menschen berichten?« Wütend stampfte er wieder auf und blickte San Saiman vorwurfsvoll an.

Dieser nickte. »Ja, mein Freund und König Graubart. Es ist Zeit für die Erinnerung daran, was sich in der Zeit der Wandlung erneuern wird«, antwortete er besänftigend. «Ich bin nicht ohne Grund hier, um dich zu wecken, alter Freund. Es liegt Hoffnung in dem, was gerade geschieht. Beeile dich, Freund, mein Lichtwasser wird dich nur eine kurze Weile aus deinem Zauber locken können, denn nur du selbst kannst den Zauber auf Dauer erlösen.«

San Saiman kniete vor dem Zwergenkönig nieder und neigte freundlich sein Haupt. Graubart räusperte sich und wurde plötzlich sehr ernst, als er seine Geschichte zu erzählen begann. So lange schien er darauf gewartet zu haben.

»Nun, es geschah vor vielen Jahrtausenden«, hub er an, »dass die Sternenvölker nicht nur die Menschen, sondern auch uns Naturwesen auf dem Planeten Erde immer wieder besuchten. Es war eine Zeit der Freude, der Musik und der Harmonie. Die Wesen, die den Erdball belebten, verstanden sich auf die hohen Künste der positiven Lichtkraft, und sie lebten völlig im Einklang mit der Natur. Die Sternenwesen lehrten die menschlichen Völker der Erde, mit der Lichtkraft der Kristalle zu leben, und die Völker der Erde lebten alle in Frieden. Es gab einen regen Austausch zwischen den Zwergen, den Feen und den Menschen, die sich in besonderer Freundschaft gemeinsam um das Wohl des Planeten sorgten.

Es waren die Zwerge, die aus dem Inneren der Erde den reinsten Kristall abbauten und bei den Menschen gegen kosmisches Wissen eintauschten. Wir, die Zwerge, brachten auch die erlernten Zauberkünste an die Erdoberfläche. Wir verstanden uns darauf, den flüssigen Kristall in allerlei magische Instrumente zu verwandeln, weil wir das, was wir von den Sternenwesen und von den Menschen erlernten, in die Kristalle umsetzen konnten.

Nun, wir Zwerge lebten glücklich in diesen Tagen. Wir erbauten die schönsten Paläste im Inneren der Erde, und damals nutzten die Menschen sowie die Sternenwesen sie als heilige Tempel, um das kosmische Wissen und den Schöpfer aller Welten und Dinge zu ehren. Es war eine Zeit der Weisheit und der Liebe, wie man sie kaum zu beschreiben vermag. Mutter Erde sang in den schönsten Klängen, und die Sterne waren mit der Erde durch Lichttunnel verbunden. So gingen die Sternenwesen zwischen den Welten auf Reisen, und es herrschte ein eifriger Austausch unter den Völkern, der rein friedlicher Natur war.

Aber irgendwann ging dieses Zeitalter zu Ende. Ich erinnere mich noch gut daran, dass du, Lichtmann, uns oft besuchtest in den alten Tagen. Damals wollte ich die Wahrheit über die Veränderungen noch nicht glauben, mein großer Freund – der Veränderungen, die uns in die Zeit des Vergessens führten.« Er schniefte leise und tupfte sich mit seinem langen Bart die Tränen von den Wangen.

»Damals kamen die Kosmischen Ältesten direkt hierher in diese Halle. Wir bereiteten die schönsten Steine vor und schufen diesen heiligen Boden, um ihnen einen würdigen Empfang zu bereiten. Ich werde den ehrwürdigen Augenblick niemals vergessen, als sie im Spiegel des magischen Bodens ihr Angesicht zeigten. Doch ihr Besuch war alles andere als erfreulich. Sie berichteten uns von einem Menschenpriester der menschlichen Völker der Erde, der ins Dunkel gefallen war. Sie zeichneten uns die Sicht einer dunklen Zukunft in den Spiegel der Voraussicht und baten uns um Hilfe.

Wir sollten so schnell wie möglich aus den heiligen Kristallen der inneren Erde eine Bibliothek errichten. Sie sollte alles umfassen, was es an kosmischer Wahrheit bis zu diesem Zeitpunkt gab. Sie sollte den Anfang und das Entstehen der Universen ebenso beinhalten wie das Wissen um die Zauberkraft in allen Dingen.

Am Anfang war ich begeistert von der Idee, eine Schatzkammer des Wissens zu errichten. Ich ließ alle meine Vorfahren rufen, und beim Barte meines Großvaters, wir schufen die schönste Bibliothek, die man sich nur vorstellen kann. Die Kosmischen Ältesten berichteten uns, dass eines Tages im Zeitalter des Vergessens die Menschen diese Bibliothek wieder öffnen würden, um uns alle an das zu erinnern, was wir einst gelernt haben. Damals begriff ich noch nicht, was es bedeuten würde, dass wir alle vergessen werden.

Ich arbeitete unaufhörlich an der Aufgabe, alles Wissen in flüssigem Kristall zu speichern. Die Kosmischen Ältesten besuchten mich immer wieder, und sie gaben mir immer neue Aufgaben, die in den heiligen Kristall gebracht werden mussten. Auch du, San Saiman, hast in dieser Zeit immer wieder heiliges Lichtwasser in unser Land gebracht, damit die Quelle des Lichts den flüssigen Kristall in einen strahlenden Schein tauchen konnte.

So entstand die größte Bibliothek, die man sich denken kann – kristallene Tafeln, dreizehn an der Zahl, die reich verziert das Wissen aller Welten trugen. Auch fertigten wir Figuren und Abbilder heiliger Wesen und sogar das Skelett eines Menschen aus purem Kristall an. Das Lebensquellwasser der heiligen Lichtstadt hauchte dem Kristallabbild des Menschen Leben ein, und so entstand ein Wächter der kristallenen Bibliothek, die wir nach der damaligen Epoche der Zeitgeschichte auf Erden benannten.

Die Atlantische Kristallbibliothek war ein Meisterwerk unserer Kunst, und das kosmische Wissen der heiligen Kosmischen Ältesten ist darin eingeflossen. Auch schufen die Ältesten mit uns dreizehn Kristallschädel, welche zur Aufgabe bekamen, die Menschen im Zeitalter des Vergessens zu beschützen und an ihre Lichtnatur zu erinnern.

Die Kosmischen Ältesten prophezeiten uns die Zeit des Vergessens, aber ich habe nicht geglaubt, dass sie so schnell hereinbrechen würde. Eine große Versammlung kündigte die Veränderung auf dem Planeten Erde an. Die Kosmischen Ältesten verschlossen die Kristallbibliothek im Inneren der Erde so, dass niemand unberechtigten Zugriff nehmen konnte. Der kristallene Lichtwächter wurde zum Hüter der Atlantischen Bibliothek bestimmt und sollte sie bis zum heutigen Tag bewachen.

In den Prophezeiungen der Ältesten hieß es, die Menschen würden eines Tages wieder auf den Weg des Lichtes zurückfinden, aber als die große Flut hereinbrach, schienen sie wohl einfach alles zu vergessen. Zuerst vergaßen sie sich selbst und ihre Lichtnatur, und dann vergaßen sie schließlich im Laufe der Jahrtausende auch die Sternenwesen, die Kosmischen Ältesten und ganz zuletzt sogar uns Naturwesen.

Mittlerweile ist es still geworden bei den Völkern unter der Erde. Die Zwerge haben sich ins Innere der Erde zurückgezogen. Die Feen und Elfen haben die Erde verlassen und leben nun auf einem anderen Planeten. Nur wenige sind zurückgeblieben – sehr wenige, weil die alten Wälder auf Erden gestorben sind.

Mit der Zeit wurde mein Volk immer trauriger, weil das Vergessen der Menschen uns alle zutiefst betroffen machte. Die Kosmischen Ältesten prophezeiten uns eine neue friedliche Zeit, aber wir warteten ein Jahrtausend nach dem anderen vergeblich darauf. Anfangs versuchten wir noch, den Menschen zu helfen, doch waren sie ganz den materiellen Versuchungen der irdischen Macht verfallen. Als dann auch noch die negativen Ängste der Menschen aufkamen, beschloss ich, dass mein Volk lieber schlafen sollte als zuzusehen, wie die Menschen ihr Vergessen auf dem Planeten leben.

Ich verzauberte meine Familie und mein ganzes Volk und blieb als einziger Wächter der Zwerge unter der Erde. Nun werde ich wohl als König des Vergessens in die Geschichte eingehen.« Er schniefte nochmals und räusperte sich.

Bei seinen Worten war mir ganz schwer ums Herz geworden. Gerne hätte ich die Zeit erlebt, als noch alles so friedlich war auf Erden. Von Herzen gern wollte ich den König trösten, aber ich schämte mich dafür, ein Mensch zu sein.

10

Die zweite Prüfung

Der kleine König schien meine Gedanken zu erraten und beugte sich ein wenig vor, um auf seine knochigen Füßchen zu blicken. »Wir haben die Hoffnung niemals aufgegeben, doch irgendwann hat es einfach zu lange gedauert. Wir haben alles Mögliche versucht, um die Menschen wachzurütteln, aber sie haben unsere Sprache des Herzens vergessen.« Er wandte sich an San Saiman und fragte vorwurfsvoll: »Also, warum beim Barte meines Großvaters und meiner Ahnen hast du sie hierhergebracht und mich aus meinem Schlaf des Vergessens geholt? Lass mich alten Mann doch König des Vergessens sein und Wächter einer goldenen Pforte, die sich niemals öffnen wird für ein Zeitalter der Hoffnung.«

Ich war tief betroffen und spürte einen stechenden Schmerz in meinem Herzen. Wie lange mochte der König nun schon als vergesslicher kleiner Kauz hier leben? Wie viele Zeitalter waren seither vergangen? Ich wagte es nicht, irgendetwas zu sagen.

Bis mir auffiel, dass das Licht aus dem Zwerg entwich. Das Lichtwasser schien seine Wirkung zu verlieren. Graubarts Traurigkeit war wohl zu groß, und so konnte das Lichtwasser nur für einen lichten Moment im Zauber des Vergessens sorgen. Und in dem Maße, wie das Licht aus dem König floss, verdunkelte sich auch wieder die Königshalle, und übrig blieb nur der Schein der kleinen Laterne, die der Zwerg neben dem Thron auf den Boden gestellt hatte. Graubart wurde schweigsam, und seine Augen veränderten sich.

Nach einer ganzen Weile schnäuzte er sich und sagte zu San Saiman: »Nun, Lichtmann, törichter Lichtmann, willst du mir nicht aufhelfen? Was soll denn der König sagen, wenn er mich hier auf seinem Thron sitzen sieht? Bei meinen Ahnen, immer diese garstigen Veränderungen.« Er wandte sich an mich. »Jedes Mal, wenn er auftaucht, kommen diese garstigen Veränderungen. Er kann es einfach nicht lassen, mich alten Zwerg so zu ärgern. Ach, wo wolltet ihr noch gleich hin?«

Der Schlaf des Vergessens hatte den kleinen Zwerg wieder in einen vergesslichen Wächter der Pforte verwandelt. Und wie traurig machte mich das! San Saiman sah mich an, und sein Blick schien mich trösten zu wollen, aber ich konnte nicht anders: Ich fing an zu weinen.

San Saiman legte die Hand auf meine Schulter. »Du kannst ihm jetzt nicht helfen«, flüsterte er mir zu. »Wir werden zurückkommen, wenn wir erfolgreich waren. Aber jetzt müssen wir weiter. Nimm einen Schluck vom Lichtwasser, sonst können wir nicht weitergehen. Es ist wichtig, dass du dir alles merkst, was du siehst. Du musst mit deinen Augen und deinem Herzen alles in dich aufnehmen, denn alles, was du hier lernst, musst du den Menschen erzählen. Nur so werden sich die menschlichen Völker der Erde erinnern. Nur so kann das Vergessen beendet und die Kristallbibliothek wieder geöffnet werden.

Dieser Weg, den wir gemeinsam begonnen haben, ist nicht nur der Weg deiner Einweihung. Jeder Mensch, der diese Geschichte und deinen Weg im Herzen miterlebt, wird Teil des Erwachens des Neuen Zeitalters sein. Nur wenn die Menschen die Wahrheit erfahren, werden sie sich erinnern, und dann werden auch die Zwerge wieder erwachen können. Komm, lass uns weitergehen.«

Er erhob sich. Gleichzeitig bedeutete er mir, kein Wort zu sagen, damit Graubart nicht merkte, dass ich ein Mensch bin. Auch das hatte der kleine brabbelnde Zwerg nämlich schon wieder vergessen. Auch hatte er nichts von dem gehört, was San Saiman mir gesagt hatte. Er schien völlig in sein zorniges Gemecker versunken zu sein. Aber plötzlich drehte der Zwerg sich um und starrte mich eindringlich an.

»Was versteckst du da auf deinem Rücken?«, sagte er mit scharfer Zunge.

Erschrocken wurde mir bewusst, dass ich gerade an den Kristallschädel in der goldenen Tasche gedacht hatte. Mir war kurz durch den Sinn gegangen, ob er wohl sicher verstaut war. Der Zwerg musste das aufgefangen haben.

Mit einem Satz war Graubart neben mich gesprungen und hatte mir den Mantel vom Rücken geschoben. »Was versteckst du da, Lichtfrau, he? Was hast du uns da gestohlen?« Er warf San Saiman einen giftigen Blick zu. »Hast mich absichtlich verwirrt, habe ich Recht, Lichtmann? Aber das könnte dir so passen, du Narr. Was wird hier gespielt?« Der Zwerg war außer sich vor Zorn.

San Saiman versuchte ihn zu beruhigen. »Was denn, Graubart, was denkst du nur von uns? Wir haben ein Geschenk für den König dabei, das sagten wir dir doch schon. Komm, bring uns nun zu ihm, damit wir es ihm geben können.«

Der Zwerg blinzelte San Saiman fragend an. Er schien nachzudenken. »Wisst ihr denn, wo der König ist? Ich muss zugeben, mir ist es gerade entfallen. Hm, was wollte ich noch gleich sagen?« Er sah mich mit seinen grünen Augen vorwurfsvoll an. »Sie hat mich ganz verwirrt, die Lichtfrau. Nein, nein, ich bin ein guter Wächter der goldenen Pforte. Ihr habt mich nur zu lange aufgehalten. Ich muss meine Arbeit für den König verrichten.

Ich habe euch bis hierher gebracht, aber jetzt muss ich dringend zurück zur goldenen Pforte. Es gibt dort etwas sehr Wichtiges, auf das ich warten muss. Ich weiß nur nicht mehr, was das gewesen ist. Nun, es wird mir schon wieder einfallen. Ach, immer diese Lichtmenschen, dauernd führen sie Veränderungen herbei, über die man seine wichtigen Aufgaben vergisst. Nein, nein, ich bin Graubart, der Hüter der Pforte ...«

Der kleine Zwerg brabbelte wieder vor sich hin und eilte in die Richtung zurück, aus der wir gekommen waren. Seine kleine Laterne nahm er mit, so dass auch das wenige Licht, das wir bei unserem Gang durch die Zwergenwelt hatten, nun mit dem vergesslichen König Richtung goldene Pforte verschwand.

San Saiman und mir drang Licht aus jeder Pore unseres Leibes, aber es reichte nicht aus, um in der Königshalle etwas erkennen zu können. Noch lange hörte man den Widerhall der Worte des Zwerges, aber irgendwann verklang auch dieses Lebenszeichen, und langsam wurde mir unheimlich im Dunkel des gewaltigen Zwergenlandes.

»San Saiman, warum ist es hier so finster?«, fragte ich leise in die Stille.

Er blickte noch immer in jene Richtung, in die der Zwergenkönig verschwunden war. »Das ist der Zauber des Vergessens. Mit dem Vergessen sind Stille und Dunkelheit in die Menschenherzen gekommen. Hier spiegelt sich das Zeitalter des Vergessens. Deshalb ist es ein Ort ohne Licht und Freude geworden. Der alte König wandert nun schon seit Tausenden von Jahren in den Gängen der Königsstadt umher, und er hat sich selbst und sein Volk in die Stille des Vergessens gezaubert. Er ahnt noch nicht, wen er in das Königreich der Zwerge eingelassen hat.«

»Aber kann ich denn gar nichts für ihn tun?«, fragte ich leise.

»Deine Prüfung besteht darin, durch diese Stille der Dunkelheit zu wandern. Nur mit dem Licht, das du selbst in deinem Herzen für die Erde und alle Wesen trägst. Du musst durch diese Dunkelheit wandern und den singenden Felsen finden, denn dort wirst du die Spur zur Atlantischen Bibliothek aufnehmen können.

Die Kristallbibliothek, von der der Zwergenkönig dir erzählt hat, birgt alle Geheimnisse des Kosmos, und dort findest du die Antworten auf deine Fragen. Die Zwerge haben die Tafeln mit Hilfe der Kosmischen Ältesten geschaffen. Doch von hier aus sind sie weitergetragen worden zum singenden Felsen. Willst du das Herz der Erde heilen und willst du deine Bestimmung erfüllen, so musst du weiter nach den heiligen Kristalltafeln der Atlantischen Kristallbibliothek suchen. Sie werden dir alle Fragen beantworten.«

Er nickte wissend, als er das sagte, und ich begriff, dass ich nun mitten in einer meiner Prüfungen war und den Weg zum singenden Felsen finden musste. Aber Milan hatte sich wieder auf die Schulter des Lichtmannes gesetzt, und darum wusste ich, dass ich den Weg allein finden musste. Wie sollte ich das anstellen? Es war so dunkel, und nirgends war ein Licht zu erkennen.

Plötzlich spürte ich den Kristallschädel auf meinem Rücken vibrieren. Ich war froh gewesen, dass der Zwerg ihn nicht für Diebesgut gehalten hatte. Wer wusste schon, was noch alles passiert wäre, wenn der traurige König entdeckt hätte, dass sich in dem goldenen Beutel, den ich umgeschnallt hatte, ein Kristallschädel befand?

Ich nahm Corazon de Luz langsam von meinem Rücken und ließ mich auf dem Boden nieder. Meine erste Prüfung mit Gaia hatte ich nur mit seiner Hilfe gemeistert. Vielleicht konnte er mir auch dieses Mal den Weg weisen.

San Saiman ließ mich gewähren. Er nickte, als ich den alten Schädelstein auf den kristallenen Untergrund setzte. Seit ich ihn bei Gaia in das Lichtwasser getaucht hatte, leuchtete er in den schönsten Farben. Bewundernd strich ich über seinen Oberkopf. Dann schloss ich die Augen und erinnerte mich an die alten Lieder der Inka, die sie mich gelehrt hatten. Ich sang von den Wiesen und Auen und den Flüssen und Seen der Erde. Ich rief die Wesen des Lichtes und der Liebe und die Kraft aller Elemente herbei, mir in diesem Augenblick zu helfen.

Der Kristallschädel erstrahlte immer heller. Sein Licht gleißte geradezu, und ich spürte den Strom tiefer Liebe in mir. Ich sah die Adler fliegen und hörte im Geiste den Ruf des Condors erklingen. Corazon de Luz leuchtete heller und heller, und mit ihm wurde es auch lichter in der Königshalle. Immer wieder kam mir das Bild des Zwergenkönigs in den Sinn und suchte mich bei meiner Anrufung abzulenken. Aber ich ließ mich nicht ablenken und erfüllte den Raum des Thronsaales mit meiner Liebe.

Corazon de Luz begann nun bunte Bilder in den Raum auszustrahlen. Ich sah das Reich der Zwerge vor dem Zeitalter des

Vergessens. Es waren Bilder aus einer glücklichen Zwergenwelt. Und ich sah auch, wie die Kristalltafeln geschaffen wurden.

Der Schädelstein schien sich mit dem Untergrund zu verbinden, denn der Boden begann zu vibrieren und zu leuchten. Dann sah ich, wie die Tafeln von den Kosmischen Ältesten geweiht wurden. In einer langen Prozession wurden sie durch einen weiten Gang am anderen Ende des Thronsaales gebracht. Große Schatzkisten voll farbenprächtiger Figuren und auch ein kristallener Mensch wurden zu einem Kristallfels getragen und dort niedergelegt.

Mit diesem Bild hörte der Kristallschädel auf, Bilder zu projizieren. Ich kannte das schon, denn der Schädelstein zeigte nur so lange Bilder, bis man seine Botschaft verstanden hatte. Also waren die heiligen Gegenstände der Kristallbibliothek auf der anderen Seite der Halle durch einen Gang zum singenden Felsen gebracht worden.

San Saiman trat zu mir. Er reichte mir das Lichtwasser, und ich trank. Als ich spürte, wie sich meine Leuchtkraft verstärkte, wusste ich, dass ich meine Reise durch die Dunkelheit nun antreten musste.

Corazon de Luz leuchtete noch immer, aber nicht mehr so intensiv wie vorher. Ich verbarg ihn wieder in seinem goldenen Behältnis und machte mich innerlich bereit für den Weg durch die Dunkelheit.

11

Der singende Fels

Vorhin war ich San Saiman und dem Zwerg Graubart gefolgt, nun hingegen musste ich vorausgehen. Der lichtvolle Mann folgte mir, und ich spürte, dass es mir sehr half, gerade jetzt nicht allein sein zu müssen. Ich war sehr dankbar dafür. Er schien meine Dankbarkeit zu spüren, denn beruhigend gab er mir einen kleinen Schubs, um mich zur Eile anzuspornen.

Unsere Körper leuchteten derart, dass wir immer nur zwei, drei Schritte weit sehen konnten. Ich hatte mir die Richtung genau eingeprägt, die von dem Thron wegführte, und orientierte mich an den Mustern im Hallenboden – an der Lage der Edelsteine, die symmetrisch in den kristallenen Stein eingebracht waren. Am anderen Ende der Halle angekommen, tastete ich mich an der Wand entlang, und nach ein paar suchenden Schritten hatte ich die Öffnung in der Wand gefunden, durch die einst die heilige Bibliothek getragen worden war. Schritt für Schritt tastete ich mich weiter durch den weiten Gang aus Stein.

San Saiman sprach kein einziges Wort. Er folgte mir lautlos wie ein Schatten, und Milan, sein weißer Vogel, verließ nicht seine Schulter.

Alle möglichen Gedanken gingen mir durch den Sinn. Je tiefer wir in den Gang vorstießen, desto intensiver schien mein Verstand zu arbeiten. Er versuchte mich ins Zweifeln zu bringen. Ich machte mir Sorgen um meine Kinder, und ich fragte mich, ob ich es wirklich schaffen konnte, meiner Aufgabe hier gerecht zu werden. Jeder Schritt, den wir in dem Gang machten, hallte mehrfach wider, und ich wurde unsicher, ob es nicht besser gewesen wäre, jemand anderes hätte diesen Weg mit Corazon de Luz begonnen.

Ich wusste nicht, wie ein kleiner Mensch, der ich doch war, all die Geschichten und das immense Wissen, das es in dieser Welt zu entdecken gab, zu den Menschen bringen sollte. Aber andererseits war ich sehr neugierig und wollte mehr über die Atlantischen Tafeln und die Kosmischen Ältesten erfahren. Wer waren sie und was hatte das alles mit dem Neuen Zeitalter zu tun? Ich hatte hunderte Fragen, und bis jetzt war ich noch nicht weit gekommen mit meinem Auftrag, die Prophezeiung zu erfüllen, von der alle sprachen.

Mein Verstand spielte mit mir Katz und Maus.

San Saiman spürte meine Anspannung und begann leise zu summen. Mit der gleichen Melodie, die er schon auf der goldenen Barke gesummt hatte, brachte er meinen Verstand zur Ruhe. Ich schüttelte meinen wirren Kopf und tastete mich weiter durch den dunklen Gang.

Endlos lange glaubte ich gelaufen zu sein und war schon beinahe überzeugt, wir hätten uns verirrt, als der Gang sich plötzlich nach vorne öffnete. Ich spürte, dass wir zwischen den Felsen hervortraten, und dann fand der Weg ein jähes Ende an einem Abgrund. Ich versuchte in der Dunkelheit zu erkennen, wie tief es hinter dem Felsplateau hinunterging. Aber das Licht reichte nicht aus, bis ganz nach unten zu schauen. Ich drehte mich fragend nach San Saiman um und war sicher, den falschen Weg genommen zu haben.

San Saimans Gesicht strahlte in einem wundervollen Licht, und mir fiel auf, dass seine Leuchtkraft zugenommen hatte. Seine Augen glänzten warm im goldenen Schein. Mit einem Heben der Schultern bedeutete er mir, dass er mir nichts sagen durfte. War dies die Prüfung? Der Sprung in die dunkle Ungewissheit? War ich irgendwo falsch abgebogen, oder sollte ich hier wirklich den Sprung ins Dunkel wagen? Ich zögerte einen Augenblick, aber dann nahm ich all meinen Mut zusammen. Ich schloss die Augen und sprang in die Tiefe.

San Saiman schien es mir gleichzutun, denn ich konnte hinter mir das leichte Rascheln seines Gewandes vernehmen. Ich hörte auch den weißen Vogel mit einem Schrei in die Tiefe gleiten. Ich fiel, und je länger der Sturz in die Dunkelheit dauerte, desto mehr hatte ich das Gefühl, am Ende meines Lebens angekommen zu sein.

Ich war außer mir vor Angst, denn ich glaubte, irgendwann auf einem kalten, harten Steinboden aufzuschlagen. Aber der Fall schien ewig zu dauern, und schließlich tastete ich auf meinem Rücken nach Corazon de Luz. Würde er beim Aufschlag genauso zerschmettert werden wie mein menschlicher Körper? Nein, er war *sicher* auf meinem Rücken, denn ich fiel mit dem Vorderkörper voraus. San Saiman schien ebenso schnell zu fallen wie ich, denn ich konnte aus den Augenwinkeln seinen Lichtschein erspüren. Ich fing an zu weinen und dachte an meine Kinder. In diesem Moment glaubte ich, alles sei nun vorüber.

Da hörte ich ein feines Summen. Ein dünnes Vibrieren in der Luft. Eine fremdartige Melodie, die meinen ganzen Körper durchströmte. Und plötzlich hatte ich den Eindruck, die Schwerkraft löse sich auf. Ich hörte auf zu fallen und – *schwebte*. Und je tiefer ich jetzt noch glitt, desto lauter wurde die eigenartig brummende Melodie.

Als ich sanft aufkam, war ich sehr erleichtert. Ich war am Leben und froh, wieder festen Boden unter den Füßen zu haben. San Saiman landete ebenso sanft neben mir, und mit einem freudigen Schrei ließ sich Milan auf der Schulter des schönen Mannes nieder.

Alles um mich herum vibrierte ganz merkwürdig. Das Brummen und melodiöse Schwingen kam direkt aus dem Felsen unter mir. San Saiman stand auf und half mir, mich zu erheben. Ich strich mein Gewand über den Knien glatt und tastete vorsichtig nach dem Kristallschädel auf meinem Rücken.

»Willkommen auf dem singenden Felsen, Carino«, sagte San Saiman. »Du hast deine zweite Prüfung bestanden. Das hier ist der Ort, an dem der atlantische Schatz, die Kristallbibliothek, mit Leben erfüllt wurde, denn der singende Fels ist in der Lage, nicht nur die Gravitation der Erde aufzuheben, in seinem Schwingungsfeld ist die göttliche Schöpferkraft auch noch so stark enthalten wie am Anfangspunkt aller Universen. Die Melodien des singenden Felsens sind die Töne des Kosmos. Der schwingende Stein kennt die Melodien sämtlicher Planeten und Sterne aller Universen. Hier auf diesem Felsen wurden die heiligen Gegenstände mit dem Zentrum der Welten verbunden, und hier haben die Kosmischen Ältesten dem Kristallmensch das Leben gegeben und ihn zum Wächter der Atlantischen Kristallbibliothek gemacht. Fühle dich ein in diese Schwingung, sie ist heilig und wird dein Herz heilen.«

San Saiman schritt mir nun voraus – durch eine gewölbte Öffnung im Felsen, die ich vorher gar nicht bemerkt hatte. Er wartete auf mich, nahm meine Hand und führte mich in das Innere des singenden Felsens. Mir zitterten noch die Knie von dem tiefen Fall ins Ungewisse, und ich konnte es schier nicht glauben, dass ich es bis hierher geschafft hatte. Als wir ins Innere des singenden Felsens vorstießen, begann er in den schönsten Melodien zu schwingen. Mir schien, er drehte sich um sich selbst wie ein Planet in der Dunkelheit.

Hier, irgendwo im Inneren der Erde, schwebte dieser Felsen einfach im Dunkel – und er sang wie ein Instrument, das einer Harfe gleichkam. Im kraftvollen Strom der Melodie wurde mir ganz warm ums Herz. Ich hatte Tränen der Freude und des Glücks in den Augen.

San Saiman umfasste meine Hand noch fester, und es war, als tanzte er mit dem Felsen im Gleichklang. Seine Augen leuchteten, und mein Herz war weit geöffnet in diesem wundervollen Augenblick.

12

Die Schlange des Lichtes

San Saiman leuchtete und sang fröhlich mit dem Felsen. Je mehr er sang, desto mehr drehte sich der singende Felsen, und es war, als schwebten wir im leeren Raum.

Noch immer war es dunkel, und nur gelegentlich konnte ich einen Lichtschein im Fels gespiegelt erkennen. Ich nahm an, dass der singende Fels aus Kristall bestand, denn hin und wieder blitzten kleine weiße Lichtpunkte in der Dunkelheit auf.

»Nun, Carino«, wandte San Saiman sich an mich, »beginnt deine erste Unterweisung in die kosmischen Weisheiten. An diesem Ort befindet sich eine große Kraftquelle, und hier verbindet sich die Erde mit dem Zentrum aller Universen. Behalte alles genau, was ich dir sage, denn die Menschen sollen wieder lernen, was sie so lange vergessen haben.

Die Erde ist in ihrem Inneren in verschiedene dimensionale Schichten verwoben. Sie berührt mit ihrem feinstofflichen Kern verschiedene Portale in anderen Welten, die mit der Dreidimensionalität wenig gemeinsam haben. Sie ist auch nicht einfach nur hohl in ihrem Inneren, wie ihr menschlichen Völker der Erde bisweilen glaubt.

Euer Planet ist ein lebendiges Wesen, eure Mutter Erde, und als eure Mutter hat sie ebenso geistige und feinstoffliche Anteile wie ihr selbst, wie jedes Wesen.

Der ganze Planet ist durch verschiedene magnetische Felder mit unterschiedlichen Ebenen verbunden, die jedoch alle zu ihr und ihrem Wesen gehören.

Als Erstes bist du in unsere heilige Lichtstadt gekommen, die sich genauso im Inneren der Erde befindet wie auch die Welt Gaias, König Graubarts oder diese Welt des singenden Felsens. Alle feinstofflichen Ebenen sind durch verschiedene Tunnel miteinander verbunden. Die Welt des Lichtes unserer heiligen Stadt ist durch den goldenen Fluss mit der Welt des Zwerges Graubart verbunden. Die Welt Gaias findest du auf dem Weg durch die Vulkankraft der Erde, und den singenden Felsen kannst du nur durch die Schwingungsschwelle der inneren Luft der Erde finden.

Alle diese Welten haben unterschiedliche feinstoffliche Dichten. Derzeit ist es euch Menschen nicht möglich, mit eurem sehr feststofflichen Körper diese Welten zu durchreisen, sie gehören aber ebenso zum Wesen eures Planeten wie die Kontinente und die Meere an ihrer Oberfläche oder wie der Himmel mit seinen Regen spendenden Wolken. Wir reden über ein und dieselbe Erde mit ihren vielen farbigen Gesichtern und ihren unterschiedlichen Resonanzen.

Der singende Felsen ist ein Kristall im Inneren der Erde. Hier manifestiert der Planet seine Schwingung in der Materie. Der Kristall ist so etwas wie das *Denken* der Erde. Von hier aus sendet der Planet seine Resonanzen in die einzelnen Ebenen, von hier aus fließt die göttliche Vibration der Schöpferkraft in Form freier Energie in und durch den Planeten mit seinen verschiedenen feinstofflichen Ebenen.

Genauso wie du ein Gehirn und ein Herz, einen Verstand und eine Seele hast, sind auch der Erde verschiedene Wesenheitsformen eigen, über die sie sich zum Ausdruck bringt. Göttin Gaia manifestiert das lebendige Licht in die Materie. Zwerg Graubart ist ein großer Zauberer, und die Zwerge, Feen und Elfen zaubern Wünsche und Träume in eure Welt.

Der singende Felsen bringt durch seine Schwingungen die Qualität der Energien des Zentraluniversums in die verschiedenen materiellen Stufen der Erde, und hier nimmt auch die Veränderung des Bewusstseins der Menschen seinen Anfang. Wenn ihr Menschen begreifen würdet, dass euer Planet so etwas wie Denken und Fühlen kann, wäre euch auch klar, dass von hier aus wichtige Impulse und Reaktionen der Erde gesteuert werden. Trifft beispielsweise ein Meteorit auf die Erde, weiß der Planet das lange im Voraus und sendet eine Schwingung aus, um die verschiedenen Welten zu schützen oder zu heilen, wenn sie erschüttert werden. Manchmal zieht die Erde auch einen Meteoriten an, weil sie ihn zur Reinigung ihrer Oberfläche benötigt, genauso, als würdet ihr Menschen ein Bad im Wasser nehmen, um euch von Schmutz zu säubern.

Durch den singenden Felsen ruft die Erde auch gedanklich um Hilfe, wenn in ihrem Gleichgewicht etwas nicht in Ordnung ist. Über einen besonderen Lichtträger wird die Schwingung im Inneren der Erde in die verschiedenen Welten transportiert.

Wir Lichtmenschen können die Gedanken der Menschen und aller anderen Wesen erraten, weil wir die feinstofflichen Schwingungen des singenden Felsens überall wahrnehmen können. Gedanken sind Schwingungen, und diese können wir wahrnehmen. Licht verstärkt gewissermaßen die Schwingungsqualität der Gedanken, und es transportiert das Gedachte durch die Dimensionen.

Der Lichtkristall schwebt, wie du siehst, in einem leeren dunklen Raum. Er dreht sich um sich selbst, und seine Schwingungen werden von hier aus weitertransportiert. Alles, was du in diesen Welten lernen kannst, Carino, ist bedeutsam und zugleich der Baustein des Neuen Zeitalters. Merke es dir gut!«

Ich nickte zustimmend, weil ich bis jetzt alles verstehen konnte, was San Saiman mir erklärte. »Der singende Fels schwingt und sendet so die verschiedensten Impulse in die unterschiedlichen Ebenen der Erde, geradeso wie in eurem menschlichen Körper das Gehirn für die Steuerung eures Körpers, aber auch für eure Gedanken verantwortlich ist. Die Erde kann dich hier nicht fühlen oder hören. Hier ist nur der Punkt, an dem sie reagiert und ihre verschiedenen materiellen Ebenen steuert. Hier fließt ein hohes Maß an heiliger Schöpferkraft, denn hier ist die Erde mit dem Schöpfer eng verbunden. Sie kann die Gedanken des

Schöpfers wahrnehmen, weil sie hier seine Töne und Schwingungen empfängt. So als befände sich an diesem Ort der Empfänger für seine kosmischen Botschaften, seiner Absicht und seines Schöpfungswillens.

Hier wurden die heiligen Gegenstände der Atlantischen Kristallbibliothek mit dem göttlichen Schöpfungswillen aufgeladen, und von hier aus wurden die Gegenstände von den Kosmischen Ältesten auf die nächste wichtige Ebene gebracht, um sie auch mit den anderen wichtigen dimensionalen Welten der Erde zu verbinden. Deshalb tragen die dreizehn Kristalltafeln auch die Kraft des Wissens der gesamten Universen.«

Scheu fragte ich: »Aber wie gelangen die Impulse ans Licht? Hier herrscht doch völlige Dunkelheit. Wie treten die Schwingungen mit dem Licht in Verbindung?«

San Saiman nickte geduldig. Langsam schritt er durch die gewölbte Öffnung zurück auf das Plateau des Kristallfelsens, auf dem wir beim Sturz in die Tiefe aufgetroffen waren. Ich folgte ihm. Er hob die Arme und sang einen durchdringenden Ton. Der Gesang war vibrierend und durchdringend, aber durchaus nicht unangenehm.

Nach einer Weile konnte ich in der Ferne einen winzigen Lichtpunkt erkennen. Mit rasender Geschwindigkeit vergrößerte sich der Lichtpunkt, während er sich auf und nieder tanzend dem singenden Felsen näherte. Gleißend hell und silbrig schwebte er auf uns zu – bis wir eine riesige Lichtschlange mit einem drachenähnlichen Kopf erkannten. Er war groß und irgendwie eckig, und silberne Schnüre glitten wie Lichtblitze von ihren Lidern an der Seite des Kopfes herab.

Fasziniert beobachtete ich, wie San Saiman die Schlange rief. Er schien sie gut zu kennen, denn sie blickte freundlich aus ihren Licht sprühenden Augen auf ihn, als sie den Felsen erreichte. Mit Schuppen bedeckt war der Körper der Schlange, doch war sie nicht feststofflich, sondern bestand aus nebelartigem Licht, das regenbogenfarben schillerte. Auf dem Rücken befanden sich Flügel, mit denen sie lautlos durch den dunklen Raum glitt. Sie war so riesengroß, dass mir dadurch erst bewusst wurde, wie unendlich der Ort erschien, an dem der singende Felsen schwebte.

In diesem Moment hörte San Saiman auf zu singen. Er neigte sein Haupt vor der Schlange und schien seine Gedanken mit ihr auszutauschen. Sie konnte wohl nicht sprechen. Nicht mit Worten, die ich verstanden hätte. Sie näherte sich mir und betrachtete mich aus der Nähe. Mir fiel dabei auf, dass sie ihre Farbe ständig änderte.

Sie war betörend schön, und mit dem schönen Wesen war helles Licht auf den singenden Felsen gefallen, und mir stockte fast der Atem, als ich die Schönheit des Kristalls im Licht erblickte. In Millionen Regenbogenblitzen funkelte der Kristall und schillerte wie ein kostbarer Diamant. Als die Schlange im Vorbeifliegen den Felsen berührte, änderte er seine Farbe und das Vibrieren und Summen ging in eine andere Tonlage über. Jedes Mal, wenn die Schlange den Felsen berührte, änderte auch das Wesen seine Farbe, und es schien, als würde es die Schwingung des Kristallfelsens aufnehmen.

Irgendwie hatte das sonderbare Schlangenwesen einen gütigen und sanften Ausdruck. Es schwebte auf und nieder und schien Freude daran zu haben, in Wellen durch die Luft zu gleiten. In dem sonst völlig dunklen Dimensionsraum wirkte das wie ein wundervolles Schauspiel. Mein Herz war berührt von diesem Anblick.

»Das ist die Schlange des Lichtes«, fuhr San Saiman fort. »Sie lebt hier im Inneren Feld der Erde, um die Schwingungen, Gedanken und Informationsresonanzen an die anderen Portale der Erde weiterzugeben. Immer wenn sie den Felsen berührt, nimmt sie die Schwingung in sich auf, und ständig fliegt sie von Punkt zu Punkt innerhalb der Erde, um die Resonanzen wieder abzugeben. Die Schlange des Lichtes ist die Lichtresonanz der Erde. Sie ist heilig!«

Ich verneigte mich vor dem heiligen Wesen und erinnerte mich, dass mir die Schamanen schon von der Schlange des Lichtes erzählt hatten. Ich hätte niemals geglaubt, ihr wirklich einmal zu begegnen. Die Indianer beschrieben sie als Schlangenwesen, das an den Kraftpunkten der Erde zutage tritt und die Schwingung und Resonanz der Erde symbolisiert. Lange war die Schlange nur an bestimmten heiligen Stätten erschienen, aber seit einiger Zeit zeigte sie sich auch an vielen neuen Orten der Erde. Dies hatten die Indianer als ein Zeichen der beginnenden Veränderung und des Neuen Zeitalters auf Erden gedeutet.

Ich war tief berührt von der Schönheit des Wesens, und ich war versucht, den Nebel des Lichtes, aus dem es bestand, sanft zu berühren. Also tat ich es. Dem Wesen schien dies zu gefallen. Es kam näher und blickte mir direkt ins Gesicht.

San Saiman lächelte. »Sie ist Millionen von Jahren alt«, sprach er, »wir alle waren einmal ein Teil von ihr, zum Zeitpunkt der Erschaffung der Erde.«

Ich schaute den weisen Lichtmann an und war unendlich dankbar. Ich hatte das Gefühl, in ihm einen weisen und einfühlsamen Lehrer gefunden zu haben, und nahm mir vor, alles, was er mir sagte, in mich aufzunehmen, um es später niederschreiben zu können.

Er schien auch diese Gedanken wieder gelesen zu haben, denn er fuhr fort: »Ja, merke dir alles gut. Wenn du diese Dinge niederschreibst, dann erzähle deine Geschichte ganz genau. Dokumentiere jeden Augenblick, den du hier erlebt hast, denn dieses Buch, das daraus entstehen soll, wird für jeden Menschen, der es liest, eine Einweihung sein. Beim Lesen deiner Geschichte wird jeder Leser zu einem Teil dieser Geschichte. Lass die Menschen das Gleiche erleben, das du erlebt hast, damit sie alle den gleichen Einweihungsweg gehen können. Nur so wird das Vergessen enden. Nur so können die Tafeln der Kristallbibliothek zu den Menschen gebracht werden und das neue Zeitalter kann beginnen. Graubart, der Zwerg, wird seinen Schlaf des Vergessens beenden können, und die Welten werden wieder miteinander verbunden sein. Aber hierher wird kein Mensch noch einmal gelangen. Nur der Geist dessen, der die Niederschrift deiner Geschichte liest und der deine Reise mit vollzieht, kann hierherfinden und all das erleben, was auch du erlebt hast. So ist es prophezeit worden, und so müssen wir es vollenden, Carino.«

Als er das sagte, sah er mich sanft und warm an. »Es wird Zeit, dem Schlangenwesen Corazon de Luz zu zeigen. Die Lichtschlange kennt den Kristallschädel, er ist mit der Atlantischen Kristallbibliothek und den anderen Schädelsteinen schon einmal hier gewesen. Die Lichtschlange wird uns zum nächsten Punkt unserer Reise bringen.«

Ich nickte und nahm Corazon de Luz von meinem Rücken. Ich hatte ihn unablässig dort getragen. Als ich nun den goldenen Beutel öffnete und dem Schlangenwesen seinen Inhalt enthüllte, sauste es in Kreisen durch die Luft. Es blinkte und schillerte in bunten Farben, und alle im Kreis konnten an seinem Lichterspiel seine Freude erkennen.

Corazon de Luz begann stark zu vibrieren, als ich ihn auf einen glatten Vorsprung des singenden Lichtfelsens setzte. Auch der Felsen schien sich an den Schädelstein zu erinnern. Vielleicht dachte der Planet Erde gerade an ihn? Der Felsen summte in den schönsten Farben und Tönen. Ich freute mich, denn dies war ein glücklicher Augenblick.

San Saiman lächelte. Er schien ebenso freudig berührt zu sein.

13

Das Rätsel in der Dunkelheit

Als wir dem Treiben eine Weile zugesehen hatten, nahm ich den Schädelstein wieder an mich. San Saiman beobachtete mich, wie ich aus den Augenwinkeln bemerkte. Ich konzentrierte mich auf das Verpacken des Schädels, denn ich wollte nicht, dass mein verehrter Lehrer und Begleiter meine Gedanken erriet. Ich wollte sie für mich behalten – meine Freude darüber, dass ich nicht allein war auf dieser Reise.

»Mach dich bereit«, sagte San Saiman. »Die Schlange des Lichtes wird uns nun zur heiligen Frau bringen. Es wird dir Spaß machen, mit ihr zu fliegen!«

Ich zögerte. Hatte ich richtig gehört? Wir würden mit der Schlange fliegen? Sie bestand aus Lichtnebel, und ich konnte mir nicht vorstellen, wie das gehen sollte.

San Saiman stieß einen leisen Pfiff aus, und die Schlange schob sich dicht an den Felsen. Dann streckte er die Hand nach mir aus. Er leuchtete jetzt sehr hell, und mir wurde seine Beschaffenheit bewusst. Als ich seine Hand ergriff, spürte ich zwar einen festen Widerstand, aber eigentlich bestand er aus flüssigem Licht, so wie alles in der heiligen Stadt. Er schwang sich auf den riesigen Körper der Schlange und zog mich einfach mit sich.

Der Körper der Schlange fühlte sich wie dicker Nebel an, und dennoch fand ich an den Schuppen des Lichtwesens Halt. San Saiman hatte sich hinter mich gesetzt. Er hielt mich fest umklammert und leuchtete nun fast in denselben Farben wie die Schlange.

Ich bemerkte ein goldenes Leuchten um seinen Kopf. Er wirkte sehr majestätisch und kraftvoll.

Mit fester Stimme rief er: »Ich bin San Saiman, der Hüter der Sonne. Meine Schwester Mathab ist die Wächterin des Mondes. Die Schlange des Lichtes und wir sind Verwandte des Lichtes. Wir sind so alt wie das Universum selbst, und wir wollen den menschlichen Völkern der Erde helfen, das Herz der Erde zu heilen. Deshalb fliegen wir nun mit der Schnelligkeit des Lichtes in die nächste Dimension der Erde, die geheilt werden muss durch Menschenherz und Wille!«

Das hatte er so nachdrücklich gesagt, dass es mir eine Gänsehaut bereitete. Er hatte sich immer so einfach und bescheiden gezeigt. Erst jetzt begriff ich, warum die Lichtmenschen in der heiligen Stadt sich vor ihm verneigt hatten. Er war der heilige Wächter der Sonne und hütete mit seinem Licht das Leben auf Erden. Er machte die Felder fruchtbar und wärmte uns mit seinem Licht jeden Tag. Er zog mit dem Sonnenaufgang um die Erde, und Mathab, seine Schwester, behütete uns mit ihrem Mondlicht des Nachts. Sie waren Milliarden Jahre alt und kannten die Zeitalter der Erde. Sie hatten die Menschen kommen und gehen sehen, und sie waren an das Wissen der Universen angeschlossen. Es war eine Ehre, ihm begegnet zu sein, und es weckte in mir große Hoffnung, dass gerade er es war, der sich für die Menschen in dieser Zeit so sehr einsetzte.

Im gleichen Moment, als ich das dachte, setzte sich die Lichtschlange in Bewegung. San Saiman pfiff eine Melodie. »Halte dich fest, es wird ein schneller Flug!« Kaum hatte er das gesagt, schoss die Lichtschlange voraus in die Dunkelheit.

Obwohl ihr Licht gleißend hell war, konnte ich in der Schwärze des Raums nichts erkennen. Aber wir ließen den singenden Felsen offenbar schnell hinter uns, denn sein melodisches Vibrieren und Summen wurde immer leiser. Wir sausten durch die dunkle Stille, und es kam mir vor, als wären wir mit Lichtgeschwindigkeit unterwegs. In meinem Bauch kribbelte es, und ich musste lachen, hatte ich doch immer Angst vor Achterbahnfahrten gehabt. Das hier kam dem ziemlich nahe, nur dass wir durchs Dunkel rasten.

Ich schloss die Augen und vertraute auf San Saiman, der mich mit seinen Armen fest umspannte – bis der Flug endete und die Schlange auf- und niederwippte. Als ich die Augen öffnete, erkannte ich, dass sie an einer Art Brücke Halt gemacht hatte.

San Saiman ließ sich vom Schlangenkörper gleiten und zog mich halbwegs mit nach unten. Meine Knie zitterten. Ich zupfte meine Kleidung zurecht, und es war mir peinlich, dass ich Angst gezeigt hatte. San Saiman lachte nur. Anders der weiße Vogel Milan, der immer noch regungslos auf seiner Schulter saß. Fast ein wenig vorwurfsvoll erschien mir sein Blick, der aus goldenen Augen auf mich fiel. Er wiegte den Kopf, als wollte er mit dieser Geste seinen Unmut über meine Angst ausdrücken.

Wir waren auf einer Brücke gelandet, die in einem weiten Bogen bis zu einem Felsen führte. Symbole in dem Felsen, die mich an Runen erinnerten, strahlten uns in goldenem Leuchten entgegen. Der Felsen selbst schien aus einer Art Granit zu bestehen, der reich mit den Symbolen verziert war. Als wir uns näherten, versperrte uns eine große steinerne Tür mit einer Inschrift den weiteren Weg.

San Saiman ließ sich auf dem Boden nieder. Der weiße Vogel erhob sich von seiner Schulter und flog zur Schlange des Lichtes, die regungslos an der Brücke verharrte. Er umkreiste sie, und es war ein schönes Bild, wie die Schlange zum Gruß des Vogels eine Lichtwelle durch den gesamten Körper fließen ließ. Sie schien auf etwas zu warten.

»Diese Pforte wird durch ein Rätsel beschützt, das die heilige Frau hier angebracht hat«, berichtete San Saiman. »Nur wer das Rätsel löst, kann Eintritt in die Wälder der heiligen Frau erhalten. Ich darf dir bei der Lösung des Rätsels in der Dunkelheit nicht helfen. Das Rätsel ist hier auf die steinerne Tür geschrieben, und sie öffnet sich von selbst, wenn du des Rätsels Lösung weißt. Die heilige Frau weiß, dass nur Lichtmenschen die Antwort auf dieses Rätsel kennen, denn sie kommen mit der Schlange des

Lichtes hierher. Der Rätselspruch steht hier geschrieben in alten Buchstaben aus der Sprache der Wälder der Erde.«

Er las die Inschrift für mich vor: *»Reisender, du bist gekommen auf den Schwingen der Schlange des Lichtes. Die heilige Schlange durchfliegt die Dunkelheit seit dem Anbeginn der Zeit. Sag mir, an welchen Ort ihr Licht niemals fliegen kann! Dann wirst du Einlass finden und willkommen sein.«*

Nachdem er das Rätsel ausgesprochen hatte, lehnte sich San Saiman geduldig an die steinerne Wand, um mir Zeit für die Lösung zu geben. Ich wusste, er kannte des Rätsels Lösung, aber er durfte mir dabei nicht helfen. Ich dachte nach.

Die Schlange des Lichtes gab es also seit dem Anbeginn der Zeit. Sie bestand aus Licht, und ihre Eigenschaft war es, die Resonanzen der Erde weiterzutragen. Es gab viele Kraftorte auf Erden, an denen sie schon gesehen wurde. Sie konnte auch durch Raum und Zeit in verschiedene Dimensionen fliegen, denn das war ja ihre Bestimmung. Aber an welchen Ort konnte sie *nicht* fliegen? Dunkelheit konnte es nicht sein, denn wir waren die ganze Zeit von Dunkelheit umgeben gewesen. Wenn sie aus Licht bestand, dann konnte sie eigentlich überall hinreisen, denn Licht ist in der Lage, alles zu durchdringen.

Der Anbeginn der Zeit ... Das konnte ein Hinweis auf die Geschwindigkeit des Lichtes sein. Oder bezog sich das Wort »Anbeginn« auf die Schöpfung des Universums?

Plötzlich fiel es mir ein. Ich sprang auf und sagte laut: »Die Schlange des Lichtes gibt es doch seit dem Anbeginn der Zeit. Sie besteht aus Licht, und Licht ist eine unendliche Kraft. Aber die Schlange kann niemals zum Ende der Zeit fliegen, weil es für das Licht weder Zeit noch ein Ende gibt. Es gibt nur das ewige Leben im Licht!«

Kaum hatte ich das gesagt, leuchteten die Buchstaben des Rätsels in goldenem Licht auf, und die schwere steinerne Tür öffnete sich langsam. San Saiman erhob sich, anscheinend erfreut darüber, dass ich es schneller geschafft hatte, das Rätsel zu lösen, als er gedacht hatte. Milan kehrte zu seinem Herrn zurück und umkreiste uns freudig. An der Brücke tanzte die Schlange des Lichtes auf und ab, bevor sie in der Dunkelheit verschwand.

San Saiman blickte ihr einen Augenblick nach. Danach gab er mir noch einen Schluck Lichtwasser zu trinken, und wir schickten uns an, das Waldreich der heiligen Frau zu betreten.

14

Die heilige Frau und das Versprechen

Als wir durch die steinerne Tür gingen, hüllte uns ein himmlischer Duft nach Blumen und frischer Walderde ein. Ein kurzes Stück liefen wir nun einen dämmrigen Gang entlang. Nach der Zeit in der Dunkelheit tat es gut, vor uns das Licht zu wissen.

Der Gang war erdig und feucht, und ich liebe den Geruch von Wald und Holz. So fiel es mir leicht, den letzten Abschnitt zu erklimmen, auch wenn er steil nach oben führte. Dann wurde der Boden mit jedem Schritt rutschiger und feuchter, und schließlich konnte ich es kaum erwarten, das Tageslicht wieder zu erblicken.

Als wir aus dem Gang traten, lag die Welt im Morgenlicht. Wundervoll lieblich ging die Sonne auf, und San Saiman blickte zum Himmel empor. Er war der Wächter der Sonne, und so erschien es mir sehr passend, dass gerade jetzt hier die Sonne aufging.

Wir waren auf einem Waldpfad herausgekommen, der sich durch uriges Gestrüpp und ein Meer von Waldbeeren schlängelte, und im Licht der aufgehenden Sonne erblickte ich den herrlichsten Wald, den ich je in meinem Leben gesehen hatte.

»Beeile dich, Carino.« San Saiman lächelte mich freundlich an. »Wir haben nur einen Tag, um die heilige Frau in den Wäldern zu finden. Es ist wichtig, mit ihr zu reden. Weißt du, die heilige Kristallbibliothek wurde vor langer Zeit von den Kosmischen Ältesten hierhergebracht. Du musst diese Frau kennen lernen.«

Uralte, kräftige Bäume säumten den schmalen Pfad, den wir entlangliefen. Vögel zwitscherten in den Wipfeln alter Tannen, und in einem hohen Nadelbaum sang ein Kuckuck sein Lied. Es gab Bäume und Sträucher, die ich zum ersten Mal zu Gesicht bekam. Überall blühte und duftete es nach frischem Waldboden und saftigem Gras. Schmetterlinge flogen durch die Luft, und in der Ferne hörte man einen Bach rauschen.

San Saiman schickte den weißen Vogel voraus, der große Kreise über uns beschrieb und Ausschau hielt nach der heiligen Frau. Merkwürdig war, dass ebenso Blumen wie Früchte zu sehen waren. Es schien hier keine Jahreszeiten zu geben, denn Pilze und frische Walderdbeeren reiften dicht beieinander. Es roch nach frischen Waldkräutern, und von irgendwoher drang der Duft von blühendem Waldmeister.

Über alte Wurzeln und Äste, über Stock und Stein führte uns der Weg, der nach einiger Zeit an einen Bach führte und sich an ihm entlangschlängelte. Milan flog jetzt in Gesellschaft, denn hoch in der Luft hatte sich ein anderer Raubvogel zu ihm gesellt. Eigentlich war die Welt hier genauso wie an der Erdoberfläche. Es gab eine Sonne, einen blauen Himmel. Nur der Wald wirkte, als wäre er Tausende von Jahren alt.

Vorbei an bunten Wiesenblumen gelangten wir an einen kleinen See. Hier mündete der Bach in das stille Gewässer, und man hatte einen fantastischen Blick auf ein weites Tal, das umsäumt von verschneiten Bergen friedlich dalag.

Während ich so dem Weg folgte, hatte ich manchmal den Eindruck, die Bäume hatten Gesichter. Manchmal glaubte ich auch, sie sähen mich an. Aber wenn ich mich ihnen zuwandte, waren sie still und stumm.

Einmal blieb ich an einer alten Weide stehen und betrachtete ihre prächtigen Äste, die verspielt in das Wasser des Sees hingen. Es war klar und sauber. Das Licht brach sich in den kleinen Wellen zwischen den Blättern des Baumes. Und überall gab es Tiere. Sie schienen keine Angst zu haben, denn sie wichen uns nicht aus, wenn wir ihnen nahe kamen. Es lag eine tiefe Ruhe über diesem Wald, und ich atmete die frische Waldluft ein, die mich mit sanftem Frieden erfüllte.

Immer weiter gingen wir den See entlang, bis wir an eine kleine Holzhütte kamen. Sie war mit Moos bedeckt, und Rauch stieg aus dem steinernen Kamin auf. Es roch nach brennendem Holz und gekochtem Gemüse. Neben der Hütte dampfte es aus einem Holzbackofen, vor dem ein steinerner Tisch und eine Holzbank standen. Auf dem Tisch befand sich eine Kanne Milch, und irgendwo meckerte eine Ziege im Gebüsch.

San Saiman pfiff nach Milan, der erst mehrmals über der Hütte kreiste, bevor er sich auf dem nächsten Baum niederließ. Der Lichtmann sah hier wieder ganz anders aus als in der Dunkelheit, die in den Dimensionen des Zwerges oder des singenden Felsens herrschte. Er wirkte irgendwie menschlicher, und seine im Grunde dunkle Haut und seine langen lockigen, zum Pferdeschwanz gebundenen Haare ließen ihn wie einen Indianer aussehen.

San Saiman setzte sich an den steinernen Tisch. Er nahm den Krug Milch und suchte nach einem Becher auf dem Tisch, als es freudig aus der Holzhütte ertönte: »Ja, was sehen denn da meine alten Augen? Das ist doch nicht etwa der Sonnenwächter? Ich wunderte mich schon, dass die Sonne heute zwei ganze Stunden früher aufging als gewöhnlich. Welche Freude! Na, da bringe ich gleich Becher und frischen Honig, das esst ihr doch so gerne.«

Eine alte Frau trat aus der hölzernen Hütte, die Haut bleich wie Knochen. Sie stand über einen Stock gebeugt vor uns und hatte ihre langen weißen Haare zu zwei Zöpfen geflochten. Ihre Kleider schienen aus Baumfasern gewebt zu sein, und ihre Schuhe waren aus weichem Ziegenleder genäht. Die knochigen und rissigen Hände wirkten recht kraftvoll, wie die eines Mannes. Trotz ihres offensichtlichen Alters und des Stocks, dessen Knauf sie mit ihren dürren Fingern fest umschloss, brachte sie uns rasch Becher und Honig an den Tisch.

Ihre Augen leuchteten, als sie frische Milch in die Becher goss und sich anschickte, das Brot aus dem Ofen zu holen. Ich sprang auf. »Lasst nur, Mütterchen«, sagte ich, »das mache ich schon für Euch. Ich habe auch einen solchen Ofen. Setzt Euch nur und freut Euch über Euren Gast.«

Die verwitterte alte Frau lächelte mich an. »Oh, ein Menschenkind im Lichtgewand.« Sie wandte sich an Sai Saiman. »Was soll ich sagen? Ich bin weise genug, zu wissen, dass du sie nicht umsonst hierhergebracht hast, Sonnenfreund!« Sie lächelte, und ihr freundliches Gesicht strahlte mich dabei an.

Ich lief zum Ofen und öffnete die Tür. Mit dem flachen Brotschieber nahm ich den frischen Laib heraus und legte ihn auf ein Brett, das direkt daneben auf zwei Baumstümpfen lag. Aus einem Eimer neben dem Ofen schöpfte ich Wasser und besprengte das Brot damit.

Ohne dass ich es bemerkt hatte, war das Mütterchen an meine Seite gekommen und reichte mir ein Bündel frischer Kräuter. »Hier, liebes Kind, nimm die Kräuter zum Bestreichen des Brotes. Dann duftet es und hat die Kraft zu heilen.«

Ich nahm das Bündel und tauchte es in das klare Wasser des Eimers. Tatsächlich duftete es herrlich, als ich damit das Brot abrieb.

»Willkommen im heiligen Wald, Menschenkind!«, sagte sie lächelnd.

Ich nickte ihr zu. Dann setzten wir uns, und San Saiman trank aus seinem Becher die frische Milch. Ich hatte ihn noch niemals etwas anderes zu sich nehmen sehen als Licht. Es schien ihm aber sichtlich zu schmecken, denn er leerte den Becher in einem Zug.

»Ach, Mütterchen«, sagte er, »lange ist es her, dass ich mit dir das Morgenmahl teilte, und es ist schön, dich zu sehen. Ein gutes Stück Wegs haben wir gemeinsam hinter uns gebracht. Wie du siehst, bringe ich dir den Hoffnungsträger der Prophezeiung, so wie es geschrieben steht. Wir sind alle froh, dass es nun endlich so weit ist!« Er blickte auf Milan, der sich gerade anschickte, etwas Essbares im Wald zu suchen.

»Fürwahr, ich bin tüchtig alt geworden, mein Freund«, sagte das Mütterchen. »Ich dachte wirklich, dass wir diesen Tag nicht mehr erleben würden. Es sind nun wohl schon ein paar Jahrtausende, die ich den heiligen See und den heiligen Wald hüte, um auf den Gesandten der Menschen zu warten. Ich bin überrascht worden an diesem Morgen. Aber ich freue mich, diesen

Sonnenaufgang des Neuen Zeitalters mit dir teilen zu dürfen, alter Freund. Es ist lange her, dass die Kosmischen Ältesten die kristallene Bibliothek hierherbrachten. Und ich weiß sehr wohl, welche Aufgabe ich nun habe.«

Sie lächelte mich aus ihren warmen Augen an und bedeutete mir, ihr zu folgen. San Saiman nickte mir zu, als ich ihn fragend anblickte. Also folgte ich dem weisen Mütterchen, das auf einem schmalen Pfad zum See vorausgegangen war.

Sie stützte sich auf ihren Stab, war aber dennoch flink auf den Beinen. Am Ufer des Sees schritt sie zu einem hölzernen Steg, der direkt ins Wasser führte. Dort war ein Boot aus Holz festgemacht. Es lag dort anscheinend schon lange vertäut. Sie winkte mir zu, und ich half ihr hinein. Danach machte ich es los und stieß es kräftig vom Bootssteg ab, bevor ich die Ruder ergriff und mit Mütterchen auf den See hinausruderte.

Die weise Frau begann mir ihre Geschichte zu erzählen. »Menschenkind, so schnell fliegt die Zeit dahin, nicht wahr? Jene Zeit, die keine ist, und jene Zeit, die eigentlich eine Ewigkeit bedeutet. Du hast das Rätsel an meiner Pforte schon gelöst, sonst wärst du nicht bis hierhergekommen. Ich warte nun schon sehr lange auf den Anbruch des Neuen Zeitalters, und ich will dir ehrlich sagen, dass ich mich über ein wenig Abwechslung durchaus freue.

Du befindest dich hier im heiligen Wald, in einer Dimension unter der Erde. Hier ist die Seele des Waldes mit der Kraft des Planeten verbunden. Alle Wälder an der Oberfläche der Erde haben hier ihre Wurzeln, denn von der Saat dieses Waldes stammen alle Pflanzen und Tiere ab, die du an der Erdoberfläche findest. Dies ist der älteste Wald der Erde. Er ist Millionen Jahre alt, und er entstand mit der Schöpfung des Planeten Erde im Licht des Schöpfers. Von hier aus sind die Pflanzen und Tiere auf die Erde geschickt worden. Hier steht die Wiege der Fauna und Flora der Erde. Alle lebendigen Wesen wurden hier geboren und haben ihre Ableger auf die Erdoberfläche gebracht. Auch die ersten Menschen sind von hier gekommen und haben nach und nach den Planeten bevölkert.

Dies ist sozusagen die Schatzkammer des Lebens auf Erden. Viele Tierarten und Pflanzen sind ursprünglich hier gewachsen, bevor ihre Kinder an der Oberfläche zum Leben der Erde selbst geworden sind. Hier entstehen auch die Bäume und Pflanzen der Zukunft, denn ständig entwickeln sich neue Arten und wachsen für das Neue Zeitalter heran. Dort auf dem See ruht nämlich ein wundervoller Meteorit.« Sie deutete mit ihrer Hand geradewegs auf eine kleine Insel, auf die wir mit dem Boot direkt zusteuerten.

Ich ruderte langsamer, um die Worte der Weisen Frau besser aufnehmen zu können. »Dort auf der kleinen Insel ruht er«, fuhr sie freundlich fort, »der Meteorit unseres Heimatsternes. Die Kosmischen Ältesten haben ihn bei der Entstehung des Planeten durch Raum und Zeit hierher in diese Dimension der Erde gebracht. Bei der Erschaffung des Lebens haben sich Mikroorganismen, die sich auf dem Meteoriten befanden, hier im Wasser des Sees vermehrt, und so konnten die Sternenvölker auf Erden neues Leben erschaffen.

Die Erde ist die Schöpfung eines geistigen Kollektives von Lichtwesen, die an dieser Stelle begonnen haben, die Materie allmählich zu verdichten. Ihr Menschen wart auch ein Teil dieses Kollektivs, denn auch ihr entstammt dem kosmischen Licht des Schöpfers. In den Weiten dieser Dimension liegt also die Seele der Natur des Planeten Erde, denn hier hat alles begonnen. Von hier aus haben die Kosmischen Ältesten und der Sternenrat der Sternenvölker euch Menschen die Erde gestalten lassen.

Seit langer Zeit bin ich nun die letzte Hüterin des heiligen Waldes und schütze die Wiege des Lebens. Hierher brachten die Kosmischen Ältesten die heiligen Tafeln und alle Artefakte der Atlantischen Kristallbibliothek – auf diese Insel. Und sie brachten sie in Berührung mit dem Meteoriten.

Ich werde diesen Tag niemals vergessen, denn es war ein freudiger und ein trauriger zugleich. San Saiman und Mathab waren mit den Kosmischen Ältesten hierhergekommen und berichteten uns davon, dass die menschlichen Völker der Erde ins Vergessen stürzten. Ich erfuhr von der Bibliothek, die König Graubart, der liebe Zwerg, aus Kristall erschaffen hatte, und ich begriff, dass die Welten der Erde lange Zeit im Vergessen bleiben würden.

Einerseits freute es mich, eine so ehrwürdige Versammlung zu erleben, aber auf der anderen Seite war ich traurig über die Umstände und das Zeitalter des Vergessens. Ich versprach den Ältesten, hier zu wachen, bis der Gesandte der Menschen erscheinen würde. Ich versprach, den Meteoriten so lange zu hüten, bis das Vergessen beendet werden würde.

Jetzt, da ich dir davon berichte, was einst geschah, ist die Erinnerung neu erwacht, und der Meteorit beginnt wieder zu schwingen. Bitte bring mich an das Ufer der Insel, Menschenkind, und ich will ihn dir zeigen.«

Vor Rührung waren ihr Tränen über die Wangen gelaufen, die sie mit einer flüchtigen Geste abwischte. Ich spürte die Weisheit und Liebe der alten Frau. Tief bewegt suchte ich einen passenden Platz zum Anlegen und zog das Boot an das flache Ufer der kleinen Insel. Sie war dicht bewaldet, und kleine Bäche mit klarem Wasser plätscherten bis in den See. Ich half Mütterchen aus dem Boot, und entschlossen schlängelten wir uns durch das Dickicht. Unter den Pflanzen konnte man Reste alter Steinplateaus erkennen.

»Sieh doch nur, wie zugewachsen alles ist«, seufzte sie, »aber irgendwo hier muss es sein!« Kaum hatte sie das gesagt, öffnete sich vor uns eine Lichtung, die wie blank gefegt erschien. Auf ihr standen Skulpturen, die allerlei Gestalten zeigten. Ein Drache mit einer Feuerzunge, ein Mond und eine Sonne, ein Zwerg und sogar ein Löwe hatten Platz auf dem steinigen Plateau. Jetzt waren sie mit Schlingpflanzen überwuchert, aber man konnte sich immer noch vorstellen, wie schön sie den Platz einst geschmückt hatten.

Das Mütterchen strich an einer Wand das Moos vom Felsen, und ich sah, dass dort ein Podest begann, auf dem ein riesiger Meteorit thronte. Rechts und links davon schien Wasser entlangzulaufen, durch steinerne Aquädukte, die es in den See leiteten.

»Schau, Kind, dies ist der heilige Stein. Ich habe schon lange nicht mehr die Kraft, hier Ordnung zu halten. Aber es ist alles noch da, wo es hingehört!« Sie schluchzte ein wenig. Es schien sie betroffen zu machen, dass dieser Ort nun eher einer Ruine als einem heiligen Platz glich.

Ich umarmte das Mütterchen, ganz erschüttert von dieser Aussage. Mit einigen Zweigen säuberte ich den Felsboden, um der alten Frau einen Platz zum Sitzen anzubieten. Dann nahm ich den Kristallschädel von meinem Rücken. Ich hatte ihn die ganze Zeit über dort in dem goldenen Beutel getragen. Durch den braunen Mantel, den San Saiman mir auf der Barke umgelegt hatte, war er jedoch ständig verborgen gewesen.

Mütterchens Augen leuchteten auf, als sie sah, was ich aus dem Beutel holte. Ich legte ihr Corazon de Luz in den Schoß, und sie weinte vor Glück, als sie den leuchtenden Schädelstein in den Händen spürte. Kein Wort kam über ihre Lippen. Sie saß einfach nur da und meditierte mit dem Schädelstein. Ich wusste nicht, was Corazon de Luz ihr gerade für Bilder schickte oder was er ihr sagte, aber ich war sicher, es machte sie sehr glücklich.

Nach einer Weile gab die weise Frau mir den Schädelstein zurück. »Gut gemacht, kleines Menschenfräulein.« Sie strich mir über die Wangen. »Ich weiß, du hast viel Trauriges erlebt, aber es ist ein Glück, dass du diesen Weg begonnen hast. Du bist deinen Kindern eine gute Mutter, und du hast ein gutes Herz.«

Ihre Worte rührten mich. Sie schien in mein Leben geblickt zu haben. Dann stand sie auf und zupfte in einer Tasche ihres Kleides herum, bis sie ein kleines Bündel herauszog. »Hier, Kind, das ist ein Splitter des Meteoriten, verwahre ihn gut, denn du wirst ihn auf deiner Reise noch brauchen!« Sie gab mir das Bündel. »Er ist bei dir in guten Händen.« Dann sprang sie flink auf und lachte. »Wer wird denn hier Trübsal blasen? Dies ist ein Grund zur Freude, oder? Los, lass uns umkehren. Frisches Brot und guter Honig warten auf uns.«

Kaum gesagt, liefen wir gemeinsam wieder zum Boot. Ich half dem Mütterchen beim Einsteigen, und im nächsten Moment ruderte ich uns zur Anlegestelle bei der Hütte zurück. Als ich das Boot vertäute, kam San Saiman uns entgegen. Es war mehr Zeit vergangen, als ich dachte, denn die Sonne stand schon hoch am Mittagshimmel. Gemeinsam liefen wir zur Hütte und genossen den Augenblick der Rast. Wir lachten und aßen vom frischen Brot, und Mütterchen freute sich über unsere Gesellschaft.

Sogar San Saiman lachte herzlich mit ihr, und es schien ein Tag voller Hoffnung zu sein.

15

Der Tag der Erinnerung

Als die Abendsonne am Himmel leuchtete, kehrte der weiße Vogel Milan zu seinem Herrn zurück. Er hatte seine Auszeit genossen und war sichtlich glücklich in diesem Wald. Aber er schien San Saiman zu lieben und war gern zu seinem Herrn zurückgekommen. Mit leichtem Flügelschlag ließ er sich wieder auf San Saimans Schulter nieder.

San Saiman streichelte Milan am Kopf. »Guter Freund, es wird Zeit, dass wir uns in das nächste Abenteuer begeben.« Dann bedeutete er mir, dass wir aufbrechen sollten.

Ich erhob mich, und das Mütterchen räumte die Becher am Tisch zusammen. Es tat mir ein wenig leid, die alte Frau zu verlassen, und gerade, als wir uns verabschieden wollten, stieß Milan einen hohen Schrei aus und erhob sich wieder in die Lüfte. San Saiman blickte in die Richtung des Waldes, aus der wir gekommen waren. Rasch bedeutete er mir, Corazon de Luz wieder unter dem braunen Mantel auf meinem Rücken zu verstecken.

Milan kreiste über uns und kreischte in den Wald. Mütterchen schaute verwundert erst den Vogel an, dann San Saiman, der sagte: »Wir bekommen Besuch!« Neugierig warteten wir ab, was sich nun aus dem Walde nähern mochte. War es nur ein großes Tier, das sich verlaufen hatte, oder einfach ein anderer Vogel, dessen Neugierde wir geweckt hatten?

Plötzlich vernahm man ein vertrautes Brabbeln. Ich traute meinen Ohren nicht, als ich es hörte. »Ach, immer diese garstigen Veränderungen. Da soll man nun schlau draus werden. Erst weckt er einen auf, dann stiehlt er sich mit der Menschenfrau einfach davon. Will wohl das Abenteuer ganz allein bestreiten. So ein listiger Lichtmann. Einen König einfach auszuschließen aus dem Vorhaben, das Neue Zeitalter zu beginnen. Nein, so was Garstiges aber auch!« Das Brabbeln kam immer näher, und als sich die Zweige des nächsten Baumes auseinanderbogen, trat Graubart, der Zwerg, aus dem Wald hervor.

Das Mütterchen freute sich. »Graubart, König der Zwerge, ist das zu glauben? Es ist wohl der Tag der Erinnerung für Euch gekommen?«

Begeistert breitete San Saiman die Arme aus und ließ sich auf die Knie sinken. Graubart lief dem großen Lichtmann direkt in die Arme. »Dachte schon, ich würde dich nicht mehr einholen, San Saiman«, schniefte er. »Nun, als ich an der Pforte wachte, hat mich die Schlange des Lichtes besucht. Sie hat mich berührt und mir mein Gedächtnis wiedergegeben. Sie hat mir von deiner Reise berichtet, und so bin ich dir so schnell wie möglich gefolgt. Ich will dir helfen, das Menschenfräulein zu begleiten, denn schließlich geht es darum, mein Zwergenreich wiederzuerwecken. Ich habe mich gut gerüstet und bin zu allem bereit.« Er stützte bedeutungsvoll seine Arme in die Hüften und zeigte einen ernsten und entschlossenen Gesichtsausdruck.

Das Mütterchen klopfte ihm anerkennend auf die Schulter. »Recht so, Graubart, Ihr habt wohl lange genug vergessen. Ich für meinen Teil werde *hier* die Stellung halten. Die Tiere werden sich bald versammeln, und es gibt vieles zu berichten. Ich bin zu alt für diese Reise und möchte nicht mehr von der Stelle weichen.«

Sie wandte sich mir zu. »Menschenkind, ich wünsche dir viel Kraft auf deinem Weg. Es liegen Prüfungen vor dir, die dich in deiner Seele wachsen lassen. Du hast Freunde hier gefunden. Ich werde dich nicht wiedersehen, aber ich werde dich auch nicht vergessen!« Sie zwinkerte mir lächelnd zu. Ich hatte Tränen der Rührung in den Augen.

San Saiman hatte Milan zurückgerufen, und so verließen wir den heiligen Wald. Wir folgten dem Pfad, der auf der anderen

Seite der Hütte begann. Milan flog uns voraus, und San Saiman folgte ihm als Erster, gefolgt von Graubart, der unaufhörlich brabbelte: »Auf geht's zur Prüfung des Kindes. Nun wird die Stadt aus Gold uns helfen.«

Ich folgte meinen bedeutsamen Freunden und war neugierig, was mich nun erwarten würde.

16

Die dritte Prüfung

Lange gingen wir durch den heiligen Wald, in dem ein reges und liebliches Treiben herrschte. Im Unterholz knackte es, ein Bächlein rauschte, und riesige Schmetterlinge flatterten in der Abendsonne, die rotgolden hinter einer Bergkette verschwand. Ein wundervoller Vollmond und viele leuchtende Sterne führten uns in die hereinbrechende Dunkelheit.

Graubart hüpfte zwischen San Saiman und mir hin und her und versuchte uns mit unaufhörlichem Gemurmel davon abzulenken, dass er doch recht froh war, seinen Schlaf beendet zu haben. Die Schlange des Lichtes hatte ihn von einem Teil des Zaubers erlöst, den er sich selbst auferlegt hatte. Seine Kraft war aber noch nicht so weit wiederhergestellt, dass er seinen Zauber am eigenen Volk wieder aufheben konnte. Ich war mir nicht sicher, ob er es überhaupt schon wollte. In mir mehrte sich das unbestimmte Gefühl, dass er es vorzog, erst noch zu warten, wie sich die Geschichte weiterentwickelte.

In meiner Manteltasche trug ich den Beutel der weisen alten Frau mit dem Meteoriten darin. Mir war ein wenig schwer ums Herz, weil wir sie im Wald zurückgelassen hatten. Aber ich wusste, dass sie dort glücklich war und es nicht anders gewollt hatte. Mir blieb die Erinnerung an sie, wenn ich den weichen Beutel mit dem heiligen Splitter berührte.

Irgendwann mündete der lange Weg in ein schroffes Gebirge. Bizarr geformte Felsen bildeten einen wundervollen Anblick. Der Wald lichtete sich, und die Bäume wurden kleiner. Dann verjüngte sich der Weg, und wir begannen einen steilen Aufstieg. Hin und wieder rauschte ein Gebirgsbach in die Tiefe, als wir durch alte Schluchten und verborgene Täler stiegen. Der Mond spendete genug Licht in der bereits begonnenen Nacht, und ich hatte das Gefühl, San Saimans Schwester Mathab leuchtete uns den Weg, denn wäre der volle Mond nicht gewesen, hätten wir die Hand nicht vor Augen sehen können.

Endlich kamen wir an eine Anhöhe, auf der eine Plattform mit einem verwitterten pyramidenartigen Gebilde den Eingang in einen Berg bewachte. Die Ruine war an den Seiten ausgebrochen, doch konnte man noch erkennen, dass einst Stufen zu einem kleinen Plateau hinaufgeführt hatten. Rechts und links waren Felsgravuren in den Stein gehauen, und steinerne Figuren ließen einen Puma und einen Adler erkennen.

San Saiman und Graubart erklommen die Ruine, und ich folgte ihnen über die halb zerfallenen Stufen. Oben angelangt ließ San Saiman sich in der Mitte des pyramidenartigen Gebildes nieder, direkt auf dem kargen Steinboden, und Graubart setzte sich auf den Baumstumpf einer abgebrochenen Kiefer. Sie hatte sich hier in den Erdkrumen zwischen den Steinen wohl einen kleinen Lebensraum erobert und war schließlich doch an den harten Bedingungen gescheitert. Graubart brabbelte wirres Zeug in seinen langen zotteligen Bart und zupfte sich hin und wieder verlegen an der Nase.

San Saiman lud mich wortlos mit einer Geste ein, ebenfalls Platz zu nehmen. »Still, Graubart, es wird Zeit für die Nacht!«, sagte er leise.

Milan flog zu einer der steinernen Figuren und ließ sich sicher nicht zufällig auf dem Adler nieder. Er steckte den Kopf ins Gefieder und schien schlafen zu wollen. Auch ich war müde von dem langen und anstrengenden Marsch, aber die Stelle, an der wir rasteten, ließ mich vermuten, dass wir nicht zum Schlafen hierhergekommen waren. Als Nachtlager hatte es unterwegs schon bequemere Plätze gegeben. Irgendwie ahnte ich, dass hier nun ein weiterer Teil meiner Geschichte beginnen sollte.

San Saiman sagte kein Wort. Als er schweigend auf dem harten Steinboden lag, versuchte ich dort ebenfalls einen Augenblick Schlaf zu finden. Auch Graubart war verstummt und hatte sich neben den Baumstumpf gelegt. Er war gleich eingeschlafen und schnarchte durch seine lange knochige Nase. Ich war froh und glücklich, dass der Zwerg aus seinem Zauber erwacht war. Hatte mein Aufenthalt hier vielleicht doch schon etwas Gutes bewirkt?

In Gedanken versunken lag ich dort, als plötzlich rechts neben mir ein Rascheln erklang. Erst glaubte ich, mich getäuscht zu haben, aber dann wiederholte es sich. Ich öffnete die Augen und erstarrte fast bei dem imposanten Anblick, der sich mir bot.

Unmittelbar vor mir stand wie in Stein gemeißelt ein dunkelhäutiger Mann mit kantigem Gesicht. Seine Nase war ein wenig geschwungen, der Nasenrücken lief in eine hohe Stirn aus. Auf dem Kopf hatte er eine goldene Krone, und sein weißes Gewand war mit bunten Federn reich geschmückt. Ein großes goldenes Amulett hing an einer dicken goldenen Kette auf seiner Brust. Es zeigte einen Adler, der im Schnabel eine sich windende Schlange trug. Der Mann, anscheinend ein Indianer, trug goldene Sandalen, und seine braunen Augen leuchteten, weil das Mondlicht sich darin spiegelte. Ich kannte den Geruch, der fast unmerklich von ihm ausging. Es war der Duft von heiligen Kräutern.

Ich richtete mich auf und verneigte mich. Er war nur wenig größer als ich, aber seine Erscheinung hatte etwas Majestätisches. Ohne ein einziges Wort bedeutete er mir, ihn zu begleiten. Hilfesuchend sah ich mich nach meinen Begleitern um, aber alle schliefen fest, und so beschloss ich, dem Indianer zu folgen.

Vorsichtig tastete ich nach dem Kristallschädel auf meinem Rücken. Ich hatte den goldenen Beutel nicht vom Rücken genommen. Nach wie vor hatte San Saiman Graubart nicht wissen lassen, dass wir ihn dabeihatten, aus welchen Gründen auch immer.

Der Indianer führte mich zu einem Felsen im hinteren Bereich des Steinplateaus. Der Felsen war riesig und musste unglaublich schwer sein. Mit ein wenig Fantasie konnte man erkennen, dass er dort einen Eingang in den Berg verschloss.

Der Indianer deutete auf den Boden zu seiner Rechten. »Setz dich, Menschenfrau!«, sagte er mit fester Stimme. Ich tat es und bemerkte, dass uns der Vollmond nun geradewegs ins Gesicht schien. Der Indianer zog eine Holzpfeife aus seinem Gewand, die mit bunten Symbolen verziert war. »Das ist die Pfeife der Wahrheit. Das Kraut der Prüfung ist darin. Ich will mit dir diese Pfeife teilen, um in dein Herz sehen zu können!«

Ich kannte diese Art von Aufnahmezeremonie von den Schamanen, bei denen ich gelernt hatte. Daher nickte ich nur kurz und sah zu, wie der Indianer aus einem Beutel heiliges Kraut in die Pfeife füllte.

Mit einem mir unbekannten Zweig entzündete er eine Flamme am Gestein und begann hellgelbe Wolken auszustoßen. Der Rauch roch süßlich wie Honig, und ich spürte sofort, dass der Duft des unbekannten Krautes meine Sinne betörte.

Der Indianer nahm einige tiefe Züge und reichte mir die Pfeife. Ich fürchtete mich vor der unbekannten Wirkung, tat jedoch ebenfalls einen kräftigen Zug. Sofort wurde mir warm ums Herz. Auch in meinem restlichen Körper breitete sich ein warmes Gefühl aus, und ich spürte, dass nun bald Visionen einsetzen würden. Die Indianer machten solche Aufnahmerituale aus Prinzip, denn unter dem Schutz der Kräuter konnte ein Mensch sich nicht verstellen, und bei einer solchen Zeremonie trat das wahre Selbst unverfälscht hervor.

»Nun, Menschenkind, du bist also stellvertretend für die Neue Zeit mit deinen Gefährten hierhergekommen«, begann er mit tiefer Stimme. »San Saiman und Graubart kennen mein Volk und ich. Aber du bist neu hier, und ich möchte dir erst einmal in die Seele blicken. Welche Absicht nährt dein Handeln? Warum bist du hier? Erkläre es mir. Das Kraut der Wahrheit wird dich nur die Wahrheit sprechen lassen!«

Aufgrund seiner Krone vermutete ich einen Häuptling vor mir zu haben, und so entgegnete ich unsicher: »Ehrlich gesagt, großer Häuptling – ich hoffe, ich darf dich so nennen –, beschämt es mich ein wenig, hier zu sein. Ich bin auf merkwürdige Weise hierhergelangt und kann nur hoffen, würdig genug zu sein, um meine Aufgaben gut zu erfüllen.«

»Glaubst du denn, es sind Aufgaben, die dir für diese Zeit gegeben wurden, Menschenfrau?« Der Indianer blickte mich skeptisch an.

»Es fällt mir selbst schwer, es zu begreifen. Aber ich will ganz offen sprechen. Ich bin auf der Suche nach der Atlantischen Kristallbibliothek. San Saiman und Graubart haben mir bei meiner Suche geholfen und mich bis hierher gebracht.

Ich wurde an der Oberfläche der Erde als Mensch geboren und habe dort viel von den Stämmen der Indianer gelernt. Eines Tages erteilten sie mir den Auftrag, einen geheimen Schädelstein zu hüten, und nach langen Jahren der Prüfungen und der Lehre bei einem weisen Schamanen habe ich begonnen, die alten Prophezeiungen zu studieren und den Menschen die alten Weisheiten mit Hilfe des Kristallschädels wieder in Erinnerung zu rufen. Oft habe ich mich nicht für würdig gehalten, dieser Aufgabe nachzukommen. Oft habe ich an mir gezweifelt und an meiner Kraft, diesen Weg zu gehen, denn ich bin trotz allem eben nur ein Mensch mit seinen hellen und dunklen Seiten.

Doch nach einer Weile begann ich Botschaften für die Menschen zu empfangen, die zeigten, dass auf den geistigen Ebenen der Erde eine große Veränderung stattfindet. Es waren Botschaften, die ich als sehr heilig betrachtete, und seitdem versuche ich mit meinem ganzen Herzen, die Quelle des Wissens zu beschützen und dieses Wissen den Menschen zugänglich zu machen, die so lange im Dunkel des Wissens gelebt haben. Dabei unterstützt mich der Schädelstein Corazon de Luz, der in diesem Leben in meinen Händen ist. Ich habe immer versucht, ihn den Menschen zugänglich zu machen. Gleichzeitig bemühte ich mich um den Erhalt des alten Wissens auf Erden und begründete den Rat der Weltältesten, um das kosmische Wissen für unsere Kinder zu überliefern.

Nun bin ich auf wundersame Weise in die anderen Dimensionen der Erde gebracht worden und berührt von dem Wissen und der Weisheit, die mir hier begegnen. Ich möchte diese Weisheiten erlernen und den Menschen davon berichten, denn ich glaube, dass eine besondere Begabung in den Menschen ist. Ich glaube, sie könnten den Planeten Erde und sich selbst heilen, wenn sie mehr über sich und die Zusammenhänge des Universums erfahren.

Es gibt so viele Fragen, die hier beantwortet werden können. Es gibt so viele Dinge, die die Menschen hier lernen können, und mit dem Wissen der Atlantischen Bibliothek könnte es möglich sein, der Welt, in der ich lebe, den Frieden zu bringen.«

Der Indianer hob eine Augenbraue. »Bist du denn die Retterin der Erde?«

»Nein, die bin ich sicher nicht.« Ich schluckte. »Aber ich will versuchen, meinen winzigen Teil dazu beizutragen, dass die Menschen die Wahrheit finden. Ich bin keine Retterin. Die Welt wird sich auch ohne mich weiterdrehen.«

Der Indianer nickte. »Glaubst du an eine geistige Welt?«

»Ich persönlich glaube daran, aber nicht alle Menschen tun das. Sie haben sich in die Materie verstrickt und können ihre eigene Lebensfreude und Anbindung an den Schöpfer nicht mehr erkennen.«

»Was, glaubst du, wollen die Menschen von uns lernen? Wie man zu Reichtum und Macht gelangt?«

Ich spürte einen leichten Vorwurf in seiner Stimme und bemühte mich, so aufrichtig wie möglich zu sein – zumal ich wusste, dass das Pfeifenkraut eine Lüge in meinem Kopf ohnehin nicht zulassen würde.

»Es gibt Menschen, die immer noch nach Reichtum und Macht streben«, entgegnete ich. »Sie kämpfen jeden Tag unermüdlich darum, weil sie an kein anderes Ideal glauben können. Sie haben vergessen, dass es ein ewiges Leben gibt, und sie haben vergessen, dass sie und Mutter Erde eins sind. Aber es gibt auch viele Menschen, die erwachen und mit all ihren Möglichkeiten ihr Bestes tun, um einem besseren Ziel zu dienen.«

»Du willst hier also für die Menschen bitten. Du bittest darum, Einsicht nehmen zu dürfen in die Tafeln der Wahrheit. Warum, glaubst du, sollten die Wächter der heiligen Kristallbibliothek das zulassen? Haben die Menschen es sich verdient, dieses Wissen zu erhalten? Kannst du garantieren, dass sie dieses Wissen nicht missbrauchen?«

Es fiel mir schwer, ihm darauf zu antworten, weil ich fürchtete, die Prüfung dann nicht zu bestehen. »Nein, ich kann nicht für alle Menschen auf dieser Erde sprechen. Ich bin zu klein und unscheinbar, um ausnahmslos jeden zum Guten zu überreden. Aber ich bitte dennoch für die menschlichen Völker der Erde, denn sie tragen alle etwas Gutes in sich. Ich sehe den Menschen in seiner Unvollkommenheit als göttliche Schöpfung an.

Die Menschen haben auch die Fähigkeit zu lieben und füreinander einzustehen. Leider lernen sie nur aus der Not oder aus Fehlern, die sie gemacht haben, aber ich glaube, dass sie es im Grunde gut meinen. Ich sehe auch, dass sie die Fähigkeit haben, Mutter Erde noch zu heilen, selbst wenn sie in der Vergangenheit viele Fehler gemacht haben. Sie dürsten alle nach der Wahrheit, und einige von ihnen gleichen Graubart dem Zwergenkönig. Sie leben unter einer Art Zauber des Vergessens und fürchten sich vor Veränderungen. Sie wollen das Alte festhalten, und die Vorstellung, ihre Sicherheit zu verlieren, ist ihnen ein Gräuel. Ich finde, Graubart und die Menschen sind einander sehr ähnlich.«

Der Indianer nickte wieder. Er schien die Gesinnung der Menschen genau zu kennen. »Wenn du die kristallene Bibliothek einsehen könntest und die Wahrheit darin finden würdest und die Geheimnisse der Welt, was würdest du damit anfangen?«

»Häuptling, ganz ehrlich gesprochen, ich wüsste es zu diesem Zeitpunkt nicht. Ich würde mich darauf verlassen müssen, dass die Lichtmenschen mir helfen, den richtigen Weg zu finden, die heilige Bibliothek für die Menschen zugänglich zu machen. In jedem Fall aber würde ich alles tun, um meinen Kindern und den Kindern der Erde alles Nötige zukommen zu lassen, um etwas Gutes für die Erde zu tun. Nicht, weil ich etwas anderes bin als ein Mensch, sondern gerade *weil* ich ein gewöhnlicher Mensch bin.«

Der Indianer schwieg eine Weile und paffte an seiner Pfeife. Immer wieder reichte er sie mir, und mir wurde schon langsam übel von dem Kraut, das stark nach Honig schmeckte. »Was, glaubst du, kann die Menschen und die Erde heilen? Gold?« Er fragte das wieder mit diesem scharfen Unterton.

Ich schüttelte den Kopf. »Gold und Geld haben den Geist der Menschen vergiftet. Nur das Wissen, das Gold richtig und zum Wohle aller einzusetzen, kann die Welt heilen. Nur das Wissen um die kosmische Wahrheit kann den Menschen und der Erde helfen!«

Der Indianer schwieg. Ich wusste nicht, ob ihm das, was ich gesagt hatte, gefiel. Tiefe Müdigkeit überkam mich, und meine Glieder wurden schwer. Ich konnte meine Augen einfach nicht mehr aufhalten und schlief ein.

17

Der alte Inka und die Stadt aus Gold

Gemurmel holte mich aus dem Schlaf. Ich hörte entfernt San Saimans Stimme, und auch Graubart, der Zwergenkönig, war zu vernehmen. Als ich mich langsam umblickte, bemerkte ich, dass der Häuptling mit den beiden an einem kleinen Lagerfeuer saß.

Es war nach wie vor dunkle Nacht, und ich wusste nicht, wie lange ich geschlafen hatte. Gerade hörte ich den Häuptling sagen: »San Saiman, du weißt, dass mein Volk dich und die Deinen schätzt. Aber was die Menschen betrifft, habe ich nur Schlechtes in Erinnerung. Auch wenn die Kristallbibliothek von den Kosmischen Ältesten für die Menschen gemacht wurde, heißt das noch lange nicht, dass sie für dieses Wissen schon reif genug sind.

Bedenke, was geschieht, wenn die goldene Stadt in Menschenhände fällt. Die Menschen würden die gesamte Stadt sofort vernichten, und das Gold würde ihnen dazu dienen, neue Kriege anzuzetteln. Und um die Kristallbibliothek zu finden, muss die Menschenfrau durch die goldene Stadt. Wenn die Menschen den Standort der goldenen Stadt erfahren, könnte sie ungewollt andere dort hinführen, die nicht so ehrlich sind wie sie.

Ja, die Menschenfrau ist ehrlich, das habe ich durch das Kraut der Wahrheit erkannt. Doch auch in ihrem Herzen sind Schmerzen der Vergangenheit und Ängste, die uns unbekannt sind. Niemand will die Prophezeiung verhindern, aber es sollte wohl überlegt sein, ob die Zeit schon reif für die Wandlung ist. Die goldene Stadt darf nie in Menschenhände fallen. Ich weiß nicht, Lichtmann, ich halte nicht viel davon, sie dort hinzuführen.«

»Sie hat bewiesen, dass sie nicht habgierig ist«, bekräftigte San Saiman. »Sie hat den Schädelstein schon viele Erdenjahre und ihn niemals zu jemandes Nachteil eingesetzt. Sie hat ihren gesamten Broterwerb dem Ziel der Prophezeiung geopfert und den wertvollen Kristallschädel nicht veräußert. Auch in ihrem Herzen habe ich gelesen, dass sie immer nur Gutes im Sinn hat. Ich gebe dir wohl recht, dass nicht alle Menschen so sind wie sie, aber wie sollen wir das, was geschehen muss, sonst begleiten?«

Seufzend meldete sich Graubart zu Wort. »Ach, beim Barte meines Großvaters und meiner Ahnen. Ich verstehe dich, Atahualpa. Auch ich habe mein Volk vor der Dunkelheit zu schützen gesucht, und ich begreife jetzt, dass ich den Menschen nicht unähnlich gehandelt habe. Ich wollte nicht, dass mein Volk leidet, und deshalb habe ich es in den Schlaf des Vergessens gezaubert. Mich selbst habe ich auch betäuben wollen und dabei die gleiche Dunkelheit erlebt, wie die Menschen sie immer noch erleben. Sie können so lange nicht wissen, was sie versäumen, solange sie sich nicht erinnern.

Atahualpa! Dein Volk hat sehr gelitten, und du hast die goldene Stadt im Inneren der Erde bis zum heutigen Tag vor den Menschen beschützt.

Als letzter lemurischer Priester hast du lange noch als König unter den Menschen gelebt. Erst mit deinem Rückzug unter die Erde bist du der Welt an der Oberfläche verloren gegangen. Aber hoffst du denn nicht, wie wir alle, auf die Liebe, die den Menschen angeboren ist?

Diese Menschenfrau liebt ihre Kinder, so wie wir unser Volk und unsere Kinder lieben. Sie handelt aus Liebe zur Erde und aus Liebe zu einer Hoffnung, die im Herzen der Menschen lebt. Sie wird durch die goldene Stadt nicht geblendet werden. Sie hat den Geist der höheren Aufgabe verstanden und oft schon ihr Leben dafür aufs Spiel gesetzt. Ich vertraue ihr, und ich gebe alle Hoffnung in die Menschen, dass sie jetzt nicht versagen. Vielleicht ist dies die einzige Chance, die wir haben, die Menschen von der Wahrheit zu überzeugen.

Beim Barte meines Großvaters und all meiner Ahnen, wir *müssen* es versuchen! Auch wenn ich ein wenig ärgerlich bin, San Saiman, dass du mir verschwiegen hast, dass mein alter Schädelstein in der Hand der Menschenfrau ist. Ich habe ihn einst gehütet und dann in die goldene Stadt gebracht und zurück zu den Menschen.« Er stockte kurz, wie als Antwort auf eine Geste seines Gegenübers, und fuhr fort: »O nein, mein Freund, fürchte nicht, dass ein alter Zwergenkönig ihn zurückverlangt. Das Wesen des Schädelsteins ist weise und sucht sich seinen Hüter selbst. Meine Tage des Hütens sind längst vorüber.«

So war das also. Graubart hatte Corazon de Luz einmal gehütet, und San Saiman hatte gefürchtet, der Zwerg würde die Menschen dermaßen verachten, dass er mir den Schädelstein wieder abnehmen wollte. Welch eine Freude, dass der kleine Zwerg so positiv dachte.

Ich erhob mich und gesellte mich zu den völlig verschiedenen Männern. Als ich in die Runde schaute und die Gesichter jedes Einzelnen musterte, schwiegen sie betreten. Der Indianerhäuptling hielt meinem Blick mit steinerner Miene stand.

»Es tut mir leid, dass die Menschen dich so enttäuscht haben«, sprach ich zu ihm. »Mir ist die Geschichte deines Volkes wohl vertraut. Die Inka waren es, die mir Corazon de Luz brachten, und ich weiß, wie dieses Volk unter der Gier nach Gold gelitten hat. Ich will alles versuchen, das wiedergutzumachen. Ich weiß noch nicht einmal, ob ich es schaffen werde, in meine Welt zurückzukehren. Glaube mir, ich vermisse meine Kinder und habe aus Liebe zu ihnen diesen Weg gewählt.« Meine Stimme wurde unsicher, und unwillkürlich machte ich einen Schritt auf Atahualpa zu. »Hilf mir, großer König, den Weg zu gehen, den die Kosmischen Ältesten als den richtigen ausgesucht haben!«

Als ich das sagte, hatte ich Tränen in den Augen. Der Indianer rührte sich nicht.

San Saiman löschte das Lagerfeuer und erhob sich. Er pfiff nach Milan, der sofort auf seine Schulter geflogen kam, und trat neben mich. »Ich werde dir helfen, so gut ich kann, Carino.« Beruhigend legte er seine Hand auf meine Schulter. Am liebsten hätte ich jetzt laut losgeweint und wäre in seine Arme gesunken. Aber ich beherrschte mich.

Graubart sprang auf und rief: »Beim Barte meines Großvaters und meiner Ahnen! Ich helfe dir auch, und glaube ja nicht, ich könne nicht zaubern. Es wird mir schon wieder einfallen, wie ich euch Menschen wachzaubern kann.« Bei diesen Worten zwinkerte er mir zu, und ich musste lachen. Er war sehr lieb, und ich hatte nicht geglaubt, ihn einmal so sehr zu mögen. Liebenswürdig und kauzig war er, wie ein Zwerg eben.

Atahualpa erhob sich langsam und würdevoll, und seine Augen blickten traurig. Ich konnte nur ahnen, wie sehr er sich um seine Stadt und sein Volk sorgte. »Ich denke, wir sollten es versuchen«, sagte er und schritt zu dem Felsen, an dem wir beide vorher gesessen hatten.

Mit einer lautlosen Geste streifte er über die Oberfläche. Es war, als hätte ein Nebel den Felsen bedeckt und einen Zugang dahinter verborgen. Die Täuschung war so perfekt, dass ich es vorher gar nicht bemerkt hatte. Er schritt durch den Nebel, und wir folgten ihm.

Im nächsten Moment machte mich der Anblick der goldenen Stadt sprachlos. Die Stadt lag hinter dem Schleier, und sie war wirklich riesig – und aus purem Gold! Eine gewaltige Pyramide ragte in ihrem Zentrum auf. Wege und Straßen, Häuser und Gärten, alles bestand aus Gold und glänzte in der aufgehenden Morgensonne. Die Dächer blitzten golden, und der Glanz der Stadt überstrahlte alles, was ich bisher gesehen hatte.

Atahualpa sagte kein Wort. San Saiman sah mich immer wieder an, und ich verstand, warum der König sich fürchtete, jemanden in diese Stadt einzulassen. Die Gier der Menschen nach Gold hatte in Südamerika schon einmal viele Völker das Leben gekostet. Atahualpa war der letzte König der Inka gewesen, und sein Volk war grausam von den Spaniern ermordet worden, um an die üppigen Reichtümer der Stämme zu gelangen. Und wie ich durch das Gespräch der Männer erfahren hatte, war er zuvor einer der letzten Lemurier gewesen und hatte sich nach der Katastrophe in die goldene Stadt in Sicherheit gebracht. Hier lebte er nun in einer anderen Dimension und hütete das Vermächtnis seiner Ahnen.

Mit einem dicken Kloß im Hals folgte ich dem großen König durch die prunkvollste Stadt der Erde. Die Straßen waren gepflastert mit Gold. Bei jedem Schritt, den ich machte, ging ich auf Tonnen von Gold, und in den prächtigen Häuseranlagen standen die schönsten goldenen Skulpturen, die ein Menschenauge jemals zu Gesicht bekommen konnte.

Majestätisch schritt Atahualpa durch die Straßen, in denen sich noch kein Leben regte. Es war früh am Morgen. Irgendwo zwitscherten Vögel der aufgehenden Sonne entgegen, aber ansonsten lag die Stadt in tiefem Frieden.

18

Der Turm der Stille

Im Zentrum der Stadt befand sich eine große Stufenpyramide. Ihre Stufen waren mit Feingold bedeckt, wie ich an der Farbe erkannte. Aber auch Silber schmückte das prunkvolle Bauwerk. Hinter der Pyramide lag noch ein anderes Bauwerk, das den höchsten Punkt der Stadt bildete. Es war ein hoher Turm, der über die Stadt hinausragte. Den oberen Teil bildete ein breites Plateau, das über eine Art Wendeltreppe zu erreichen war.

Die ganze Zeit sprachen wir kein einziges Wort. Wir erklommen die Stufen aus Gold, und selbst Graubart war ganz still geworden. Irgendwie fühlte ich mich schuldig – schuldig an dem, was die Menschen diesem Volk angetan hatten. Ich wurde das Gefühl nicht los, dass ich als weiße Europäerin ein schweres Erbe trug, weil meine Vorfahren aus Europa so sehr nach eben diesem Reichtum gegiert hatten. Wieder einmal schämte ich mich, eine Weiße zu sein, und fand es angesichts dessen sehr schwer, meiner Aufgabe auf dieser Reise überhaupt gerecht zu werden. Atahualpas Misstrauen gegen die Weißen hatte seinen guten Grund, und ich wusste nicht, wie ich ihm meine Aufrichtigkeit vermitteln sollte.

Als wir das Plateau betraten, erblickte ich etwas, was ich wohl mein Leben lang nicht mehr vergessen werde. Auf dem Turm befand sich ein Zeremonienplatz. Ein Feuer brannte in dessen Mitte, und der quadratische Platz war von einer Mauer umgeben. Sie war geschwungen und schien aus mehreren Teilen geschmiedet zu sein. Auf den einzelnen Segmenten konnte ich Szenen mit goldenen Figuren erkennen, die in das Gold eingearbeitet waren. Sie beschrieben den Untergang des Inkareiches und den Rückzug des Volkes in die goldene Stadt unter der Erde. Auf der anderen Seite des Platzes sah ich Darstellungen mit Figuren, die den Besuch der Kosmischen Ältesten, der Zwerge und Lichtmenschen in der goldenen Stadt zeigten. Auch sah ich die dreizehn Tafeln und die anderen Artefakte der Atlantischen Kristallbibliothek zum ersten Mal bildhaft in Gold.

Ich war berührt, denn mir wurde bewusst, dass hier auf dem Plateau die Atlantische Kristallbibliothek verehrt worden war. Ringsum an den drei hohen Brüstungen standen Tische aus purem Gold, und ich nahm an, dass sich auf ihnen die Atlantische Bibliothek befunden hatte. Hier schien sie gehütet worden zu sein.

Dann fiel mir eine Anzahl niedriger Säulen auf – zwölf kleine Säulen mit flachen Vertiefungen, die einen Kreis bildeten. In ihrer Mitte erhob sich eine einzelne Säule, auf der ein Sonnengesicht abgebildet war. Das Gesicht hatte die Form eines menschlichen Schädels, und jäh begriff ich, dass hier einmal die dreizehn Kristallschädel gestanden hatten.

Mit einem Seufzer sank ich auf die Knie. Hier waren sie also versammelt gewesen, ein jeder auf seiner Säule, und hier waren die Schulungen für die Menschen abgehalten worden. Hier unterrichteten die Sternenvölker einst die Menschen in den kosmischen Weisheiten, und hier hatte auch Kristallschädel Corazon de Luz seinen Platz innegehabt.

Mir fielen wieder die Erzählungen meines alten Inkaschamanen ein, der davon berichtet hatte, dass die dreizehn Kristallschädel vor langer Zeit alle gemeinsam an einem heiligen Ort verwahrt worden waren. Erst mit dem Einfall der Conquistadores in Südamerika waren sie in alle Winde getragen worden, um sie vor den Eroberern zu schützen. Corazon de Luz war einer von ihnen gewesen, und er war erfolgreich über Generationen hinweg bis in die heutige Zeit gerettet worden – wo er schließlich in meine Hände gelangte und mich auf diese Reise brachte, die an diesen Ort in der goldenen Stadt geführt hatte.

Graubart brach das Schweigen als Erster. »Sieh auf die Tafel unterhalb der ersten Stufe, Menschenfrau!« Ich folgte seinem Hinweis, und mir stockte fast der Atem.

Unterhalb der dreizehnten Säule sah ich eine Gravur im Gold des Bodens. In wunderschöner Meisterarbeit war der Weg des Kristallschädels mit dem Sonnengesicht aus der goldenen Stadt zu sehen. Die Bildergeschichte erzählte von Priestern in Indianergewändern, die den Schädelstein in ein Höhlensystem brachten. Auch erzählten sie davon, dass der Kristallschädel Flügel bekam und in ferne Länder reiste. Ganz zum Schluss sah man ein Bild einer Frau, die den Schädelstein zurück an diesen Ort brachte.

San Saiman erklärte mit leiser Stimme: »Hier wurde die heilige Atlantische Bibliothek einst geehrt und geachtet. Die Kosmischen Ältesten hatten die Schädelsteine als Empfänger und Sender ihrer Botschaften hier zurückgelassen, denn mit dem Beginn der Dunkelheit zogen sie sich in andere Lichtwelten zurück. Sie haben die Bibliothek und die Kristallschädel hier zurückgelassen und auf die Wende der Zeit gewartet bis zum heutigen Tag.

Nach dem Zusammenbruch des kosmischen Gedankens in den Menschen und mit dem Schlaf des Vergessens verlangte es die Menschen so sehr nach Gold und Macht, dass die Bibliothek und auch die Schädelsteine von hier weggebracht werden mussten. In Zukunftsvisionen hatten uns die Ältesten das schon prophezeit. Es war bitter, als diese Zeit kam, aber wir hegten die Hoffnung auf eine Veränderung in den Menschen, und außerdem hatten die Ältesten prophezeit, dass eines Tages eine Menschenfrau den dreizehnten der Kristallschädel wieder hierherbringen würde.

Die Aufgabe der dreizehn Schädelsteine bestand darin, die Menschen mit Resonanzen, die sie aussendeten, auf die Neue Zeit vorzubereiten. Wir wissen, dass ihr glaubt, eure Welt würde jetzt in diesem Zeitalter untergehen. Das trifft aber nicht zu. Ihr werdet nur aus dem Vergessen erwachen.

Unter den dreizehn Schädelsteinen ist einzig der Träger des Lichtes in der Lage, mit den Menschen zu sprechen. Ein im

Schädelstein verborgenes Lichtwesen sollte in diesen Tagen der Mittler und Sendbote zwischen den Welten sein. So hat sich ein Teil der Prophezeiung bereits erfüllt, denn heute bringst du den Dreizehnten zurück an seinen Platz, an dem er einst die Menschen schulte.

Es ist ein Teil der Geschichte, dass die Menschen glauben, mit der Vereinigung der dreizehn Schädelsteine solle der Untergang der Erde verhindert werden. Diese Vereinigung hat schon längst hier in der goldenen Stadt stattgefunden. Mit der Vereinigung der Dreizehn wurde die Atlantische Kristallbibliothek vollendet, und diese dreizehn Tafeln tragen das kosmische Wissen und alle Geheimnisse der Universen in sich.

Hier lebte auch einst der kristallene Mensch, als Wächter über diese heilige Bibliothek. Er wurde ebenfalls von hier fortgebracht an einen Ort, an dem die Bibliothek so lange den Menschenaugen verborgen bleiben wird, bis die Zeit des Erwachens gekommen ist.

Atahualpa kam aus eurer Welt hierher, um darauf zu warten, dass der dreizehnte Schädelstein zurückkehrte, so wie es die Kosmischen Ältesten einst vorausgesagt hatten. Graubart, der Zwergenkönig, ist einer der Letzten seines Stammes. Er ist der König der Zwerge, aber er war auch jener, der den dreizehnten Schädelstein in unscheinbarer Gestalt verbarg, denn niemand sollte auf Anhieb seinen wahren Wert erkennen. Nur Priester und Schamanen durften seinen kostbaren Inhalt erspüren. Die zwölf anderen Schädelsteine wurden mit den Schwingungen der irdischen Resonanzerhöhung versehen, und so gingen sie alle auf die Reise unter die Menschen – in eine lange Zeit des Vergessens.

Von Königen wurden sie behütet, und manch einer dieser Steine hat unscheinbar an der Entwicklung der Menschheit mitgewirkt, indem er ebenso unmerklich wie stetig die Resonanzen erhöhte. Der Dreizehnte aber war jener, der über andere zu den Menschen sprach. Nun hat die Geschichte der Schädelsteine ihr Ende gefunden, denn es war vorgesehen, dass nur der Dreizehnte wieder hierher zurückkehren sollte.«

San Saiman klopfte mir behutsam auf die Schulter – ein Zeichen, dass ich den wertvollen Kristallschädel nun aus seinem goldenen Behältnis nehmen musste. Ich erhob mich wieder und schritt auf die Säule mit dem Sonnengesicht zu, die ich als den angestammten Platz von Corazon de Luz erkannt hatte. Unter Tränen holte ich ihn aus dem goldenen Beutel, und mir fiel auf, wie stark er zu leuchten begonnen hatte.

Nur ein einziges Mal hatte ich bisher den Lichtengel sehen können, der im Schädelstein lebte, aber ich war sicher, dass er sich nun zeigen würde. Ich setzte den Kristallschädel auf die Säule im Zentrum des Säulenkreises und kniete nieder.

Ich wartete darauf, was geschehen würde – und spürte Atahualpa an meiner Seite. Als ich ihn ansah, hatte er Tränen in den Augen. Mir wurde bewusst, dass er und sein Volk gerade diesen Kristallschädel besonders beschützt hatten, und irgendwie hatten die Inka ihn mir zwar damals übergeben, aber im Grunde gehörte er dem Häuptling.

Da geschah etwas, was mich sehr überraschte.

Atahualpa kniete vor mir nieder. »Tu, was du von meinen Nachfahren gelernt hast«, forderte er mich auf. »Der Schädelstein ist zu dir gekommen. Er wählt sich seine Hüter selbst. Ich habe ihn wiedererkannt. Er ist der Dreizehnte, und nun sollst du das erfüllen, was die Ältesten uns aufgetragen haben.«

Ich war erschrocken. Sollte ich als Weiße die Aktivierungszeremonie abhalten, die ich von den Indianern gelernt hatte? Ich schüttelte den Kopf, den Blick unentwegt auf Atahualpa gerichtet. Doch der sah mir nur fest in die Augen. »Tu, weshalb du geboren wurdest!«

Tränen liefen mir über die Wangen, als ich den Gesang für Mutter Erde anstimmte, wie ich es gelernt hatte. Ich sang von meiner Liebe für den Planeten und ehrte die heiligen Elemente, bis Corazon de Luz zu leuchten begann und sich ein Lichtnebel um ihn herum bildete. Ein wunderschönes Lichtwesen mit lieblicher Gestalt zeigte sich darin, schwebte auf und nieder. Atahualpa weinte bei diesem Anblick – beim Anblick des Engels.

San Saiman verneigte sich, und Graubart fiel auf die Knie. Sie alle sahen die lichtvolle Erscheinung in dem Kristallschädel tanzen. Der Engel leuchtete in den Farben des Regenbogens und flog freudig durch die Luft, tanzte auch um den Schädelstein herum, im Feld des Lichtnebels. Als ich die Zeremonie beendete, verschwand er wieder in Corazon de Luz. Ich war traurig darüber, dass er wohl nicht bleiben wollte.

»Es ist noch nicht die Zeit gekommen, dass die Engel sich wieder offen zeigen können«, tröstete mich San Saiman. »Die Zeit des Vergessens ist noch nicht vorüber. Aber die Sonne hat bereits begonnen, das Dunkel zu erhellen, in dem die Menschen leben. Carino, es ist deine Aufgabe, den Menschen alles darüber zu berichten.«

Atahualpa nickte. »Ich habe dich erkannt, Carino. Es ist wichtig, dass du die Menschen von mir, dem einstigen Häuptling und König der goldenen Stadt, grüßt. Mein Gruß erfolgt in Freundschaft. Ich werde die Reichtümer der Stadt so lange hüten, bis ich alles Gold den Menschen geben kann. Wenn sie nicht mehr habgierig sind und wenn sie aufgehört haben, Kriege zu führen, dann soll der Reichtum der Stadt allen Menschen der Erde gehören, und es sollen wieder Tempel und Paläste gebaut werden, um das Neue Zeitalter zu beginnen. Ich werde die goldene Stadt und alles, was sie ausmacht, so lange hüten, bis dieser Tag kommt. Ich vergebe den Menschen, was sie getan haben, und auch meine Ahnen haben ihnen schon lange vergeben, denn die Menschen haben einfach nur vergessen, dass wir alle aus demselben Licht erschaffen sind. Sag den menschlichen Völkern der Erde, dass ich, Atahualpa, König der goldenen Stadt, das Bündnis der Freundschaft hiermit erneuere!«

Nachdem er das gesagt hatte, erhob er sich.

Graubart strich sich verlegen durch die Haare an seinem Kinn. »Beim Barte meines Großvaters und meiner Ahnen – das sind ja wieder schöne Veränderungen, die du uns da ins Haus bringst, Lichtmann!« Dabei zwinkerte er mir zu.

Die Männer stiegen vor mir die Stufen des goldenen Turmes wieder hinab. Ich sah mich noch einmal um, bevor ich ihnen langsam folgte, Corazon de Luz in seinem Beutel auf meinem Rücken. Ich konnte mir gut vorstellen, wie wundervoll es hier auf diesem Turm einst gewesen war – eine Schule der Kosmischen Ältesten voller Freude und Licht.

War dieser Platz einst voller Leben gewesen, so war er jetzt nur noch ein Turm der Stille.

19

Die Eule der Weisheit

Es regte sich langsam Leben in der goldenen Stadt, als wir den Turm wieder verlassen hatten. In den bunten Gärten und auf den kostbar geschmückten Straßen, vor den prunkvollen Hallen und auf den hellen Plätzen flanierten fröhlich Menschen.

Gerne hätte ich noch mehr Zeit hier verbracht, doch Atahualpa brachte uns wieder aus der Stadt hinaus. Durch ein anderes Felsportal als das, durch das wir die goldene Stadt betreten hatten, führte er uns an einen Waldrand. Dort hob er die Hand zum Abschied.

»Carino«, sagte er. »Es gibt so vieles, was ich den Menschen noch sagen möchte. Aber deine Lichtkraft lässt langsam nach. Ich werde dir eine Botschaft in deine Welt schicken. Ich hoffe, du wirst heimkehren zu deiner Familie und meine Botschaft wird dich erreichen.«

Dann nickte er San Saiman zu und verschwand zwischen den Felsen, tauchte in den Nebel ein wie in einen Wattebausch. Graubart und San Saiman blickten sich vielsagend an, und ich hätte eine Menge dafür gegeben, ihre Gedanken zu erfahren. Aber Atahualpa hatte recht. Meine Lichtqualität hatte deutlich nachgelassen, und so blieb uns nicht mehr viel Zeit.

San Saiman gab mir erneut Lichtwasser zu trinken. »Wir müssen uns beeilen, meine Freunde«, sagte er sorgenvoll. »Der Vorrat an Lichtwasser wird langsam knapp, und für eine Umkehr ist es zu spät. Der Rückweg würde länger dauern als der Weg ans Ziel.«

Ohne ein weiteres Wort ging er los, und vertrauensvoll überließ ich mich seiner Führung durch den Wald. Erst dachte ich, es wäre der Wald der heiligen Frau, aber schnell bemerkte ich, dass wir wohl einen neuen betreten hatten. Hier war es früher Morgen, und der Wald lag in dichtem Nebel. Schmetterlinge flogen umher, und es roch nach feuchter Erde.

Als San Saiman seinen Vogel Milan zu einem Rundflug entließ, räusperte sich Graubart. »Beim Barte meines Großvaters und meiner Ahnen«, murmelte er, »bis hierher bin ich noch nie gekommen. Weit haben meine Füße mich bereits getragen, aber noch nie war ich so weit von meinem Zwergenreich entfernt wie an diesem denkwürdigen Tag.« Er zupfte sich den langen Bart zurecht und schniefte durch die knochige Nase.

Ich klopfte dem Zwerg auf die Schulter. »Graubart, auch ich bin nun weit von meinen Lieben fort, aber ich hoffe, wir werden nach Hause finden!«

San Saiman hatte sich bereits ein Stück weit abgesetzt, und wir mussten uns beeilen, zu ihm aufzuschließen. Wir waren wirklich ein merkwürdiges Gespann. Ein leuchtender Lichtmann und sein Vogel, ein kleiner Zwergenkönig und eine halb leuchtende Menschenfrau mit einem Kristallschädel auf dem Rücken stapften auf einem Waldweg in den neuen Tag.

Der Weg führte uns durch einen Mischwald, und das Allerseltsamste verwunderte mich hier zunächst gar nicht. Erst als ich zwei Vögel am Wegesrand beobachtete, fiel es mir auf: Ich konnte ihre Stimmen hören. Sie schienen sprechen zu können. Die Bienchen summten nicht, sondern sie unterhielten sich, und man konnte sie verstehen.

Graubart freute sich. »Das ist doch mal eine Veränderung, die ich für sinnvoll erachte. Ich wollte schon immer einmal hören, was uns die Bienen zu sagen haben.« Er hob die Stimme. »Beim Barte meines Großvaters, eine *sinnvolle* Veränderung, Lichtmann!«

Aber San Saiman reagierte nicht, sondern schritt weiter aus, und jetzt bemerkte ich, dass nicht nur die Tiere sprachen, sondern auch die Bäume. Rechts von uns stöhnte eine alte Eiche:

»Ach, ihr Wanderer, könnt ihr nicht meine abgebrochenen Wurzeln entfernen? Sie jucken mich ganz entsetzlich, und ich werde sie einfach nicht los!«

Graubart und ich halfen dem alten Baum und säuberten rasch die Wurzeln von Reisig und Wildwuchs. »Hihi, habt Dank«, sagte die Eiche daraufhin fröhlich. »Es ist schon lange Zeit niemand hier vorbeigekommen, den ich hätte fragen können. Wahrhaftig, das tut gut! Bei Eichel, Blätter und Wurzeln, da habe ich aber Glück gehabt.«

Der Baum freute sich, und wir eilten San Saiman hinterdrein, der auf dem Weg immer weiter und tiefer in den Wald hineinging. Überall unterhielten sich die Waldwesen, und es war ein lustiges Treiben, das ich gern beobachtete. Schließlich folgte San Saiman einer Abzweigung, die in einen dichten Tannenhain führte.

»Ich weiß nur, dass die Atlantische Kristallbibliothek aus der goldenen Stadt hierherverlegt wurde«, sagte er nachdenklich. »Wir müssen die Weise Eule Thea finden, die uns sagen kann, wo wir diese Bibliothek suchen sollen. Die Kosmischen Ältesten haben die Erde von der goldenen Stadt aus verlassen, und es existieren keine Aufzeichnungen darüber, wo die Bibliothek verblieben ist. Auch Atahualpa weiß nicht, wo sie hingebracht wurde. Ich hoffe, wir werden in diesem sprechenden Wald eine Antwort finden.«

Während er uns das erklärte, schickte er Milan aus, um nach der Eule der Weisheit zu suchen. Dabei machten wir keinen Augenblick lang Rast.

Immer dichter wurde der Wald, und es wurde auch viel stiller. Die Bäume stöhnten und ächzten manches Mal, aber sie hatten wohl keine Lust mehr, sich zu unterhalten.

Als Milan zurückkehrte, führte er uns auf einem schmalen Pfad zu einer Weggabelung. Dort stand eine uralte Eiche mit abgebrochenen Ästen und Zweigen. In ihrem Stamm befand sich eine große Aushöhlung, in der zwei goldene Augen leuchteten. Immer wieder klappte eines der Augen zu, und ich wusste sofort, dass es sich um eine Eule handelte.

»Ich glaube, Milan hat sie gefunden.« Ich deutete auf die Aushöhlung des Baums. Wir blickten alle gespannt auf die großen Augen, die unablässig blinzelten.

»Beim Barte meines Großvaters und meiner Ahnen! Ich glaube, das ist sie wirklich! *Aufwachen,* alte Eule!«, scherzte Graubart mit seinem zwergentypischen Humor.

Die Eule blickte unwirsch aus ihrem gemütlichen Nest. »Ich habe in diesem Wald noch nie solche wie euch gesehen. Was macht ihr hier, und warum stört ihr mich im Schlaf? Die Sonne steht schon hoch am Himmel, und es ist noch nicht einmal die Dämmerung hereingebrochen. Ich bevorzuge Gespräche in der Nacht und nicht am helllichten Tag!«, sagte sie empört und gähnte. Dabei klappte ihr immer wieder das eine oder das andere Auge zu.

»Komm schon, Eule, wach auf, es ist wichtig«, raunzte Graubart.

Die Eule räkelte sich in ihrem Stamm und kam müde aus dem Nest geflogen. Behäbig setzte sie sich auf einen dicken Ast. »Was gibt es denn, ihr Störenfriede? Wehe, wenn es nichts Wichtiges ist.« Ihr Blick fiel auf Milan, der wieder auf San Saimans Schulter saß. »Was bist du für ein seltsamer Vogel? Halb scheinst du eine Eule und halb ein Greifvogel zu sein. Seltsam ist auch euer Erscheinen an diesem Ort der Welt.«

Sie kippte den Kopf hin und her und beguckte uns aus allen Richtungen. Dann drehte sie den Kopf in einem Halbkreis, und ihre Augen wurden groß und rund.

San Saiman erklärte: »Sei gegrüßt, weiser Vogel. Ich bin der König der Lichtmenschen, und das ist Graubart, der Zwergenkönig. Wir helfen unserer Freundin, der Menschenfrau, Thea die Weise Eule hier zu finden. Weißt du, wo wir sie finden können?«

Als die Eule das hörte, erschrak sie. »Eine Menschenfrau habt ihr mitgebracht?« Sie riss weit die Augen auf. »Seid ihr noch ganz bei Sinnen? Was, um der alten Eiche willen, sucht ein Lichtmann mit einem Zwerg bei einer Menschenfrau?« Sie wiegte den Kopf und schien nachzudenken. »Wenn ich wüsste, wo ihr merkwürdige Gesellen Thea findet, wüsste ich meinerseits nicht, ob ich es euch verraten würde!« Sie wippte unruhig auf ihrem Ast hin und her und schien zu überlegen, ob sie davonfliegen sollte.

»Ich verstehe dich, Eule«, entgegnete San Saiman, »aber wir müssen unbedingt erfahren, wo die weise Thea sich gerade aufhält, denn Atahualpa, der König der goldenen Stadt, hat uns ausgeschickt, sie zu finden. Wir brauchen ihre Hilfe.«

»Was für eine Hilfe soll das denn sein, Lichtmann? Den Menschen ist nicht zu helfen, sie haben unsere Sprache längst verlernt. Hier in diesem Wald findest du nur Tiere und Pflanzen, die aus der oberen Welt der Menschen geflohen sind. Früher lebten wir als Naturwesen mit ihnen in Freundschaft. Aber die Menschen haben unsere Sprache verlernt. Mit Merlin, dem großen Zauberer, ging der letzte Wissende der Wälder von der Erde.«

Sie drehte uns den Rücken zu und äugte beleidigt über die Schulter. »Warum sollte Thea euch wohl helfen? Ich sage euch, bevor ich einem Menschen helfe, muss ich erst überzeugt sein, dass er es ehrlich mit uns meint.«

Sie hüpfte von ihrem Ast in die Höhle zurück. »Wenn ihr eine Nacht in diesem Wald verbracht habt, ohne Unfrieden unter den Tieren zu stiften, dann kommt wieder, und ich verrate euch, wo ihr Thea findet. Ich glaube kaum, dass ein Mensch eine Nacht hier verbringen kann, ohne die Missgunst der Tiere und Pflanzen zu erregen.«

Damit schloss sie die Augen und sprach kein einziges Wort mehr. Ich war sicher, es war Thea selbst, aber um sie fragen zu können, musste ich die Aufgabe bestehen, eine Nacht in diesem Wald zu verbringen, ohne Unfrieden zu stiften.

20

Die vierte Prüfung

Wir warteten noch eine Weile, aber die Augen der Eule blieben geschlossen, und so machten wir uns daran, einen Lagerplatz für die Nacht zu suchen. Ich musste die ganze Zeit darüber nachdenken, was sie damit gemeint hatte: dass wir keinen Unfrieden stiften sollten. Ich wollte den Wald schließlich nicht niederbrennen. Aber es sollte mir schnell klar werden, was für eine schwierige Aufgabe mir und den anderen bevorstand.

Als wir uns einer nahen Lichtung näherten, den Waldweg verließen und die halb feuchte Wiese betraten, hatte der Unfrieden schon begonnen. Unter unseren Füßen rief es plötzlich: »He, wer hat euch erlaubt, auf mir herumzutrampeln? Das ist eine Unverschämtheit. Könnt ihr nicht den Mund aufmachen, bevor ihr euch zu so etwas erdreistet?«

San Saiman und ich schauten uns an und fragten uns, wer das gerade gesagt hatte.

»Typisch Eindringling. Wie könnt ihr einfach unterstellen, dass ich euch den Weg bereiten will?«, fuhr es unter unseren Füßen fort.

Da begriff ich, dass es die Wiese war, die zu uns sprach. Sofort sprang ich wieder auf den Weg und winkte San Saiman und Graubart ebenfalls zurück.

Nun wusste ich, was die Eule meinte.

Wir Menschen hatten jeden Respekt vor der Natur verloren. Wir fragten die Bäume und Pflanzen nicht mehr, bevor wir etwas mit ihnen taten. Auch hatten wir keinen Respekt vor den Tieren und ihren Gefühlen. Wir hatten *vorausgesetzt*, dass wir über die Wiese gehen dürften, und das war ein Spiegel dafür, was wir Menschen der Natur jeden Tag antun.

»Ich weiß, was diese Prüfung bedeutet, San Saiman«, sagte ich mit leicht belegter Stimme. »Wir müssen die Pflanzen und Tiere des Waldes achten und sie um ihr Einverständnis bitten, bevor wir etwas tun. Hier können alle Wesen sprechen. Die Wiese hat uns gezeigt, dass wir sehr gut achtgeben müssen, wenn wir unsere Aufgabe erfüllen wollen.«

San Saiman und Graubart nickten. Auch sie waren noch nie hier gewesen. Deshalb mussten wir uns dreifach vorsehen, um keinen Fehler zu begehen. Ich entschuldigte mich bei der Wiese mit den Worten: »Es tut uns leid, schöne Wiese, ich habe mich ganz unachtsam verhalten. Willst du mir verzeihen? Sollen wir uns einen anderen Platz für die Nacht suchen?«

»Nein, nein, schon gut. Ihr scheint hier wohl neu zu sein, was? Na ja, dann lass ich euch über mich gehen, aber seid bitte vorsichtig. Die Bienchen sind heute besonders emsig, und sie sollen nicht gestört werden, damit meine Blüten viele Samen tragen und auch nächstes Jahr viele Blumen wachsen können, zum Zeichen meiner guten Gesundheit. Der Vogel aber soll fliegen, der hat Flügel und muss mich mit seinem Gewicht nicht belasten.«

Kaum hatte die Wiese das gesagt, erhob sich der Vogel in die Luft. San Saiman, Graubart und ich gingen vorsichtig durchs Gras – so wachsam und achtsam, dass ich vielerlei Gespräche von Blumen und Tieren aufschnappen konnte, die sich über alles Mögliche unterhielten. Milan kreiste über uns und wartete auf ein Zeichen seines Herrn, dass er sich wieder niederlassen konnte. Aber erst als wir am anderen Ende der Wiese einen geschützten Platz unter Bäumen fanden, winkte San Saiman ihn herbei. Inzwischen war es nämlich später Abend geworden, und die Sonne ging gerade über den Baumwipfeln unter.

»Das ist die perfekte Schlafstätte«, freute sich Graubart.

»Wir sollten vorsichtig sein«, wagte ich einzuwerfen. »Wir müssen die Bäume erst fragen, ob wir auch willkommen sind.«

»Gestattet ihr wohl, das wir hier unsere Nacht verbringen?«, fragte San Saiman.

Die Bäume schienen bereits zu schlafen und antworteten nicht.

»Beim Barte meines Großvaters und meiner Ahnen, die werden schon nichts dagegen haben«, raunzte Graubart. »Wer weiß, ob sie überhaupt aufwachen!«

»Nein, das ist zu ungewiss«, gab ich zu bedenken, »am Ende erwachen sie in der Nacht, und dann haben wir neue Schwierigkeiten.«

Vorsichtig trat ich zum nächsten Baum und strich sanft über seinen Stamm. Ich fuhr mit beiden Händen an der Borke entlang und klopfte unten gegen die Wurzeln.

»Wer kitzelt mich denn da?«, vernahm ich eine Stimme. »Besuch? Na, das ist aber eine Überraschung. So etwas wie euch habe ich hier ja noch nie gesehen.«

»Sei mir gegrüßt, Baum«, entgegnete ich etwas leiser, als ich eigentlich beabsichtigt hatte. »Wir haben eine Frage an dich. Dürfen wir eine Weile unter deinen Blättern schlafen? Wir suchen einen Platz für die Nacht. Bist du einverstanden?«

»Ich schon«, sagte der Baum, »aber hier kommt nachts immer eine Rehfamilie vorbei. Sie haben gerade wieder Nachwuchs bekommen. Ich hoffe, sie werden nicht erschrecken, wenn sie euch vorfinden. Aber wenn ihr leise seid, habe ich nichts dagegen. Dann darf auch euer Vogel gerne meine Astgabeln zum Schlafen benutzen!«

Ich freute mich über diese Antwort, und kaum ließen wir uns unter dem Baum nieder, versank die Sonne vollends und rechts und links erklangen unendlich viele Stimmen. Ich hörte eine Biene zur anderen sagen: »Komm, es ist dunkel geworden, lass uns nach Hause fliegen.« Die andere entgegnete: »Ich komme ja schon, nur nicht so hastig.« Eine kleine Ameise lief mir über die Hand und rief mir zu: »Nanu, was machst du denn hier, du bist aber riesig? Da mach ich schnell, dass ich weiterkomme.« Rasch lief sie davon, und ich begriff, dass ich die Natur mit ganz anderen Augen sehen lernen musste.

Was waren wir Menschen doch für Einfaltspinsel. Wir hatten keinen Respekt vor dem Leben. Selten hatte ich so deutlich begriffen wie jetzt, dass noch das kleinste Lebewesen auf Erden eine Seele und Empfindungen hatte und es wert war, geachtet zu werden!

Ich wurde nachdenklich. Graubart sagte ebenfalls nichts mehr. So viele Wesen wie heute hatte er selten reden hören – und als sich auch San Saiman zum Schlafen niederlegte, tat ich es meinen Gefährten nach. Ich war müde von den vielen Aufregungen, und kaum hatte ich meinen Kopf auf die Wurzel des Baumes gebettet, schlief ich ein.

Mir träumte, dass Ameisenheere über meinen Körper marschierten, dass ich von Vögeln angestupst und angepickt wurde, und als ich aufwachte, war es nicht mehr dunkel. Es war mitten in der Nacht, und der Mond leuchtete. Er war nicht ganz voll, spendete aber genug Licht, um etwas erkennen zu können – wie die zwei golden funkelnden Flecken in weißen Kreisen, die nach jedem Schnabelhieb, der meinen Körper traf, auf- und zuklappten.

Thea die Weise Eule war auf meinen Rücken geflogen und beäugte, was ich unter meinem braunen Mantel verbarg. Immer wieder zupfte sie an dem Stoff, während ihr Kopf sich nach links und rechts drehte und sie knurrende Laute von sich gab.

»Sag, hast du die Lehre verstanden, die ich dir erteilt habe?«, fragte die Eule mit einem leisen Krächzen. »Die Menschen müssen lernen, dass Tiere und Pflanzen gerne mit ihnen in Gemeinschaft leben, solange der Mensch sie respektiert und achtet.«

»Ja, Thea, ich habe dich und diesen Wald verstanden. Ich weiß, es ist schwierig für einen Menschen aus der oberen Welt, aber ich will alles tun, um keinen Unfrieden zu stiften.«

Thea blickte mich neugierig an und kam mir ganz nahe. Sie beäugte mich, als hätte sie noch nie einen Menschen gesehen, was durchaus den Tatsachen entsprechen mochte. »Was willst du von mir wissen?«, fragte sie ganz unverhohlen.

»Ich muss die Atlantische Kristallbibliothek finden. Weißt du, wo sie hingebracht wurde?«

Thea wiegte den Kopf, als wollte sie nachdenken. »Wenn du mir versprichst, in Zukunft achtsamer mit den Tieren und Pflanzen zu sein, dann sage ich es dir!« Ich nickte zustimmend. »Die Bibliothek wurde in eine Höhle in einer Zwischendimension zwischen der euren und unserer Welt gebracht. Nur wer reinen Herzens ist, kann dort hingelangen. Ich kenne den Weg zu diesem Ort nicht, aber der Stein der Wahrheit muss es wissen!

Folge diesem Weg durch den Wald, und du wirst an einen großen Felsen ganz aus Silber gelangen. Dort ist der Stein der Wahrheit zu finden. Ihn kannst du befragen. Nur versprich mir, dass du den Menschen berichtest, dass wir Tiere und Pflanzen geehrt und geachtet werden wollen. Wir leben gerne mit den Menschen zusammen, wenn sie uns als Teil der Natur und als beseelte Wesen betrachten. Aber wir können erst in eure Welt zurück, wenn ihr gelernt habt, die Sprache der Tiere und Pflanzen wieder zu verstehen.«

Erneut nickte ich. »Danke, Thea, du hast uns allen sehr geholfen. Ich verspreche, ich werde an die Menschen weitergeben, was du mir dargelegt hast.«

Da flog die Eule wie ein schneller Schatten davon. Ich sollte sie niemals wiedersehen.

21

Der Stein der Wahrheit

Bei Tagesanbruch berichtete ich San Saiman und Graubart von meiner nächtlichen Unterredung mit Thea, und nachdem wir uns bei dem Baum bedankt und die Erlaubnis der Wiese eingeholt hatten, liefen wir durch das mit Morgentau benetzte Gras zurück auf den Waldweg.

Wir waren froh gestimmt, ich besonders, denn ich hatte eine weitere Lektion gelernt und eine weitere Prüfung bestanden. San Saiman war dennoch schweigsam. Er machte sich wohl Sorgen, weil einfach nicht abzusehen war, wie viele Tage wir nach der Atlantischen Kristallbibliothek suchen mussten.

Mein Aufenthalt in diesen Dimensionen war von der Einnahme des Lichtwassers abhängig. Ich wusste zwar nicht, was dies genau bedeutete, aber ich ahnte, dass meine Aufgabe scheitern würde, wenn wir nicht genug Lichtwasser hatten, denn es konnte noch etwas dauern, bis die Kristallbibliothek gefunden war und wir in die heilige Stadt zurückkehrten. Dort wartete Mathab in der heiligen Kammer auf mich, falls ich meine Aufgabe in diesem Leben nicht meistern würde.

San Saiman hatte schon klargestellt, dass das Wasser für den Rückweg nicht ausreichte. Also wusste ich ohnehin nicht, wie meine Reise endete. Natürlich fielen mir gerade in diesem Augenblick meine Kinder wieder ein, und ich spürte, wie sehr ich sie vermisste. Plötzlich schauderte es mich angesichts der Ungewissheit, ob ich aus meiner Trance erwachen würde. Ich könnte es nicht ertragen, sie nicht mehr wiederzusehen.

Ein weiteres Mal schien San Saiman meine Gedanken zu erraten. Er blickte mich eindringlich an, während er neben mir ging. Ich verstand, dass er sich ebenso um den Ausgang der Reise sorgte wie ich selbst.

Flüchtig lächelte ich ihn an, dann versuchte ich mein Heimweh zu verdrängen und dachte an die Atlantische Kristallbibliothek und das unschätzbare Wissen, das sie beinhaltete. So folgten wir weiter dem Weg, der uns bergauf, bergab durch den dichten Wald führte.

Schließlich gelangten wir zu einem großen Felsen, der silbrig in der Sonne glänzte. An seinem Fuß führte eine Treppe hinauf. San Saiman, Graubart und ich stiegen langsam nach oben, auf prachtvoll glitzernden Stufen, und als wir den Felsen erklommen hatten, erstreckte sich vor uns ein richtiges kleines Plateau. In der Mitte befand sich ein flacher Stein aus Silber mit polierter Fläche, der wie ein großer Spiegel wirkte. San Saiman blickte sich um, trat an den Spiegel heran und versuchte ihn mit seinem Mantel blank zu reiben.

»Ob das der Stein der Wahrheit ist?«, flüsterte Graubart. »Seht nur, hier sind Symbole in den Fels geschnitten.« Er tastete unterhalb des ovalen Spiegels am Rand entlang. Als er die Buchstaben in fremder Sprache berührte, trat San Saiman zurück und sagte: »Mein Freund Zwergenkönig, lass die Menschenfrau in den Spiegel blicken.«

Also ging ich zu dem flachen silbrigen Stein und versuchte etwas darin zu erkennen, aber außer meinem eigenen Spiegelbild war dort nichts. Und doch – irgendwie hatte der Spiegel etwas Magisches an sich, denn ich spürte eine magnetische Kraft, ein leichtes Vibrieren und lautloses Brummen, wenn ich ihn berührte. Mehr geschah allerdings nicht.

Milan schwang sich wieder auf, um seine Bahnen am Himmel zu ziehen, und San Saiman und Graubart ließen sich nieder. So saßen wir beieinander, bis es dunkel wurde, während ich den Überlegungen meiner Gefährten und ihren Gesprächen lauschte.

Dann ging der Mond auf, und als das Mondlicht sich in der silbernen Oberfläche brach, sah ich, wie warmes Licht von ihr reflektiert wurde.

Ich stand auf und lief hinüber - und blickte ohne zu zögern hinein.

Die silberne Oberfläche lag jetzt im Nebel, und der Spiegel entfaltete seine ganze Magie. Als hätte man einen Stein ins Wasser geworfen, breiteten sich feine Wellen und Linien auf seiner Oberfläche aus. Unter meinen Augen formten sich silbrige Kräuselbilder. Mir war, als betrachtete ich einen Film in Silberweiß, so zogen die Szenen dahin, und ich sah viele Stationen meines Lebens. Ich sah die Freude und Trauer in meinem Leben. Ich sah das Gute und das Schlechte, das ich getan hatte. Ich spürte noch einmal jegliches Leid und jegliche Heiterkeit, erkannte die Menschen, die mich wahrhaft liebten, und jene, die mich enttäuscht hatten. Gnadenlos entdeckte ich die Fehler, die ich begangen hatte, sah aber auch, welchen Menschen ich Freude bereiten konnte. So blickte ich mir selbst in die Seele, erkannte und wusste, dass einzig in mir die Antwort auf meine Sehnsüchte lag.

Als diese Bilder vorbei waren, zeigte mir der Spiegel auch die Antwort auf meine Frage nach der Atlantischen Kristallbibliothek und gewährte mir einen Blick in meine Zukunft. Doch über den Ausgang meiner Reise ließ er mich im Ungewissen. Da sah ich nur leichte Wellen im Nebel auf der silbernen Fläche des Steines der Wahrheit.

Was ich gesehen hatte, war mir nahegegangen. Der Spiegel vermochte meine Ängste ebenso wiederzugeben wie meine Hoffnungen, und als ich noch einmal kurz hineinschaute, sah ich das Gesicht Mathabs, die mir freundlich zulächelte. San Saimans Schwester war die Hüterin des Mondes, und hier konnte sie sich offenbar zeigen.

Ich hörte sie in meinem Kopf flüstern: »Heile das Herz der Erde!« Kaum hatte sie das gesagt, war sie auch schon wieder verschwunden.

Als die Vision beendet war, trat ich von dem Spiegel zurück und gesellte mich wieder zu San Saiman und Graubart. Der Zwerg zwinkerte mir zu. »Beim Barte meines Großvaters«, sagte er. »Du siehst ja aus, als hättest du in diesem Zauberspiegel einen grässlichen, boshaften Zwerg erblickt. Hat es dir vor Schreck die Sprache verschlagen?«

Ich musste lachen. Dennoch war ich traurig, denn ich hatte etwas von meiner Zukunft im Spiegel gesehen, was mir gar nicht gefallen hatte. Darüber sagte ich jedoch nichts. Ich berichtete lediglich: »Ich habe Mathab im Spiegel gesehen. Sie forderte mich auf, das Herz der Erde zu heilen.« San Saiman schaute mich an, und ich glaube, er wusste, was ich gesehen hatte, aber auch er sagte dazu kein einziges Wort.

Stattdessen meinte er: »Kommt, lasst uns keine Zeit verlieren. Geschlafen haben wir genug dieser Tage. Lasst uns das Herz der Erde finden. Hast du im Spiegel gesehen, wohin die Reise gehen soll?« Bei dieser Frage schaute er mich festen Blickes an.

»Ich sah uns den Fels hinabsteigen«, antwortete ich leise. »Am Fuße des Felsens liegt ein Fluss. Von da aus haben wir ein Boot genommen.«

»Beim Barte meines Großvaters und meiner Ahnen. So einen Spiegel will ich auch in meinem Königreich. Das sind ja wieder Veränderungen, Lichtmann, unglaubliche Veränderungen!« Er sprang mit einem Satz den nächsten Felsvorsprung hinunter.

San Saiman blickte ihm nach und kam dann zu mir. »Ich weiß, was du im Spiegel gesehen hast. Bitte sag es ihm nicht!« Er nahm meine Hände in seine und blickte mich mit leuchtenden Augen an. Milan stieß vom Himmel herab und setzte sich auf meine Schulter.

So standen wir eine Weile, und mir wurde ganz warm ums Herz. Tränen stiegen in mir auf.

»Nein, Carino, weine nicht. Es ist alles so vorherbestimmt. Glaube mir.« Er strich mir die Haare aus dem Gesicht und sagte lächelnd: »Du bist schon eine ganz außergewöhnliche Menschenfrau. Du hast ein mutiges Herz, Carino!« Näher war mir

San Saiman nie gewesen. Mir wurde heiß, und unwillkürlich lief ich rot an. In diesem Moment spürte ich, dass er ein wahrer Freund war.

Graubart war schon vorausgegangen. Nach einer Weile folgten wir ihm und stiegen den silbernen Felsen hinab bis zum Ufer des Flusses, den ich im Spiegel gesehen hatte.

22

Das Herz der Erde

Je weiter wir auf dem Felsen nach unten gelangten, desto lauter wurde das Rauschen wild tosenden Wassers. Von den silbrigen Stufen aus konnte man erkennen, wie das grünblaue Wasser am Fuß der Felswand brodelte und schäumte, als es atemberaubend schnell durch eine schmale Schlucht gepresst wurde. An manchen Stellen bildete sich Nebel über den Felsen, in dem die Wassertropfen bunt aufblitzten. Knorrige, niedrige Bäume säumten das Flussbett, und viele Vögel kreisten über dem Wasser und versuchten die schillernden Fische zu schnappen, die hin und wieder flussaufwärts sprangen, auf dem Weg zu ihren Brutstätten. Das tiefe Grünblau des Wassers erinnerte mich an eisblauen Edelstein.

Auch Graubart sprang flink von Stein zu Stein. Er war unglaublich geschickt für seine Zwergengröße. San Saiman und ich folgten ihm die silbrigen Stufen hinab bis zu einem schmalen Pfad, der am Felsufer entlangführte. Ihm folgten wir, bis vor uns ein riesiger Wasserfall in die endlos wirkende Tiefe stürzte. Ein gewaltiger Regenbogen leuchtete über ihm, und das Wasser funkelte in unwirklichem Blau. Graubart blieb am oberen Rand des Wasserfalls stehen, und wir blickten beeindruckt auf das Farbenspiel.

»So habe ich es von den Kosmischen Ältesten gehört«, sagte San Saiman. »Hier am Grunde des Wasserfalls muss das Herz der Erde liegen. Es soll behütet werden von einem Drachen, der die Herzen all jener prüft, die das Herz der Erde aufsuchen wollen. Es heißt, dass es noch niemandem gelungen ist, an diesem Wächter vorbeizukommen.«

Ich sah San Saiman und Graubart an. »Es ist auch noch niemals einem Menschen gelungen, in diese Welt zu gelangen. Im Spiegel habe ich gesehen, dass wir das Herz finden werden. Es muss einen Weg nach unten geben.«

»Beim Barte meines Großvaters und meiner Ahnen.« Graubart nickte. »Wir werden einen Weg finden müssen, sonst wäre unsere Reise ja vergebens gewesen.« Wir einigten uns darauf, am Rand des Wasserfalls nach Stufen oder dergleichen zu suchen.

Vorsichtig tasteten wir uns die glitschigen Felsen entlang, die den Fluss wie ein Trichter tief in den Abgrund führten. Doch nirgends konnten wir einen Zugang finden. Das Wasser stürzte aus dem Flussbett hinab, schien aber unter der Erde weiterzufließen.

Graubart runzelte die Stirn, und auch mir wurde klar, dass es keinen Abstieg in die Tiefe gab. Es blieb uns nichts anderes übrig, als mit den tosenden Wassermassen ins Ungewisse zu stürzen oder nicht nach unten zu gelangen. Aber die Fluten hätten uns erstickt, und es wäre auch unser Tod gewesen, einen solchen Sprung in die Tiefe zu wagen.

San Saiman schickte Milan aus, um zu erkunden, wie weit das Wasser wohl nach unten stürzte. Der brave Vogel machte sich mit einem kurzen Schrei gehorsam auf den Weg und flog in Spiralen immer tiefer in den Wasserfall hinein.

Der Blick des Lichtmannes verklärte sich. Immer wieder war es mir aufgefallen, dass San Saiman ohne mein Dazutun meine Gedanken und Gefühle erfasst hatte, einfach indem er sich empathisch auf mich einstellte, und auf die gleiche Weise konnte er sich mit dem Vogel verbinden und mit ihm fühlen, als er zusehends tiefer in den brodelnden Abgrund fiel. Der Sturz war für den Vogel keineswegs ungefährlich, denn die Luftströmungen innerhalb des Wasserfalls würden es ihm schwer machen, wieder nach oben zu kommen.

San Saimans Blick wurde starr. Plötzlich durchzuckte es ihn, und er riss die Arme nach oben. »Achtung, duckt euch!« Er stürzte sich auf mich und warf mich um. Graubart stotterte mit fassungslos aufgerissenen Augen: »Was beim Barte ...!« San Saiman ließ ihn nicht aussprechen, sondern zerrte ihn am Arm ebenfalls zu Boden.

Sein Oberkörper lag auf meinem Gesicht, so dass ich kaum etwas sehen konnte, als ein dunkles Grollen aus der Tiefe des Trichters erklang. Die Erde fing an zu beben, und der Felsengrund zitterte. Rechts und links von uns krachten Steinbrocken nieder, und lautes Brodeln und Zischen drang aus dem Wasserfall unter uns.

»San Saiman, was ist hier los?«, schrie ich. »Ich will etwas sehen!«

Der Lichtmann wälzte sich etwas zur Seite, so dass ich in den Kessel des Wasserfalls blicken konnte. Es schien, als wäre der Trichter zu einem brodelnden Kochtopf geworden. Hellrot glühte es unter dem Blau des Wassers, und heiße Schwaden gischteten nach oben. Ich sah, wie ein Schemen senkrecht heraufgeschossen kam. *Milan!* Unter lautem Gekreisch und mit all seiner Kraft schwang der Vogel sich vor den heißen, fast kochenden Wassermassen in die Lüfte. Mir verschlug es den Atem bei diesem Anblick.

Graubart duckte sich vor herabfallenden Steinen, und ein heftiger Erdstoß erschütterte die Felsen um uns herum. Das Wasser verteilte sich wie eine Fontäne über uns. Glühend rot schien etwas Lavaartiges das brodelnde Wasser nach oben zu treiben. Ein riesiger Geysir schoss in die Höhe. Heißes Wasser krachte rechts und links neben uns auf den Fels, und noch mehr Gestein lockerte sich aus den Felswänden über uns.

San Saiman griff nach Graubart, weil er fürchtete, der Zwerg könne durch die Wucht der Steine mitgerissen werden. Milan schwebte hoch am Himmel und kreischte aus lauter Furcht um seinen Herrn.

Als San Saiman nach ihm pfiff, stürzte der Vogel sich zu ihm hinab und landete zitternd auf San Saimans Rücken. Mir war, als könnte ich den wilden Herzschlag des Vogels durch den Körper spüren, der immer noch schützend auf mir lag. Noch zweimal erschütteten furchtbare Erdstöße den Boden unter uns.

In jäher Angst tastete ich nach Corazon de Luz auf meinem Rücken, um herauszufinden, ob er in Sicherheit war. San Saiman zischte heiser: »Beweg dich nicht!« Langsam ließen die Erdstöße nach, und ich wagte einen kurzen Blick in den Trichter des Wasserfalls.

Abermals ermahnte mich San Saiman: »Vorsicht, Carino, er ist noch da unten.«

Ich verstand nicht, was er meinte. Doch nach einigen Augenblicken konnte ich sehen, was die Erdstöße vorhin ausgelöst hatte. Das Wasser war wohl tief unten im Felsen nicht mehr abgelaufen, weil etwas den Abfluss versperrt hatte. So war ein mit Wasser gefülltes Becken entstanden, und darin bewegte sich etwas.

Es war hellrot und wirkte wie fließende Lava, die von unten das Wasser erhitzte – ein Lichtschein, der sich bewegte –, und manchmal schossen helle Feuerflammen durch die brodelnde Wasseroberfläche. Als ich mich an den Rand des Trichters vorschob, um besser hinuntersehen zu können, erkannte ich auch, worum es sich handelte.

Eine Drachengestalt! Ein durchsichtiger Drache!

Und er schwamm nun an der Oberfläche des Wasserbeckens. Aus seinem Rücken loderten Feuerflammen, und es schien, als würde das Brodeln um ihn herum rötlich glänzen. Auf seinem eckigen Kopf saß eine runde Krone aus Schuppen, die ihn vom Hals aufwärts umkränzten. Seine Augen waren feuerrot, und die Flammen traten aus seinem Körper, ohne dass man sie an seinem durchsichtigen Körper hatte sehen können.

»Wie flüssiger Kristall«, schoss es mir durch den Sinn, »der im Sonnenlicht glänzt.«

Als er wütend schnaubte, spiegelte sich der Feuerschein von seinem Rücken auf seiner gläsern wirkenden Haut und ringsum im schäumenden Wasser, und unaufhörlich spie sein kristallenes Maul rote Flammen. Er blickte sich suchend um.

Offensichtlich hatte Milan bei dem Versuch, den Wasserfall zu erkunden, die Aufmerksamkeit des Drachen auf sich gezogen, der nun wieder seine Aufgabe als Hüter des Herzens der Erde wahrzunehmen begann. Unruhig schwamm er in dem Becken umher, das sich durch die nachschießende Flut aus dem Wasserfall immer weiter anfüllte.

»Duckt euch!«, flüsterte San Saiman. »Bewegt euch nicht!«

Nur langsam beruhigte sich die Erde, und einige letzte Steine stürzten in die Tiefe. Unwillkürlich hielt ich den Atem an, denn wenn das blaue Nass höherstieg, konnte der Drache uns sehen, und mir war klar, dass dieser wilde und wütende Wächter nicht lange fackeln würde, sobald er uns als Eindringlinge identifiziert hatte.

Zornig schnaubte er, einmal, zweimal, und blickte aus lodernden Augen nach oben. Er sah uns nicht in den Dampfschwaden des Wassers. Und nach einer Weile schwamm er mit einem entschlossenen Ruck seines Schwanzes zurück in die Tiefe. Der hellrote Widerschein der Flammen verschwand, und das Wasser konnte endlich nach unten abfließen.

Mein Herz raste vor Aufregung. Wir warteten noch etwas, bevor wir uns langsam erhoben. Es gelang mir nur mit Mühe, so sehr war mir der Schreck in die Glieder gefahren. Graubart brummelte unverständliches Zeug, wobei er sich die Barthaare glattstrich. Milan wechselte von San Saimans Rücken auf dessen Schulter. Mit weit aufgerissenem Schnabel und abgespreizten Flügeln hechelte er nach Luft. Es hatte ihn unglaubliche Anstrengungen gekostet, ohne Aufwind senkrecht vor dem Drachen in die Höhe zu flüchten.

»Carino!« San Saiman sah mich an. »An dem kommen wir auf keinen Fall vorbei!«

Mein Herz klopfte noch immer. »Nicht auszudenken, was geschehen wäre, wenn wir in die Tiefe gesprungen wären. Das wäre das Ende unserer Reise gewesen!«

Graubart sagte nichts mehr. Bestimmt war der Zwerg nur selten in seinem Leben sprachlos, aber dies war eine jener seltenen Gelegenheiten.

Ich überprüfte, ob Corazon de Luz noch in seinem goldenen Beutel steckte. Er war noch da, und er war unversehrt. Ich lächelte

San Saiman dankbar zu, der mein Lächeln erwiderte. Wir standen alle am Rand des nun wieder frei ablaufenden Wasserfalls und begriffen, dass wir auf diese Weise nicht zum Herz der Erde gelangen konnten.

»Carino, denk nach. Was hast du im Stein der Wahrheit gesehen? Du sagtest etwas von einem Boot!«, wollte San Saiman wissen.

»Ja, ich sah ein Boot, in dem wir den Fluss entlangfuhren. Den Wasserfall habe ich aber nicht in Erinnerung.«

Graubart zupfte sich wieder den Bart. Der Zwerg war noch ganz weiß um die Nase. »So ein Boot wäre nicht schlecht«, überlegte er laut, »aber auch mit einem Boot kämen wir nicht an dem wütenden Drachen vorbei.«

San Saiman nahm seine Flasche mit Lichtwasser und gab Milan davon zu trinken, der ermattet auf seiner Schulter saß. »Es muss hier irgendwo am Fluss ein Boot geben. Milan, mein Freund, ich weiß, du bist erschöpft, aber wir haben es eilig. Du musst das Boot für uns finden.« Er streichelte den durstig trinkenden Vogel.

San Saiman schaute mich an und wollte mir die Flasche ebenfalls reichen. Kopfschüttelnd lehnte ich ab. Ich hatte mir vorgenommen, so wenig wie möglich davon zu trinken, denn ich wusste, der Vorrat war knapp geworden.

Der Lichtmann runzelte die Stirn und verstaute das Lichtwasser wieder unter seinem Mantel. Die Situation, in der wir uns befanden, erschien ziemlich hoffnungslos. Als der weiße Vogel sich erholt hatte, brach er auf und flog entlang des schroffen Flussbettes, um das Boot zu suchen, das ich im Spiegel der Wahrheit gesehen hatte.

Während wir warteten, erzählte mir San Saiman, was er über das Herz der Erde wusste: »Das Leben auf diesem Planeten ist ein einzigartiger Schöpfungsakt aus vielen verschiedenen Bausteinen auf der feststofflichen sowie auf der feinstofflichen Ebene. Bei seiner Schöpfung haben die Kosmischen Ältesten ihn mit einem lebendigen Herzen ausgestattet. Das Herz der Erde ist die heiligste Kraftquelle des Planeten.

Ihr Menschen habt in eurem Körper ein ebensolches Herz. Es ist rein physikalisch dafür verantwortlich, das Blut durch euren Körper zu pumpen, aber es gibt noch viele weitere Aufgaben, die es zu erfüllen hat. Es ist ein Takt- und Rhythmusgeber für die Frequenzen in eurem Körper sowie für eure Seele. Und so wie das menschliche Herz das Blut im Körper verteilt, hat das Herz der Erde die Aufgabe, das Wasser des Planeten im Fluss zu halten – auf der Frequenzebene des feinstofflichen Körpers der Erde. Je nach Rhythmus schneller oder langsamer. So werden Informationen und Botenstoffe weitergeleitet.

Noch eine andere wichtige Funktion hat das Herz. Bei den Menschen ist es dank der gefühlten Liebe in der Lage, die Zellen in göttliche Heilschwingung zu versetzen. Wenn ihr Liebe fühlt und welche empfindet, öffnet sich euer Herz, und ihr könnt Vergebung und Heilung erfahren, weil Gott durch eure Herzen lächelt. Und auch Mutter Erde hat die Möglichkeit, mit dem Herzen zu lächeln, wenn sie Liebe empfindet.

Die Kosmischen Ältesten haben der Erde ein Herz aus reinem Kristall gegeben. Es ist der Sitz der gefühlten Liebe Gottes und der Ursprung aller Dinge.

Die Erde fühlt über dieses Herz und ist dort mit dem Schöpfer aller Universen verbunden. Auf diese Weise werden Rhythmen und Impulse mit dem morphogenetischen Feld ausgetauscht. Erinnere dich an den singenden Felsen. Er leitet die empfangenen Lichtimpulse wie ein Gehirn durch die Schlange des Lichtes an die Kraftpunkte der Erde. Gaia, die Erdengöttin, erschafft die Lichtbewegung in der Materie, indem sie den Fluss des Lichtes mit der Materie der Erde verbindet.

Die Herzen aller Lebewesen waren früher mit dem Herz der Erde im Gleichklang. Alle Herzen aller Wesen schlugen im selben Rhythmus, und es gab nur die göttliche Liebe, die alle Wesen einschließlich der Erde selbst zum Lächeln brachte. Die Kosmischen Ältesten wollten, dass ihr eins sein könnt mit eurem Planeten. So schufen sie ein großes Herz aus Kristall und versahen es mit den Schwingungen der göttlichen Liebe.

Immer dann, wenn sich das Herz der Erde mit Freude füllte, schwang die Erde im Gleichklang und gab das göttliche Licht durch den Herzkristall in die Wasser ab, die auf Erden fließen. Das war ein wahrhaft heiliger Vorgang, denn mit dem Wasser erfüllte Gottes Geist auch alles Leben auf Erden mit seiner Glückseligkeit. Irgendwann fingen die Menschen jedoch an, ihr Herz für die Erde zu verschließen, und es gab keine wärmenden Gedanken mehr für den Planeten. So verschloss sich auch das Herz der Erde in seinen Gefühlen und hörte auf, die Schwingungen der göttlichen Liebe weiterzugeben.

Du siehst, der Fluss führt zwar zum Herzen der Erde hin, aber nicht wieder hinaus. Und der Wächter des Herzens zeigt, dass Mutter Erde sich nicht öffnen will in dieser Zeit. Aber wenn das Herz der Erde nicht geheilt wird, gibt es keine Hoffnung für das göttliche Bewusstsein des Friedens oder des Glückes auf Erden.«

Ich fragte: »Wie kann man das Herz der Erde heilen?«

San Saiman sah mich traurig an. »Es tut mir leid, Carino, ich weiß es nicht.« Graubart warf ein: »Wenn du es nicht weißt, San Saiman, wer soll es dann wissen?«

Da kam Milan von seinem Erkundungsflug zurück. Er hatte am oberen Flussrand ein Boot entdeckt. San Saiman beendete seine Schilderung und winkte hastig zum Aufbruch. »Wir haben wenig Zeit, erinnert euch, das Lichtwasser verliert seine Wirkung!« Er zeigte auf meinen Arm, der schon deutlich weniger Leuchtkraft aufwies.

Es war bereits eine Weile her, seit ich von dem Lichtwasser getrunken hatte. Trotzdem wollte ich weiterziehen, ohne nochmals von dem heiligen Wasser zu trinken.

23

Die heiligen Wächter der Sternenstadt

Wir mussten einen schmalen und unwegsamen Pfad nehmen und an manchen Stellen über blanken Stein springen, um voranzukommen. Graubart hatte große Mühe, auf seinen kleinen Beinen mitzuhalten, während wir vorsichtig Milan folgten, der uns vorausflog und hin und wieder auf einer knorrigen Kiefer rastete, die windschief an den Vorsprüngen wuchsen. Unten toste das Wasser in unglaublicher Geschwindigkeit an uns vorbei. Ein einziger Schritt daneben hätte zur Folge gehabt, dass wir abstürzten und vom Strom geradewegs in den Wasserfall gerissen wurden. Die Schlucht war felsig und steil.

Nach einem anstrengenden Klettermarsch, der nur sehr langsam voranging, gelangten wir an eine Anzahl von Felsvorsprüngen, die nach Art einer natürlichen Treppe in eine große, mit Kies gesäumte Bucht mündeten. Gleichzeitig weitete sich der Flusslauf, und ein ruhigerer Nebenarm führte in die Bucht. Erleichtert stiegen wir hinunter.

Ein Teil der Bucht wand sich sichelförmig unterhalb der Felsens entlang. Das hatte man von unserem Abstiegspfad aus nicht sehen können. Und so gelangten wir unverhofft an eine Anlegestelle, die alt und morsch war – und nirgends war ein Boot zu sehen. Es hatte fast den Anschein, als läge dieser Steg schon seit Anbeginn der Zeit einsam und verlassen da.

»Beim Barte meines Großvaters und meiner Ahnen«, rief Graubart, »hier müssen Zwerge gewesen sein!« Er hielt einen winzigen

Bootstrick in der Hand und bückte sich nach einer ebenso kleinen Gürtelschnalle, die auf der Landebrücke lag. Über das ganze Gesicht strahlend hielt er sie in die Luft. »Das ist ein Zwergengürtel, ganz gewiss.«

San Saiman blickte sich wachsam um. Mir war nicht wohl bei dem Anblick des verwaisten Bootsstegs. Graubart jedoch war ganz in seinem Element. Schniefend nahm er Witterung auf. »Wenn hier eine Zwergenstadt ist, dann brauche ich nur meiner Nase nachzugehen.«

»König Graubart und seine gute Nase!«, lachte San Saiman. Er hielt nach Milan Ausschau, der zu einem Felsen geflogen war und sich dort niedergelassen hatte. Neugierig gingen wir hin – und wirklich hockte er dort im Eingang zu einem Höhlensystem.

Als San Saiman sich näherte, flatterte Milan auf seine Schulter, und wir betraten die Höhle. Dicke Spinnennetze mit klumpigen Fäden versperrten die Öffnung, der Boden war feucht und glitschig, und es war dunkel, aber von irgendwoher drang schwaches Licht. Nach wenigen Metern gelangten wir in ein Gewölbe, das in eine Art Garten führte. Er war völlig verwildert, aber kleine Mauern und Absätze zeugten davon, dass hier etwas angebaut worden war. An der Wand sah man eine kleine Einfriedung, auf der dünne Baumstämme aufeinandergesetzt waren. Das mochte einmal eine Hütte gewesen sein. San Saiman ging hinein und brachte kleine Tonkrüge und winzige Löffel mit hinaus.

Graubart stockte der Atem. »Zwerge, beim Barte meines Großvaters, das ist das Werk von Zwergen! Ich dachte, ich hätte sie alle in den Schlaf gezaubert. Wie kommen diese Sachen hierher? Und wo sind die Zwerge, die einst hier gelebt haben?«

»Ich fürchte, du hast sie nicht alle in den Schlaf gesungen«, antwortete der Lichtmann schmunzelnd, »denn auch auf der Erdoberfläche gibt es noch Geschichten von Zwergen, die bei den Menschen leben. Vielleicht sind diese Zwerge auch aus einer anderen Dimension der Erde hierhergekommen. Jedenfalls scheinen sie auf etwas gewartet zu haben.« Er wurde nachdenklich. »Lass uns nachsehen, ob wir noch mehr Sachen finden.

Vielleicht entdecken wir einen Hinweis darauf, was sie hier getrieben haben.«

Erneut betrat San Saiman die Hütte, und mir blieb gerade genug Zeit, den Zwerg fragend anzublicken, als der Lichtmann mit einem Buch in der Hand wieder herauskam. Es war alt und brüchig und hatte Blätter aus getrockneten Pflanzen. Die Schrift war mit Pflanzensaft auf die Blätter aufgetragen worden. Es waren Runen oder ähnliche Zeichen. Die Blätter waren braun, und das Buch begann schon in seine Einzelteile zu zerfallen.

Graubart nahm diese Kostbarkeit in seine kleinen Hände. »Das ... das ist Zwergensprache«, stotterte er. »Ich werde es euch vorlesen!«

Wir suchten ein paar Steine zusammen und ließen uns nieder. San Saiman sammelte außerdem Zweige und machte mit den Steinen und einigen ungenutzten Blättern aus der Hütte ein Feuer. Auch ein alter Kochtopf stand noch herum, und so schickte er sich nun an, einen Tee aus getrockneten Pflanzen zu kochen.

Graubart hatte bereits angefangen zu lesen und schniefte ab und zu durch seine Nase. Der kleine König war sichtlich ergriffen, denn das Buch musste sehr lange dort gelegen haben. Mit zögerlicher Stimme begann er vorzulesen:

Wir schreiben das Jahr 10.000 nach dem Vergessen. Die heiligen Wächter der Sternenstadt haben uns gesagt, dass die Kosmischen Ältesten die Erde bereits verlassen haben. Die heiligen Tafeln wurden durch die Wasserpforte zum Herz der Erde gebracht. Unsere Familien und Freunde aus den anderen Welten melden sich schon lange nicht mehr. Uns wurde gesagt, dass der Bote der Neuen Zeit hier an diesem Fluss rasten würde. Nun, wir harren schon einige Zeit hier aus, aber niemand ist bis jetzt gekommen.

Im Stein der Wahrheit haben wir eine Menschenfrau mit einem Schädelstein der Alten Tage gesehen. Die Mondgöttin lächelte uns durch den Nebel an und sagte uns, wir sollten ein Boot bereithalten. Aber wir warten nun schon fünfzig Jahre, und niemand ist gekommen. Das Wasser steigt stetig, und wir mussten die Stadt am Wasserfall inzwischen aufgeben. Der Wasserdrache speit immer öfter Feuer, und wenn man nur in seine Nähe kommt, verschlingt das Wasser jeden, der das Losungswort nicht kennt. Wir sind ratlos.

Noch einmal haben wir den Spiegel befragt – bei Vollmond. Da haben wir den Sonnenkönig im Spiegel gesehen mit seinem weißen Vogel. Auch sahen wir den Zwergenkönig der Alten Welt, und so sind wir nun sicher, dass diese beiden kommen werden.

Wir halten aus, aber das Essen wird knapp hier unten. Und das Wasser wird immer wilder, so dass wir den Fluss nicht mehr befahren können. Den Bootssteg mussten wir aufgeben. Wir haben das Boot am anderen Ufer in einer Höhle vertäut, da ist es sicher, und wir hoffen, dass die Menschenfrau mit dem Schädelstein bald erscheinen wird. Zwei von uns sind bereits am hohen Alter verstorben. Essen zu besorgen wird immer beschwerlicher, und auch den Aufstieg zum Spiegel der Wahrheit und in den Wald schaffen wir nicht mehr.

Es fällt uns immer schwerer, hier noch am Leben zu bleiben. Die Hütte ist feucht, und die Glieder schmerzen. Wir sind schon dreihundert Jahre alt, und allmählich verlässt uns die Hoffnung, dass wir der Menschenfrau noch begegnen werden. Aber wir sind sicher, dass sie kommen wird. Die Kosmischen Ältesten haben es angekündigt.

Das Herz der Erde hat aufgehört zu schlagen, und das Wasser fließt nicht mehr auf der anderen Seite des Wasserfalls. Es staut sich zusehends, und der Drache schläft seit langem. Die Wächter der Sternenstadt sind nicht mehr wiedergekommen. Vielleicht haben sie uns vergessen. Mit letzter Kraft wollen wir versuchen, die Wächter der Sternenstadt am anderen Ende des Flusses zu besuchen. Wir wollen wissen, was wir tun sollen.

Wir lassen einige Sachen in unserer Hütte, falls die Menschenfrau, der Sonnenkönig oder der Zwergenkönig doch noch hierherfinden. Und wir haben beschlossen, die vorliegenden Zeilen niederzuschreiben, und werden auch das Buch in der Hütte verwahren.

Wir haben lange an diesem Ort ausgehalten, aber nun wissen wir uns keinen Rat mehr. Wir hoffen, dass das Schicksal der Erde der alten Prophezeiung folgt, und senden unsere guten Gedanken den vielen, die diese Aufgabe mit Leben erfüllen.

Wir werden uns alle in den Welten Gottes wiedersehen – welches Geschick die Erde auch ereilen möge. Und wir rufen alle Wesen, die mithelfen können, das Geschick der Erde zu heilen, um Hilfe an. Tut alles, was ihr könnt, um den Planeten zu retten. Die Prophezeiung muss erfüllt werden für alle Kinder aller Völker dieser Erde. Und wenn es irgendwo auf dieser Erde noch Zwerge gibt, so sagt ihnen, dass es auf vielen dimensionalen Ebenen der Erde Zwerge gibt und dass sie mit Mut an der Heilung der Erde arbeiten.

Richtet eure ganze Liebe auf die Menschen der oberen Erde. Es sind gute Wesen, sonst würde keine Menschenfrau hier Einlass finden. Wenn dereinst die Menschenfrau diese Zeilen lesen sollte, so wünsche ich, dass sie den anderen Menschen mitteilt, wie sehr wir die Menschenvölker der Erde lieben. Auf euch ruht nun die Hoffnung aller.

Maya, Königin der Zwerge der Inneren Erde

Graubart schluchzte bei den letzten Worten, und auch ich war sehr berührt von dem, was ich gehört hatte. Es gab also auf mehreren dimensionalen Ebenen Zwerge. Früher einmal hatten sie in Kontakt miteinander gestanden. Vermutlich war es Graubarts Zauber des Vergessens zu verdanken, dass die Zwerge der Inneren Erde nichts mehr von den anderen Zwergenvölkern gehört hatten.

»San Saiman, ist dir die Sternenstadt ein Begriff?« Mich erfüllte jähe Sorge, wie wir jetzt ohne die Hilfe der Zwerge weiterkommen sollten.

Graubart zupfte sich den Bart. »Ich bin stolz darauf, ein Zwerg zu sein. Die Zwerge der Inneren Erde haben gewusst, dass wir kommen. Sie wussten nur nicht, wann es so weit sein würde. Es berührt mich sehr, dass wir ein Teil der Prophezeiung sind, und ich will alles tun, um meinen Teil dazu beizutragen, dass die Erde von ihrer Traurigkeit geheilt werden kann. Ich habe lange genug geschlafen, und es war falsch, mein Volk in den Schlaf des Vergessens zu zaubern. Das weiß ich jetzt.

Beim Barte meines Großvaters und meiner Ahnen, ich war ein dummer und törichter Narr. Während unsere Stämme gekämpft haben, bin ich in meinem Selbstmitleid zu weit gegangen.

Viele von uns hätten helfen können, den Weg zum Herz der Erde leichter zu machen. Aber das ist nun nicht mehr zu ändern. Ich kann nur versuchen, alles wiedergutzumachen. Meine Familie schläft noch immer, und ich kann den Zauber erst lösen, wenn ich meinen Teil der Prophezeiung erfüllt habe.

Es tut mir leid, Carino, dass ich es nicht besser gemacht habe. Nun stehen wir hier vor einer Situation, die unlösbar erscheint, und ich bedaure, dass mein Volk aus meiner Dummheit heraus nicht besser helfen konnte, dir den Weg zur Atlantischen Kristallbibliothek zu erleichtern. Niemand weiß, ob wir es schaffen werden. Unsere Reise hat gerade erst begonnen, schwierig zu werden.«

Er schniefte und umarmte mich in Hüfthöhe, denn er war gerade so groß, dass er mir bis zum Oberschenkel reichte. Aus seinen kleinen Augen kullerten Tränen, als er sein Gesicht fest gegen mein Bein presste. »Verzeiht mir, ihr Menschenvölker der Erde, ich habe über euch geurteilt und über mein eigenes Reich nicht hinausgeblickt. Es tut mir so leid!«

Ich kniete mich vor ihn und schlang die Arme um ihn. »Graubart, kleiner König mit dem großen Herzen, sei nicht traurig. Du hast dein Volk aus Liebe in den Schlaf geschickt, damit es die Trauer nicht spürt. Was wir Menschen getan haben, ist noch viel schlimmer. Wir haben alles um uns herum vergessen. Wir glaubten die Krone der Schöpfung zu sein. Wir waren geblendet von Macht und der Gier nach Reichtum. Wir haben die Erde und alle Wesen, die darin und darauf leben, vergessen. Wie gerne würde ich *das* ungeschehen machen. Das ist der Grund, warum wir alle hier sind, ist es nicht so?«

Graubart stupste mir mit dem Finger auf die Nase. »Beim Barte meines Großvaters, du riechst nach Mensch, Carino!« Er zwinkerte erleichtert. »Du hast mir gezeigt, dass in den Menschen sehr viel Gutes ist. Du liebst deine Familie genau wie wir die unsere, und du hast großen Mut bewiesen.« Lachend sprang er auf. »Wir werden doch jetzt nicht aufgeben, oder?« Er drehte sich fragend nach San Saiman um, doch der war verschwunden.

»Wo …?«, entfuhr es ihm, aber da sahen wir ihn schon aus der zerfallenen Hütte kommen. Mit einem Bündel in der Hand eilte er herbei. »Ich habe noch etwas von den getrockneten Kräutern geholt. Kommt, wir dürfen keine Zeit verlieren.« Er sagte das so ernst, dass ich wusste, er machte sich Sorgen um mich. »Wir müssen das Boot finden, schnell!«

Die Sonne stand jetzt hoch am Himmel, und es war heiß geworden, als wir zum Bootssteg zurückliefen. San Saiman schickte Milan ans andere Ufer des Flusses, um nach dem Boot zu suchen. Das Wasser toste noch immer mit unglaublicher Gewalt durch das Flussbett. San Saiman sah, dass Milan einen Felsvorsprung entdeckt hatte, unter dessen herabstürzenden Wassermassen er hindurchzufliegen versuchte.

»Da, seht – Milan hat unter der Kaskade einen Höhlengang entdeckt!« San Saiman deutete in Richtung des Vogels. Das Wasser rauschte dort in hohem Tempo unten hindurch und von oben herab, und ich wusste nicht, wie wir dort hingelangen sollten. »Carino, Großmütterchen hat dir doch einen Meteoritensplitter ausgehändigt. Gib ihn mir bitte!«

Sofort holte ich aus meinem Gewand das Tuch, in das ich den Splitter eingeschlagen hatte, den die weise Frau mir gegeben hatte, und reichte ihn San Saiman. Er hielt ihn in die Sonne, und ein gleißender Strahl schoss hervor, so dick wie ein Tau – und der Lichtmann richtete ihn auf den Felsvorsprung, vor dem Milan immer noch kreiste.

Unter sonderbarem Gemurmel goss er etwas Lichtwasser auf den Strahl. Das Licht manifestierte sich und wand sich wie eine Schlange um einen mächtigen Felsbrocken gleich neben dem Vorsprung am anderen Ufer. Der Strahl sah aus wie flüssiges Glas, und er schien wie ein dicker Spinnenfaden an dem Felsen zu haften.

»So, nun müssen wir dort hinüber«, wandte sich San Saiman an uns. »Trinkt beide von dem Lichtwasser, sonst seid ihr zu schwer für mich. Ich werde euch mitnehmen.« Er reichte uns das Gefäß mit dem Lichtwasser, und zuerst schüttelte ich den Kopf. Ich wollte das Wasser sparen, aber San Saiman bedeutete mir eindringlich zu trinken.

Ich spürte sofort die Wirkung des Wassers. Mir wurde leichter ums Herz, und ich leuchtete wieder in intensivem Licht. Auch Graubart nahm einen Schluck, wobei er vergnügt schlürfte. »Beim Barte meines Großvaters und meiner Ahnen, Lichtmann, dass ich dein Glückswasser noch einmal trinken darf, verzückt mich und versetzt mich in große Freude.«

San Saiman holte den Lichtstrahl ein, der durch den Meteoriten entstanden war und wie feste Materie wirkte, und verwendete ihn wie ein Seil. Er schlang ihn um seine Hüften, hob den Zwergenkönig auf seine Schulter und presste mich an sich, bevor er mir tief in die Augen blickte. »Egal, was passiert, du darfst mich nicht loslassen.«

Mit einem Mal wurde mir klar, was nun geschehen würde. Ich erinnerte mich an das, was ich im Spiegel gesehen hatte. San Saiman und ich hatten es gewusst, aber durch die Aufregungen völlig vergessen. Mein Herz verkrampfte sich. Meine Augen füllten sich mit Tränen. Ich schüttelte den Kopf und rief: »Nein, ich bin noch nicht so weit. Ich schaffe es nicht. Bitte lass uns einen anderen Weg nehmen, San Saiman!«

»Was habt ihr denn, ihr beiden?«, brummelte Graubart. »Soll ich ewig hier auf dem Lichtmann reiten?«

San Saiman bedeutete mir zu schweigen. Dann schob er die Flasche mit Lichtwasser unter mein Gewand. »Verwahre dies gut. Milan wird euch beide begleiten. Ich hätte niemals geglaubt, dass ich, der Hüter der Sonne, jemals die Menschen lieben würde. Aber mein Herz liebt dich und die deinen, Carino. Es liebt deine Seele. Du wurdest uns vor langer Zeit angekündigt, und ich glaube nun an die Menschen und ihre guten Fähigkeiten. Dass du mein Herz so berühren würdest, habe ich nicht erwartet. Ich weiß nicht, was nun geschehen wird, aber ich wünsche, dass du deine Aufgabe erfüllst, und ich wünsche, dass die Erde heil sein möge und in Frieden.« Er strich mir eine Haarsträhne aus dem Gesicht und berührte meine Wangen. Dann fuhr er fort: »Ich bin das Licht, und ich werde nicht sterben, ich werde in der Sonne für dich scheinen, damit du deinen Weg finden kannst.«

Er zurrte das Seil aus flüssigem Licht um seine Hüften und band den Zwerg und mich fest an seinen Körper, ihn auf seinen Rücken, mich an seine Brust. Ich wollte noch etwas sagen, aber San Saiman hatte mich mit seiner kurzen Rede überrascht. Mir liefen Tränen über die Wangen, während ich ihn umklammert hielt und mein Gesicht an seine Schulter presste. Graubart jammerte auf seinem Rücken zusammenhanglos.

San Saiman nahm den Meteoritensplitter und das Ende des Lichtseils und stürzte sich mit einem entschlossenen Aufschrei in die Fluten. So zügig wie möglich hangelte er sich am Lichtseil durchs Wasser. Ich rang nach Luft, denn immer wieder gingen wir unter. Fast wurde ich ohnmächtig vor Kälte und Angst. Auf und nieder schleuderte uns das Wasser, und ich schlug mir die Knie an einem Felsbrocken auf. Graubart wimmerte nur.

Der Sonnenhüter kämpfte sich durch die Fluten, zog sich mit aller Kraft gegen den Strom des Flusses zum Katarakt. Milan kreiste angstvoll vor den Felsen. Zeitweise verlor ich die Orientierung. Immer wieder riss der Fluss uns um einige Meter zurück.

Graubart war bedenklich still, und ich glaubte schon, wir würden es nicht bis zum Felsen schaffen, als das Seil sich lockerte. San Saiman musste es bis zum Vorsprung geschafft haben. Ich sah, wie er sich festklammerte und Graubart vorsichtig auf den Absatz schob.

Dann wandte San Saiman sich mir zu. Er löste das Seil, während ich mich krampfhaft an ihm festhielt. Mir fehlte die Kraft, auf den Felsen zu kriechen. Das Wasser riss rechts und links an unseren Körpern, und immer wieder schlug mir eisige Gischt ins Gesicht.

San Saiman presste mich mit seinem Körper an den Felsen und griff mit der freien Hand unter meine Arme. Ich schob mich mit aller Kraft hoch, und plötzlich spürte ich, wie San Saiman mich an den Schenkeln auf den Felsvorsprung wuchtete.

Oben hustete und keuchte ich atemlos. Der Zwerg war aus seiner Starre erwacht und schrie und strampelte panisch. San

Saiman hatte das Seil losgelassen und war in Gefahr, von der Strömung mitgerissen zu werden. Mühsam hielt er sich an der Felswand fest.

Ich musste versuchen, ihm zu helfen, und beruhigte Graubart mit einer heftigen Ohrfeige. Gemeinsam versuchten wir mit aller Kraft, ihn nach oben zu ziehen, aber er war für uns einfach zu schwer. Die Zeit dehnte sich endlos – und da spürte mein Herz, was ich nicht wahrhaben wollte und doch nicht verhindern konnte.

San Saiman und ich blickten uns wortlos an. Graubart griff verzweifelt nach unten und riss am Gewand des Lichthüters. Er zog an San Saimans Schulter, doch dieser schüttelte den Kopf. Seine warmen Augen sprachen wortlos mit meinem Herzen. Dann ließ er die Felswand los und nahm den leuchtenden Meteoriten in beide Hände. Gleißend hell strahlte er im goldenen Sonnenlicht auf, als der tosende Fluss ihn mit sich riss.

Im nächsten Moment war San Saiman verschwunden.

Das Herz wollte mir schier zerspringen. Fassungslos schlug ich mir auf dem Felsvorsprung die Hände blutig, während Graubart sein Gesicht bedeckte. Milan landete kreischend auf meiner Schulter. Das musste der große Sonnenhüter dem weißen Vogel noch befohlen haben, sonst wäre er wohl flussabwärts geflogen, um seinem Herrn in den Tod zu folgen.

Ich schüttelte mich und spürte erst jetzt, wie sehr meine aufgeschlagenen Knie schmerzten. Dann schob ich mich seitlich auf dem Felsvorsprung entlang – in der Hoffnung, dass ich am Ende der herabstürzenden Wasserwand sicheren Boden finden würde.

Graubart weinte, aber er kroch ganz dicht hinter mir. Der Weg unter dem herabstürzenden Wasser hindurch erschien uns endlos lange, und dann stießen wir auf eine Öffnung – einen Höhleneingang, den hier niemand vermutet hätte. Auf allen Vieren krochen wir hinein. Mein Herz weinte, und auch Graubart zitterte vor Schreck und Schmerz. Aber in dieser Höhle wähnten wir uns vorerst sicher – sicherer noch als am anderen Ufer.

Da grollte die Erde. Heftige Erdstöße brachten den Fels zum Zittern. Von der Decke des Ganges, in den wir gekrochen waren, stürzten Felsbrocken, und ich zog Graubart tiefer in die Höhle. Weitere Erdstöße folgten, und ich presste mich vor den herabprasselnden Trümmern mit dem Rücken gegen die Felswand. Genau wie Graubart. Ich hatte Angst, der Gang könnte einstürzen. Aber dann hörte das Beben auf. Es wurde beängstigend still. Das Wasser rauschte noch immer, doch die Erde hatte sich plötzlich wieder beruhigt.

San Saiman war wohl in den Wasserfall gerissen worden, und der Drache hatte das Herz der Erde vor ihm beschützt. Ich brach in Tränen aus, und auch Graubart weinte herzzerreißend. Milan kauerte auf meiner Schulter und ließ traurig den Kopf hängen.

»Carino«, schluchzte Graubart nach einer Weile, »er hat die Völker der Erde geliebt. Hätte ich gewusst, dass er hier in die Fluten stürzt, wäre ich niemals über den Fluss gegangen. San Saiman und seine Schwester hüten schon so lange das Licht dieses Planeten. Er hatte immer eine besondere Liebe für euch Menschen. Immer wieder hat er über die alte Prophezeiung gesprochen, und es war ihm sehr wichtig, dass sie sich erfüllt.

San Saiman und Mathab haben früher mit den Menschen in Freundschaft gelebt. Die Innere Welt war mit der oberen verbunden. Er hat die Menschen in die kosmischen Weisheiten eingeweiht und mit Freuden auch in die Schlüssel des universalen Wissens. Für die Menschen hatte er eine besondere Schwäche. Er hat in ihnen den guten Seelenkern gesehen und alles getan, um diese Zeit vorzubereiten. Er konnte den Wesen in die Herzen sehen.

Es ist viele Inkarnationen her, da verliebte sich San Saiman in eine Menschenfrau. Der Lichtmann hatte sie in der atlantischen Zeit auf der oberen Erde kennen gelernt. Er war sehr verliebt, und ich sehe ihn noch heute vor mir, wie glücklich er war. Den Lichtmenschen ist es aber nicht gestattet, sich mit den Menschen in Liebe zu vereinen, und so endete diese Liebe damit, dass die Menschenfrau eines Tages starb. San Saiman hat niemals eine Lichtfrau zur Gemahlin genommen. Immer hielt er dieser Liebe die Treue. Über viele Jahre hat er die Menschenfrau auf der oberen Erde gesucht, aber niemand wusste, wann sie wiedergeboren werden würde. So hat der Lichtmann seine Herzensliebe nie wiedergesehen.

Ich glaube, er mochte dich sehr, Menschenfrau, denn er hat die Liebe gespürt, die du geben kannst. Auch ich bin dein Freund, und es fällt mir wirklich schwer, darauf zu hoffen, dass wir unsere Aufgabe ohne San Saiman erfüllen können.« Er tastete nach meinen blutigen Knien. »Hast du dich sehr verletzt?«

Ich schüttelte den Kopf und kroch weiter den Gang entlang. Nach ein paar Metern öffnete sich eine Höhle vor uns und rechts an der Wand befand sich eine Fackel, die ich mit einem Feuerstein, der auf dem Boden lag, entzündete.

Das Flackern des brennenden Lichtscheins gab den Blick auf ein silbernes Boot frei, das in der Höhle versteckt war. Rechts und links waren noch mehr Fackeln, und ich entzündete sie, um mehr erkennen zu können. Das Boot war aus Holz, mit dünnem Silber überzogen. Überall waren Zeichen und Runen darauf angebracht. Glitzernde Kristalle blitzen als Verzierung am Bug des Bootes. Das Gefährt war schmal aus einem Baum geschnitzt. Die Ruder lagen an der Seite und waren wie Schwanenflügel geschwungen.

Im Boot selbst lag ein Pflanzenfaserblatt mit der gleichen Zwergenschrift, wie San Saiman sie in der Hütte gefunden hatte. Dicht daneben befand sich eine silberne Amphore mit Schriftzeichen, die in das Metall gepunzt waren.

Sofort griff Graubart nach dem Pergament und las laut vor:

Höchstgeschätzte Menschenfrau und beherzter Zwergenkönig,

wenn ihr diesen Ort erreicht habt, hat sich die Prophezeiung der Wächter der Sternenstadt erfüllt. Wir haben die Hütte am Fluss verlassen und sind hierhergekommen. Die Wächter der Sternenstadt haben für euch dieses Boot bereitet. Ihr werdet es unversehrt vorfinden. Auch haben sie für euch hier eine mit Lichtwasser gefüllte Amphore hinterlassen. Es ist das letzte Lichtwasser dieser dimensionalen Welt, denn der Zugang zu den Lichtmenschen und der heiligen Stadt ist uns nicht mehr möglich.

Große Erdbeben werden den Zugang zur Sternenstadt verschlossen haben, wenn ihr an diesem Ort eintrefft. So haben es die heiligen Wächter der Sternenstadt im Spiegel der Wahrheit gesehen. Dieses Boot ist mit dem Licht der Sterne gesegnet, es ist ein Geschenk der Wächter der Sternenstadt, und es wird euch unbeschadet durch den Wasserfall bringen.

Nehmt etwas vom Lichtwasser zu euch, wenn ihr die Reise mit dem Boot beginnt, dann muss der Drache euch die Pforte zum Herz der Erde öffnen. Doch gebt Acht. Er darf den Schädelstein nicht einfordern, er muss euch ziehen lassen.

Heilt mit dem heiligen Schädelstein das Herz der Erde, und ihr werdet finden, was ihr verloren habt.

In Liebe

Maya, Königin der Zwerge der Inneren Erde

Als Graubart geendet hatte, öffnete er die Amphore. »So was, die Amphore ist mit Lichtwasser angefüllt«, rief er voller Freude. »Ich kann es riechen, nach all der Zeit ist es noch immer völlig in Ordnung. Und sieh doch, es leuchtet sogar noch!«

Es grenzte an ein Wunder, dass die Wächter der Sternenstadt – welche Wesen das auch gewesen sein mochten – dieses Wasser für uns vor so langer Zeit hierhergebracht hatten. Ich konnte kaum glauben, dass es noch ganz sauber und wirkungsvoll war.

Ich nahm einen Schluck von dem Wasser und bestrich damit meine Knie. Sofort heilten die Wunden, und ich fühlte mich deutlich besser. Auch Graubart nahm von dem Lichtwasser, und wir füllten das Gefäß, das San Saiman mir vor dem Sprung in den Fluss in das Gewand gesteckt hatte. Auch Milan, den weißen Vogel San Saimans, benetzte ich damit, und er trank aus meiner zum Kelch geformten Hand von dem heiligen Nass.

Das Lichtwasser füllte unsere Körperzellen mit Freude, und wir fanden in diesem Augenblick einen Funken Hoffnung.

24

Der Drache und der Schädelstein

Nach einer Weile hatten wir uns körperlich erholt, aber der Verlust San Saimans schmerzte bitterlich. Ich hatte im Stein der Wahrheit gesehen, dass es geschehen würde. Auch San Saiman hatte es gewusst. Aber nun, da es eingetreten war, war ich am Boden zerstört.

Graubart war sehr schweigsam. Er trauerte um seinen alten Gefährten, und ich verstand jetzt, warum San Saiman nicht gewollt hatte, dass ich dem Zwergenkönig sage, was ich in unserer Zukunft gesehen hatte. Es schien wichtig gewesen zu sein, dass der Zwergenkönig mir die Botschaft der Zwergenkönigin vorlas, und offenbar war Graubart ein bedeutender Begleiter auf meiner Reise. Aber wie traurig San Saimans Tod auch war, wer vermochte schon zu sagen, was sein Sturz in den reißenden Fluss noch zu bedeuten hatte?

Milan erholte sich langsam. Der Vogel fürchtete sich ohne seinen Herrn, und ich konnte seine Gedanken nicht lesen. Das brave Tier musste sich mindestens genauso einsam fühlen wie ich in diesem Augenblick. Es wurde mir nun erst richtig bewusst, wie gefährlich die Reise in die dimensionalen Welten wirklich war. Aber ich versuchte mich darauf zu konzentrieren, mit dem Boot durch den schmalen Gang in den Fluss zu gelangen.

In dieser Stunde zeigte Zwergenkönig Graubart seine wahre Größe.

Mit einem Mal stemmte sich der Kleine gegen das ungewisse Schicksal und wurde zu einem mutigen Kerl, der mir half weiterzugehen. »Nun, Carino, jetzt werde ich dir beweisen, was in uns Zwergen so alles drinsteckt. Beim Barte meines Großvaters und meiner Ahnen, Königin Maya soll das hier alles nicht umsonst für uns bereitet haben. Ich bin Graubart, der Zwergenkönig, und es steckt mehr in mir, als man auf den ersten Blick sieht, denn ich bin ein Zauberer – fürwahr!«

Er sprang mit einem Satz in das Boot und winkte mich zu sich. »Komm jetzt, Carino, es wird Zeit, dem Drachenungeheuer ins Auge zu sehen. Wenn ich es schaffen kann, mein Volk in den Schlaf zu bringen, dann kann ich es auch meistern, dieses Boot in den Fluss zu zaubern. Mach dich bereit, ich werde nun unserem Glück auf die Sprünge helfen.«

Ich staunte nicht schlecht, als er das sagte. Bereitwillig folgte ich ihm in das silberne Boot, und kaum war ich darin, stellte sich der kleine große Zauberer in das Boot und begann in einer mir fremden Sprache zu sprechen. Er wurde sehr kraftvoll dabei und hob beide Arme in die Höhe. Graubart beschwor die Materie und rief Feuer, Erde, Wasser und Luft. Dabei blickte er mit strengem und konzentriertem Blick auf die Wand der Höhle.

Da begann Graubart, der Zwergenkönig, zu leuchten, und mit großen Augen sah er wie mit einem Blick aus Licht auf den festen Stein der Höhle, in der das Boot so lange verborgen gewesen war. »Carino, der Fels hört auf mich, gleich wird er sich verflüssigen, und wir werden mit dem Boot in den Fluss getrieben. Es wird eine wilde Fahrt ins Ungewisse, und ich weiß nicht, wie wir uns im Boot halten sollen. Die Elemente sind eins mit den Gefühlen, die aus unseren Herzen fließen. Zeige keine Furcht und denke an einen glücklichen Moment in deinem Leben. Habe Vertrauen, und wir werden mit dem Boot in den Fluss getragen.«

Ich nickte und tastete nach Corazon de Luz auf meinem Rücken. Vorsichtshalber zog ich die Trage des Beutels nach, in dem er sicher verwahrt war, und suchte nach festem Halt auf dem Boden des Bootes. Das tobende Wasser war mir noch gut in Erinnerung, und in diesem Moment fiel es mir schwer, es nicht zu fürchten.

Mir fiel eine Zeremonie ein, die ich bei den Schamanen abgehalten hatte. Corazon de Luz hatte mich gelehrt, dass es wichtig war, in welcher Gefühlsverfassung ich meine Zeremonie abhielt und ich begann, vor mich hin zu singen. Ich rief leise die Elemente der Erde an und verband mich mit dem Planeten in tiefer Herzensliebe. San Saimans treuer Vogel ließ sich auf meiner rechten Schulter nieder und schien zu spüren, auf was er sich nun vorbereiten musste.

Graubarts Rufen wurde eindringlicher, und anfangs glaubte ich mich zu täuschen, als ich sah, wie der Fels vor uns in Schwingung geriet. Aber die Schwingung des Gesteins nahm zu, und es schien sich regelrecht zu verflüssigen. Dann schwankte das Boot unter mir, und ich spürte einen Ruck in dem Felsen, über den wir in die Höhle gelangt waren.

Graubart zelebrierte und murmelte etwas in seiner Sprache, und ich begann lauter zu singen. Mit geschlossenen Augen versuchte ich, mich auf Corazon de Luz zu konzentrieren. Der Schädelstein pulsierte und vibrierte auf meinem Rücken. Er wurde leicht und leichter, und plötzlich spürte ich, was ich zu tun hatte.

Ich öffnete die Augen wieder, um mich im Boot umzusehen. Auf dem Boden war noch die Amphore mit Lichtwasser. Mit schnellen Griffen füllte ich damit den Trinkbeutel, den ich von San Saiman hatte, und nahm noch einen tiefen Schluck direkt aus der Amphore.

Vorsichtig berührte ich Graubart am Arm, so dass auch er seine Beschwörung der Elemente unterbrach und einen großen Schluck Lichtwasser nahm, bevor er gleich weiter seinen Zauber sprach. Er nickte in dem Wissen, was ich vorhatte.

Die Amphore war noch zur Hälfte gefüllt. Der Trinkbeutel enthielt nur einen kleinen Teil der Lichtwassermenge, bestenfalls ein Zehntel des kostbaren Nasses. Ich wusste, dass dies möglicherweise das letzte Lichtwasser war, das ich auf meiner Reise durch diese Welten finden würde, und es war ungewiss, ob die geringe Menge im Trinkbeutel für den Rückweg reichen würde. Dennoch entschied ich mich dafür, die Amphore geöffnet zu lassen.

Ich nahm sie in beide Hände und wartete darauf, dass sich der Fels vor uns in einen reißenden Strom verwandelte. Dann schloss ich abermals die Augen, um meine Gefühle der Angst in Liebe für Mutter Erde zu wandeln, und fuhr mit meinen Gesängen fort. Graubart stimmte einen Gesang an, der mich an sakrale Chöre erinnerte, und plötzlich begann das Boot sich zu bewegen. Die hölzerne Barke begann nach vorne zu schwimmen.

Ich wagte es kaum, die Augen zu öffnen, denn ich wollte keine Angst in mir aufkommen lassen. Corazon de Luz wurde immer leichter auf meinem Rücken, bis ich ihn kaum noch spüren konnte, und als ich schließlich doch vorsichtig meine Augen aufschlug, sah ich, wie der Fels sich in eine schwingende Welle verwandelte – und sogleich wurde das Boot mit dem flüssigen Fels in den Strom getrieben.

Das war der Moment, auf den ich gewartet hatte. Mit einem Ruck entleerte ich die Amphore seitlich des Bootes und goss das Lichtwasser in den Strom aus flüssigem Fels, der sich langsam mit dem Wasser des reißenden Flusses verband. Es vermischte sich noch schneller mit den anderen Flüssigkeiten, als das Boot nach vorne getragen wurde, und bald schien es, als schwämme die hölzerne Barke auf einem silbernen Lichtstrahl, denn die anderen Flüssigkeiten begannen sofort in gleißendem Weiß zu leuchten.

Das Wasser brach über den flüssigen Fels herein, und jäh wurden wir in den Strom geschleudert. Das Boot wurde hin- und hergerissen. Wir pressten uns auf die Planken, klammerten uns aneinander, und sogar Milan, der weiße Vogel, krallte sich an meiner Schulter fest und kauerte sich halb geduckt in sein Gefieder.

Ich konnte kaum etwas erkennen. Das Boot sprang auf den tosenden Wassermassen umher, und schließlich hatte ich das Gefühl, in endlose Tiefen zu fallen. Ich schloss die Augen und summte vor mich hin. Graubart klammerte sich mit seinen kleinen Händen so fest an mich, dass ich seine Finger schmerzhaft in meinem Unterarm spürte.

Ich wusste, dass wir den Wasserfall hinunterstürzten. Durch das Lichtwasser, das wir zuvor getrunken hatten, waren wir aber viel leichter als gewöhnlich, und so schafften wir es, uns an den Planken des Bootes festzuhalten und nicht aus der Barke geschleudert zu werden. Ich hoffte darauf, dass das Lichtwasser, das sich mit dem Wasser des Flusses vermischt haben musste, den Drachen in der Tiefe gnädig stimmen würde.

Der Sturz in den Abgrund des Wasserfalls schien nicht mehr enden zu wollen, und dann hörte ich ein wildes Grollen unter uns, aus dem ein ohrenbetäubendes Brüllen wurde, das uns durch Mark und Bein ging. Der Drache hatte bemerkt, dass wir zu ihm in die Tiefe gerissen wurden. Nun war es an mir, mich an Graubart festzuhalten, der ohnmächtig geworden war vor Angst. Ich betete und schloss die Augen, bis ich selbst das Bewusstsein verlor.

Als ich wieder zu mir kam, spürte ich harten Boden unter mir. Ich wusste nicht, ob ich noch lebendig war oder nicht. Langsam versuchte ich mich zu bewegen und reckte mich vorsichtig, um zu fühlen, ob mein Körper zerschmettert oder heil geblieben war. Ich rang nach Luft und musste husten. Ich war völlig durchnässt, aber bis auf einen brennenden Schmerz an meinen Knien war ich wohl heil geblieben.

Ich öffnete die Augen und konnte im Halbdunkel zuerst nicht viel erkennen. Wo war das Boot, und wo war Graubart? Ich tastete nach Corazon de Luz auf meinem Rücken und erschrak. Der Beutel mit dem Kristallschädel befand sich nicht mehr dort. Er musste sich irgendwie von meinem Rücken gelöst haben.

Ich richtete mich blitzschnell auf und versuchte mich zu orientieren. Ich tastete um mich in der Hoffnung, der Kristallschädel könnte irgendwo neben mir liegen. Aber ich konnte ihn nirgends entdecken. Graubart war auch verschwunden, und ich wusste noch nicht einmal, wo ich war. Wirr sprangen mir meine Gedanken durch den Kopf.

Da sah ich aus dem Augenwinkel einen dunklen Schatten auf mich zukommen. Ich duckte mich instinktiv und spürte einen Lufthauch über meinen Kopf gleiten. Noch ein zweites Mal näherte sich mir der Schatten, und dicht neben meinem Ohr hörte ich einen lauten Schrei, der durch den halbdunklen Raum hallte. Es war Milan, San Saimans Vogel, der mich umkreiste. Er ließ sich aber nicht auf meiner Schulter oder meinem Rücken nieder. Fast lautlos verschwand er wieder im Halbdunkel.

Vorsichtig erhob ich mich und versuchte, in das Unbekannte zu lauschen. Von Weitem hallte Milans Ruf, und ich erkannte, dass ich mich wieder in einer Höhle befand. Grauer, harter Granit bildete eine massive Wand, und ich schien mich im hinteren Teil zu befinden.

Langsam tastete ich mich in die Richtung vor, aus der ich Milan das letzte Mal hatte rufen hören. Der Boden unter meinen Füßen war nass, und ich musste durch knietiefe Wasserlachen steigen. Dabei bemühte ich mich, leise zu sein, denn ich hatte keine Ahnung, ob hier nicht irgendwo der Wächter der Höhle, der Drache, auf mich lauerte.

Ungefähr in der Mitte des Gewölbes fand ich einen schmalen Durchgang. Er war in den Fels gemauert, und es drang gerade so viel Licht von oben in den Schacht, dass ich Stufen erkennen konnte, die nach oben führten. Der Weg führte nach draußen!

Nur für einen kurzen Moment zögerte ich und überlegte, ob ich in der Höhle nach dem Kristallschädel suchen sollte, aber Milans Verhalten kam mir merkwürdig vor, denn er war nicht bei mir geblieben, so wie es San Saiman beim Abschied von ihm verlangt hatte.

Da hörte ich aus dem Gang wieder einen seiner Schreie, was mich darin bestätigte, ihm lieber gleich nach draußen zu folgen. Hastig eilte ich die steinerne Treppe nach oben, die Stufen des schmalen Aufgangs hinauf, die überall mit grünem Moos bedeckt waren, das modrig roch. Und als ich höher kam, wurde es allmählich heller und heller.

Ganz außer Atem hielt ich kurz an und holte tief Luft, um mich zur Ruhe zu bringen. Da hörte ich plötzlich wieder Milan rufen. Ich rannte weiter. Der Gang machte eine scharfe Biegung, die ins Freie führte, und ich wollte nicht ungeschützt hinauslaufen. Womöglich erwartete mich dort der Drache, und im Freien hatte ich keine Möglichkeit, mich vor ihm zu verstecken. Mit dem Rücken zur Felswand tastete ich mich deshalb vorsichtig weiter. Mein Herz pochte wie wild, und ich fragte mich, warum ich überhaupt noch am Leben war und wie ich wohl in dieses Höhlensystem gekommen war. Dann, am Ende der Wand angelangt, konnte ich behutsam durch den Ausgang blicken.

Was ich sah, mochte ich erst kaum glauben. Ich hielt den Anblick, der sich mir bot, für einen Traum oder eine Täuschung. Ich kniff mich in den linken Arm, um festzustellen, ob ich vielleicht noch bewusstlos einen fantasievollen Traum erlebte. Doch der Schmerz, der durch meinen Arm jagte, erinnerte mich daran, dass ich bei vollem Verstand und auch Bewusstsein war. Ich tastete mich weiter und ließ mich auf die Knie nieder.

Ich war nicht im Freien, die Helligkeit hatte einen anderen Grund. Vor mir öffnete sich eine riesige Höhle aus glasklarem Kristall. Ein friedlich wirkender See spiegelte das Funkeln tausender leuchtender Kristalle.

In der Mitte des Sees lag eine kleine Insel aus blitzenden, funkelnden Edelsteinen, die in unendlich vielen Farben erstrahlten. Die Kristalle an der Decke glitzerten in hellem Schein, als sei ein Sternenhimmel die Lichtquelle, die hier das Dunkel in einen regenbogenfarbenen Lichterzauber hüllte.

Und auf der schillernden Edelsteininsel ruhte ein Drache aus flüssigem Licht.

Er hatte einen Körper, der aus quadratischen Segmenten bestand, durchsichtig wie reinstes Kristall, und aus seinem Körper drangen Feuerlohen in goldorangefarbener Pracht. Seine Augen funkelten hellrot und erinnerten an gleißende Rubine. Sein Licht brach sich überall im Spiegel der Wasseroberfläche des Sees, hier – tief unter der Erde.

Der Drache ruhte auf dieser Insel, und es schien, als schliefe er. Ich riskierte es, mich noch etwas weiter vorzuwagen, um mehr erkennen zu können. Da fiel mein Blick auf einen goldenen Beutel unterhalb seines gezackten Kopfes. Darin hatte ich Corazon de Luz auf meinem Rücken getragen! Der Drache musste sich den Beutel genommen und ihn zu seinen angesammelten Schätzen auf die Insel gebracht haben!

Ganz in seinem Element schien der Drache vor mir den Schatz auf seiner Insel zu bewachen. Er war jener Wächter, von dem San Saiman mir erzählt hatte. Wenn dies also der Wächter des Herzens der Erde war, wo war dann das Herz der Erde selbst?

Ich schaute mich noch ein wenig mehr um. Die Insel, auf der der glitzernde Drache derzeit friedlich schlief, lag inmitten eines Sees, der dunkles, schwarzes Wasser enthielt. Nur die lichten Kristalle an der Höhlendecke reflektierten hell die Oberfläche des Sees. Es schien auch keinen Pfad und keine Brücke auf die kleine Insel zu geben. Der perfekte Ort, einen so großen Schatz wie das Herz der Erde zu verwahren.

San Saiman hatte mir erklärt, dass die Schwingungen der Liebe auf dem Weg des Wassers an den Planeten Erde zurückgegeben wurden, als das Herz der Erde noch gesund und kraftvoll gewesen war. Aber jetzt lagen diese Höhle und auch der Wächter des heiligen Herzens eindeutig in tiefem Schlaf – in einem Schlaf des Vergessens.

Einen Moment lang überlegte ich, ob ich mich auf die Insel schleichen sollte, um den Kristallschädel zu holen. Ich wusste, dass der Drache mich sofort über die Resonanzfähigkeit des Wassers spüren würde, weil das Wasser meinen Herzschlag dann ebenso weitertragen würde wie den Schlag des heiligen Herzens der Erde. Das würde den Drachen sofort wecken, und er würde mich als Dieb bekämpfen. Ich dachte nur kurz nach und überlegte, wie ich den Drachen davon überzeugen konnte, dass ich nicht als Feind gekommen war.

Da sah ich über mir Milan, den weißen Vogel, kreisen. Lautlos zog er seine Bahn unterhalb der kristallenen Decke. Elegant glitt das schöne Tier dahin. In diesem Moment spürte ich den wundervollen Vogel mit meinem Herzen, und unwillkürlich musste ich an San Saiman denken. Er fehlte mir sehr, und mir kamen die Tränen, als vor meinem geistigen Auge das Bild aufstieg, wie er vom tosenden Wasser mitgerissen wurde.

Milan war das Einzige, was uns noch von ihm geblieben war, und ich konnte mir nicht erklären, warum *ich* den Wasserfall mit heiler Haut überwinden konnte. Es musste wohl an dem Lichtwasser gelegen haben, das ich in den Fluss gegossen hatte.

In Gedanken rief ich nach dem Vogel und versuchte, Kontakt mit ihm aufzunehmen, doch Milan reagierte nicht. Es schien, als habe er San Saimans Weisung, sich an mich zu halten, vergessen. Mehrmals kreiste er noch – dann stürzte er sich in die Tiefe, geradewegs auf die Insel im Wasser zu. Erst kurz vor dem Ziel bremste er ab und ließ sich mitten auf dem goldenen Beutel nieder, in dem der Kristallschädel aufbewahrt wurde.

Stolz blickte Milan zu mir, als wollte er nun an meiner Stelle den Schädelstein beschützen. Aber gleich darauf begann er mit seinem Schnabel an dem goldenen Seil zu zupfen, das den Beutel verschnürte – so lange, bis er sich öffnete. Und nun begann der weiße Vogel, mit seiner ganzen Kraft Corazon de Luz aus dem Beutel zu ziehen.

Ich erschrak, denn wenn der Drache erwachte, würde er sofort bemerken, was vorging. Aber dann begriff ich, was Milan vorhatte, und vorsichtig tastete ich mich den glatten Fels hinunter bis zum Ufer des dunklen Sees. Anscheinend sollte ich zu ihm hinüberkommen und neben dem Schädelstein meine heiligen Gesänge anstimmen.

Spitze Steine und Felsbrocken machten mir den Abstieg schwer. Ich versuchte, so leise wie möglich zu sein und doch schnell nach unten zu gelangen. Da stolperte ich plötzlich über etwas Weiches, das ich im Zwielicht nicht hatte sehen können.

Mir stockte der Atem. Es war Graubart, der bewusstlos zu meinen Füßen lag. Sofort tastete ich meinen Zwergenfreund ab und konnte keine Wunden entdecken. Er atmete noch, war also wirklich nur bewusstlos. Anscheinend hatte das Lichtwasser dazu beigetragen, dass auch er unbeschadet in diese Höhle geschwemmt worden war. Welch ein Segen!

Aber es war schon eigenartig. Irgendwie schien der Drache das Wasser im Höhlengang steuern zu können – genauso, wie sich am Wasserfall das Becken gefüllt hatte, während er nach oben schwamm. Wir hatten es vom Rand des Felstrichters aus gesehen, als Milan in die Tiefe geflogen war und wir den Drachen das erste Mal erblickt hatten.

Jedenfalls waren wir dank des Lichtwassers unentdeckt in das Höhlensystem gelangt, und der Drache hatte uns nicht bemerkt, weil wir nicht mehr im Wasser waren. Das Wasser im See war zweifelsohne der Sensor, der den Drachen vor Eindringlingen warnte.

In dem Zwielicht schaute ich zu Milan. Er hatte es geschafft, den Kristallschädel freizulegen. Corazon de Luz lag nun zu Füßen des schlafenden Wächters, und ich erinnerte mich daran, was San Saiman mir erzählt hatte. Die Kosmischen Ältesten hatten der Erde ein kristallenes Herz gegeben, über das ihre Schwingungen und Emotionen in das morphogenetische Feld flossen. Die Gefühle der Erde waren hier im Herzen des Planeten mit der Liebe Gottes verbunden, und von hier aus konnte die Erde auch spüren, wie es der Menschheit an der Oberfläche und allen Wesen in den verschiedenen Dimensionen des Erdinneren erging. Das Herz der Erde war ein Spiegel für die Empfindungen des Planeten, und es hatte sich aus Trauer über die Entwicklung der Menschheit an der Erdoberfläche verschlossen.

Ich solle das Herz der Erde heilen, um das Geschehen auf Erden glücklich zu entscheiden. Das hatte die Eule der Weisheit mir gesagt. Auch die Atlantische Kristallbibliothek würde sich nur finden lassen, wenn das Herz der Erde Heilung empfing.

Milan hatte sich nun neben Corazon de Luz niedergelassen und wartete darauf, dass ich zu ihnen kam, um meine Aufgabe zu erfüllen. Aber das konnte ich nicht, denn wenn ich das Wasser berührte, würde der Drachen durch die Resonanz erwachen.

Ich blickte zur Insel hinüber und fragte mich, ob es ein Herz unter den Edelsteinen und Reichtümern gab, die sich dort häuften, oder ob sie Bestandteile dieses Herzens waren. Jedenfalls konnte ich ein organisches Herz nicht ausmachen. Dafür sah ich unterhalb des Drachens den Beutel mit Lichtwasser, der sich im Wasserstrudel von meinem Gürtel gelöst hatte. Der Drache sammelte wohl alles, was ihm wertvoll erschien.

Seufzend setzte ich mich im Schneidersitz am Ufer des Sees auf den felsigen Boden und beobachtete den Kristallschädel zu Füßen des Drachenwächters. Er schien zu pulsieren, und er begann zu leuchten, wie ich es von ihm kannte, wenn er Schwingungen aussandte.

Ich schloss die Augen und versuchte, mein Herz zu fühlen.

Langsam atmete ich ein und aus und füllte mein Herz mit einem tiefen Gefühl der Liebe für Mutter Erde. Ich legte die linke Hand auf mein Herz und begann nach schamanischer Tradition die Liebe für Mutter Erde anzurufen: »Io ti quiero pacha Mama ...!«

Da öffnete sich mein Herz, und ich spürte die Liebe für die Erde so stark, dass mein Herz schneller zu schlagen begann. Ich spürte die göttliche Inspiration in mir das Lied gestalten, und ich sang mit aller Liebe, die ich für den Planeten Erde empfand und die mich hierher auf diese Reise gebracht hatte. Ich betete und sang in einem, denn ich hoffte auf die Liebe, die mein Herz bewegte, und auf deren Kraft.

Bilder meiner Reise zogen vor meinem geistigen Auge dahin, und ich beschwor die Elemente der Erde, in diesem Moment mit mir zu sein. Ich wusste, dass der Drache jeden Augenblick durch die Schwingung des Wassers erwachen würde. Aber ich hörte nicht auf mit dem Ruf nach Heilung für das Herz der Erde.

Corazon de Luz begann zu leuchten und zu strahlen. Wie damals in Gaias Gegenwart vibrierte er und wandelte sich in strahlendes Licht. Und dann entstieg vor meinen Augen eine helle Lichtgestalt dem Kristallschädel, und das lichte Engelwesen manifestierte sich in einem gleißenden Schein. Mit regenbogenfarbenen Schwingen schwebte es aus dem Kristallschädel hinaus und erhellte die gesamte Höhle.

Die Kristalle an der Decke funkelten und strahlten, und das dunkle Wasser des Sees reflektierte das Licht. Das Engelwesen schien zu lächeln, doch hatte es kein wirkliches Gesicht. Eine Kopfform war zu erkennen, aber keine menschliche Mimik.

Mir schossen die Tränen in die Augen. Das war also das Lichtwesen, das so viele Jahrtausende darauf gewartet hatte, dass wir Menschen in unserem Bewusstsein weit genug heranreiften, um die Erde wieder zu heilen und ein friedliches Leben zu beginnen! Das war jenes liebevolle Sternenwesen, das durch mich sprach, wenn es die Menschen beriet! Dieser zauberhafte und lichtvolle Engel hatte so viele Jahrtausende in dem Schädelstein verbracht, um uns Menschen zu helfen, die kosmische Wahrheit zu erkennen. Ich hörte nicht auf zu singen, während mir die Tränen vor Rührung die Wangen hinabliefen.

Das Lichtwesen, das Corazon de Luz bewohnte, wechselte jetzt sekündlich die Farbe, durchs ganze Spektrum des Regenbogens. Sein Name war Shevan – und in diesem Moment spürte ich tiefe Liebe in mein Herz fließen. Mir schien, als würde aller Schmerz vergehen, der mein Herz je getrübt hatte. Ich hatte den Eindruck, als könne der Engel jede dunkle Erinnerung meines Herzens in Freude verwandeln. Ich spürte eine göttliche Berührung meines Herzens, und das spornte mich an, weiter in den höchsten Tönen Mutter Erde anzurufen.

Der Engel wurde größer und größer – schwebte gleißend in der riesigen Höhle. Milan stieg wieder auf und flog über mich hinweg ans hintere Ende des Gewölbes, während ich spürte, wie ein warmer Strom göttlicher Liebe durch mich hindurchfloss. Dann glitt das Lichtwesen zum Drachen, bis es ihn beinahe berührte. Ein Lichtblitz schien den Wächter des Herzens der Erde zu wecken. Er öffnete die Augen, und ich hörte auf zu singen.

Wie verzaubert beobachtete ich, was nun geschah.

Der Drache wurde sogleich lebendig, als er die Lichtgestalt sah. Das Feuer auf seinem Rücken züngelte schneller, und seine Augen glühten rot auf vor Zorn. Da begann das Lichtwesen in hohen Frequenzen zu singen, und der Drache beruhigte sich.

Eine ganze Weile betrachtete der Wächter die Engelsgestalt und lauschte ungläubig den hohen Frequenzen. Ich verstand sie nicht, konnte nur sehen, wie der Drache sich hin- und herwand und nicht von der Stelle wich. Das Lichtwesen berührte ihn am

Kopf, und es schien, als streichle es den schuppigen Wächter sanft und zärtlich.

Plötzlich hörte ich hinter mir etwas. Ein Stein hatte sich von der Felswand gelöst, und erschrocken drehte ich mich in die Richtung um, aus der das Geräusch gekommen war.

Milan flog auf, und seine Schreie erfüllten den Raum. Er kreiste um etwas, was ich nicht erkennen konnte. Es war ein Licht, das sich aus einer Felsnische näherte.

Aufgeregt flog der weiße Vogel auf das Licht zu und verstummte jäh. Als es sich weiter näherte, erkannte ich, dass es eine Gestalt war, welche die Felswand hinabkletterte. Und ich erkannte, dass es San Saiman war. Ich sah das vertraute Gesicht, und alle Emotionen brachen aus mir heraus. Ich begann zu weinen, sank auf die Knie und schlug die Hände vor meine Augen. Es drehte sich alles in meinem Kopf, und der Fels unter mir schien nachzugeben.

Ich verlor das Bewusstsein.

25

Die fünfte Prüfung

San Saiman hatte sich über mich gebeugt, als ich wieder zu mir kam. Er bedeutete mir, ganz leise zu sein. Der Lichtengel kommunizierte immer noch mit dem Drachen, und ein wahrer Lichterreigen tanzte durch den Raum und brach sich überall in den Kristallen und im Wasser. Schließlich schien der Drache überzeugt zu sein, dass der Engel keine Gefahr darstellte, denn er rückte von dem Platz ab, auf dem er gelegen hatte.

»Der Drache hat mich nicht gesehen, als ich in den Wasserfall stürzte«, hörte ich San Saiman flüstern. Seine sanfte Stimme umfächelte mich wie ein kühlender Windhauch. »Das Licht des Meteoritensplitters hat ihn getäuscht. Er kann nur die Dunkelheit als Gefahr erkennen. Das Licht nimmt er nicht als Bedrohung wahr, weil er weiß, dass er aus Licht geschaffen ist. Es war klug von dir, die Amphore mit Lichtwasser auszugießen. Milan hat mir alles berichtet. So konnte der Drache euch nicht als Gefahr wahrnehmen.

Schau, er schützt das Herz der Erde mit seinem Körper. Das Herz der Erde, es leuchtet nicht mehr – es ist so groß, dass es fast die ganze Insel ausmacht. Ein Teil des Herzens liegt unter der Oberfläche des Sees. Von dort aus hat es früher die gefühlte Liebe in die Wasser der Erde entsandt.

Jetzt ist das Wasser dunkel, denn es wird nicht mehr vom Licht des Herzens belebt. Der Drache ist ein guter Drache. Er ist nicht böse. Sieh doch, er sammelt alle Schätze, die der Fluss hierherträgt, um damit das Herz der Erde zu erfreuen, denn er möchte es gern wieder zum Leuchten bringen. Alles, was er an Kostbarkeiten findet, bringt er dem Herzen, weil er hofft, dass es dadurch geheilt wird.«

Ich schluckte und presste meinen Kopf leicht gegen San Saimans Hand, mit der er meine Wange hielt, so dass ich an ihm vorbeischaute – direkt auf den liegenden Drachen. Wie froh war ich, dass San Saiman überlebt hatte, wie tief bewegt. Er schien es zu spüren, denn mit der anderen Hand strich er mir behutsam durchs Haar.

Noch immer sang das Engelwesen, und der Drache wand sich, schien wie verzaubert zu lächeln. Er begann schwach zu leuchten, als Shevan, das Sternenlichtwesen, den Planeten selbst berührte. Mit hohen Frequenzen und Lauten sang der Engel das Licht zurück in das Herz der Erde. So etwas Wundervolles hatte ich nie zuvor gesehen.

Die Insel, auf der der Wächter lag, *war* das Herz der Erde – bedeckt mit allen erdenklichen Kostbarkeiten. Das Herz aus klarem Kristall war riesengroß. Es sah wie ein menschliches Herz aus und schimmerte in den herrlichsten Regenbogenfarben.

Shevan, das Sternenlichtwesen, beugte sich vor und berührte sachte den Boden unter dem Drachen. Sofort veränderte das Wasser um die Herzinsel herum seine Farbe. Aus dem tiefen Schwarz wurde ein buntes Schillern, das von den kristallenen Wänden reflektiert wurde – ein Lichtermeer, das sich zu einem wahren Lichterspektakel steigerte.

Als der Drache das sah, sprang er ins Wasser und schwamm freudig erregt am Ufer hin und her. Dabei gab er in den höchsten Tönen Laute des Wohlbehagens von sich. Es schien, als wolle er das Herz mit seinem Körper streicheln, und je mehr das Herz zu leuchten begann, desto mehr erstrahlte alles um uns herum in unfassbarer Pracht.

»Beim Barte meines Großvaters und meiner Ahnen«, brummelte es hinter meinem Rücken, »schöner kann das Paradies wohl nicht sein. Ich bin gestorben, und jetzt stehe ich mit euch an der Himmelspforte, nicht wahr?« Graubart war aus seiner Ohnmacht erwacht. »San Saiman, alter Freund, so sehen wir uns denn hier im Jenseits wieder.«

Ich richtete mich auf und blickte hinter mich, während San Saiman entgegnete: »Nein, großer Zauberkönig, diesmal war der Tag für uns noch nicht zum Sterben bestimmt. Das hier ist das pure Leben!« Er packte den Zwergenkönig an den Hüften und warf ihn hoch in die Luft. »Das hier, alter Freund, ist der Tag, auf den wir lange gewartet haben! Siehe und staune, was du vollbracht hast, du mutiger kleiner und doch so großer König!«

Er setzte den Zwerg wieder ab, und wir alle drei bewunderten die gleißende Pracht, von der die riesige Höhle erfüllt war. Es war unermesslich schön, wie die Kristalle in allen Farben gleißten und der Sternenengel das Licht in das Herz der Erde sang.

Irgendwann nickte San Saiman mir zu, und wir berührten das Wasser des Sees. Es schien eine feste Schicht zu bilden, dicht unter der Oberfläche. Völlig hell und klar funkelte und blitzte sie in allen Farben. Vorsichtig wateten wir auf das Herz der Erde zu.

Da bemerkte uns der Drache. Er warf sich schützend vor das Herz, beäugte uns prüfend. San Saiman, Graubart und ich hielten inne. Wir hatten vor lauter Freude um den Anblick ganz vergessen, dass der Drache uns als Bedrohung empfinden könnte.

»Drachenwächter«, sagte ich und presste die Hand auf meine Brust, »ich liebe die Erde genau so sehr wie du. Ich möchte ihr nicht schaden. Sieh in mein Herz, und du weißt, dass ich gekommen bin, um die Erde zu heilen.«

Beim Klang meiner Stimme legte der Drache den Kopf schräg. Er schien meine Sprache zu verstehen. »Du bist eine Menschenfrau. Was willst du hier?«, fauchte er. »Ihr Menschenvölker habt der Erde nur Schmerzen bereitet. Ihr habt das Herz des Planeten und die Liebe, die darin schwingt, völlig vergessen. Wie soll ich dir glauben, dass du dem Herzen nicht schaden willst?

Der Engel hier ist eines der alten Sternenwesen, welche die Kosmischen Ältesten auf die Erde entsandt haben, um dem Planeten in seiner Not zu helfen. Einer Not, die ihr Menschen über ihn gebracht habt.«

Ein zorniger Flammenstoß entwich seinen Nüstern. »Früher habt ihr das Herz der Erde verehrt«, fuhr der Drache fort, »ihr habt es geachtet und voller Hingabe Lieder der Liebe für den Planeten gesungen. Die Trommelschläge und Gesänge eurer Völker waren der Lohn für das Herz der Erde. Von eurer Musik hat es seine Kraft bezogen, für alle Welten der Erde zu schlagen. Heute schlägt das Herz der Erde nicht mehr, weil eure alten Weisen und Lieder nicht mehr zur Ehre der Erde erklingen. Die Musik, die heute auf der Erdoberfläche erklingt, erzählt nur von euch selbst. Die Trommeln schweigen und geben dem Herzen der Erde keinen Grund mehr, vor Freude zu schlagen.«

»Ich weiß, wovon du sprichst, Drachenwächter«, entgegnete ich traurig. »Ich bin mit meinen Freunden und diesem alten Schädelstein von der Erdoberfläche hierhergekommen, um das alte Wissen neu zu entdecken. Die Menschen wollen die kosmischen Wahrheiten wieder erlernen. Sie sind auf dem besten Weg, sich zu ändern, und viele von ihnen haben begonnen, die Zeremonien für die Erde von Neuem zu leben. Sie sind bemüht, der Erde zu helfen, und sie suchen den Kontakt zu den Engeln und auch den Sternenwesen. Sie wissen nichts von den Welten hier im Inneren der Erde. Sie ahnen nichts von den wundervollen Helfern in diesen Dimensionen, und sie wissen nicht, wie wichtig die alten Riten und Zeremonien für die Welten im Inneren der Erde sind.«

Tief holte ich Luft, bevor ich atemlos weitersprach. »Ich bin hier, um dieses Wissen wieder nach oben zu bringen. Ich bin hier, um den Menschen eine Chance für den Frieden und das richtige Bewusstsein in Liebe zu geben. Glaub mir, Drachenhüter, ich bin genauso berührt wie du, dass das Herz der Erde durch uns in Trauer erstarrt ist. Aber viele Menschen an der Oberfläche wollen den Planeten heilen. Sie sind am Erwachen. Sag mir, was ich tun kann, um dem Herz der Erde zu helfen. Ich will es mit ganzer Hingabe tun!«

Der Drache kam näher zu mir. »Die Sprache der Musik ist die Sprache der Herzen. Die alten Völker der Erde haben es verstanden, das Herz der Erde zu fühlen, wenn sie mit den Elementen der Erde sangen.

Die Lieder, die sie jetzt singen, ehren zwar die Lichtwesen und Engel des Himmels oder anderer Sterne, aber sie besingen nicht die Liebe für das Herz der Erde. Es ist wichtig, dass die menschlichen Völker der Erde den Planeten als ein Wesen begreifen. Wenn sie die alten Lieder wieder mit Liebe singen und trommeln, dann wird das Herz der Erde erneut für alle Welten der Erde schlagen. Mache die Zeremonien für die Erde wieder lebendig – so heilst du das Herz der Erde.«

»Heißt das«, fragte ich den Drachen, »dass dieser Planet über die Trommeln und Lieder der alten Schamanen die Nähe und Liebe der Völker der Erde spürt und dass er Heilung finden wird, wenn die Menschen sich des Herzens der Erde erinnern?«

»So ist es, Menschenfrau. Das Licht der Engel und Sternenwesen gibt dem Herzen der Erde seine Leuchtkraft, aber die Liebe der verschiedenen Völker der irdischen Dimensionen bringt das Herz des Planeten zum Schlagen.

Im Erdinneren gibt es viele unterschiedliche Dimensionen und Völker. Aber die Menschen an der Oberfläche liebt die Erde besonders. Wenn die menschlichen Völker der Erde das Herz des Planeten wieder mit Aufmerksamkeit und Liebe erfüllen, dann wird das Licht der Engel und die Liebe Gottes auch durch das Innere des Planeten in das morphogenetische Feld der Erde transportiert, und es wird ein segnender Strom der Heilung aus dem pulsierenden Herzen der Erde fließen.

Das Herz der Erde ist mit dem Herzen der Menschen unsichtbar verbunden. Wenn ihr euer Herz für die Erde öffnet, dann kann das Herz des Planeten wieder für euch schlagen und die Zeit der Dunkelheit wird langsam vorbeigehen.

Die Kosmischen Ältesten waren einst hier und haben die Atlantische Kristallbibliothek am Herz der Erde mit den Schwingungen der Liebe aufgeladen. Das Herz der Erde ist auch mit dem Herzen des Universums verbunden und ebenso mit dem Herzen des Schöpfers aller Dinge.

Die Atlantische
Kristall-
Bibliothek
Heilige Objekte
aus Peru

Orakelstein 1 (Sonnengott Inti):
Ein wunderschöner ovaler Stein, der in Verbindung mit der Atlantischen Kristalltafel steht. Er kann wie ein Diapositiv verwendet werden und zeigt unter Einfluss von Licht eine riesige Projektion des Sonnengottes Inti. Alle Orakelsteine sollen Portale in andere Dimensionen öffnen und bieten dem Betrachter Bilder der Zukunft, Gegenwart oder Vergangenheit.

Orakelstein 2 (Schöpfergott Viracocha):
Ein weiterer Projektionsstein, mit dem Bilder anderer Zeiten oder Orte empfangen werden können. Die Darstellung des Gottes Viracocha als Schöpfergott verweist auf die Schöpferkraft Gottes in allen Dingen. Das magische Objekt projiziert nicht nur das Licht, sondern soll die Schöpferkraft für seinen in Zeremonie befindlichen Betrachter stärken.

Orakelstein 3 (»Kreuz des Südens« mit Reliquienschädel):
Dieser Stein wirkt in Verbindung mit dem »Kreuz des Südens« und dem Kristallschädel Corazon de Luz. Er soll das Licht in das Energiefeld des Betrachters projizieren und in reiner Liebe lehrend und öffnend für die Quellen des kosmischen Wissens wirken.

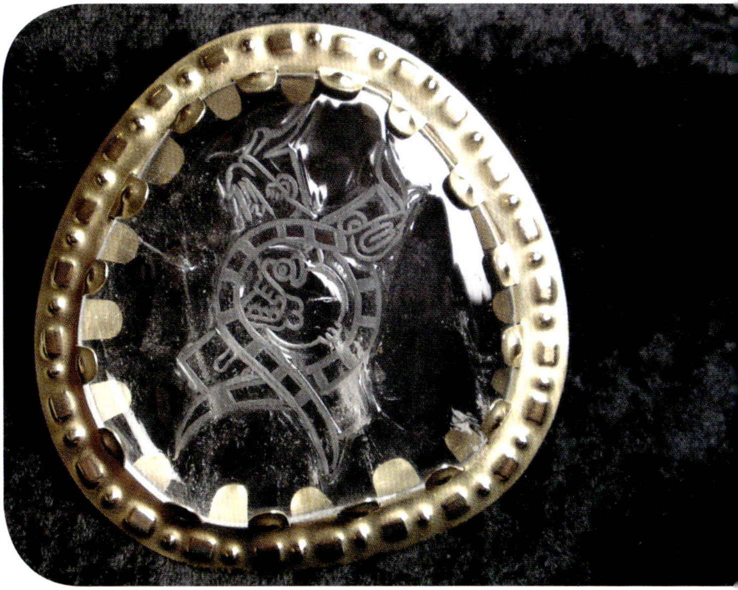

Schlüsselstein »Kreuz des Südens« (Vorder- und Rückseite mit Fassung in Gold): Dieser Stein zeigt das »Kreuz des Südens« und Corazon de Luz, bewacht von zwei Schlangen. Die Energie des heiligen Artefakts soll als Schlüssel dienen, um die Bibliothek der atlantischen Zeit zu öffnen. In Verbindung mit der Kristalltafel soll es in Meditation möglich sein, kosmisches Wissen aus der Bibliothek der Chronik des Universums zu entnehmen.

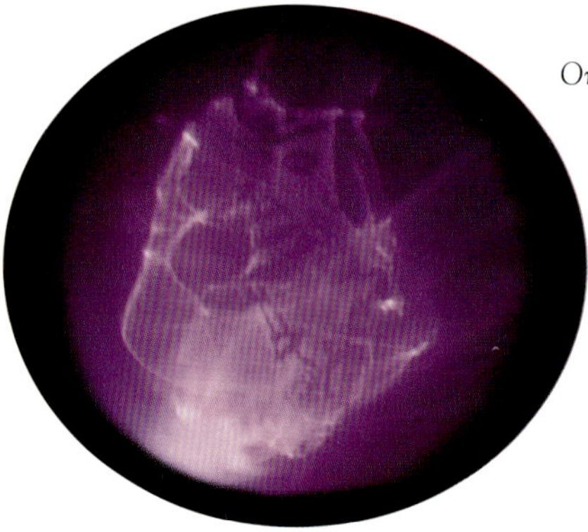

Orakelstein 1 (Sonnengott Inti):
Der Lichtnebel, der von diesem Stein projiziert wird, lässt sich variieren. Je größer der Betrachter den Abstand der Lichtquelle zum Stein wählt, desto größer ist das entstandene Lichtspiel. Wie die Sonne soll hier der Gott Inti die Portale dieses Universums öffnen.

Orakelstein 2 (Schöpfergott Viracocha):
Dieser Stein projiziert im Licht den Schöpfergott Viracocha, um mit seiner Hilfe Portale in andere Dimensionen zu öffnen.

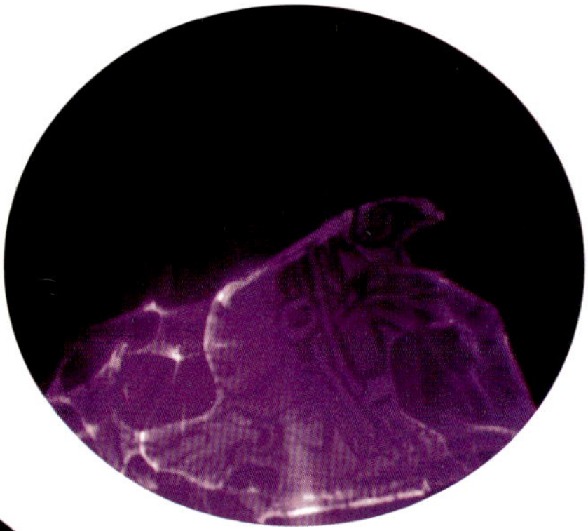

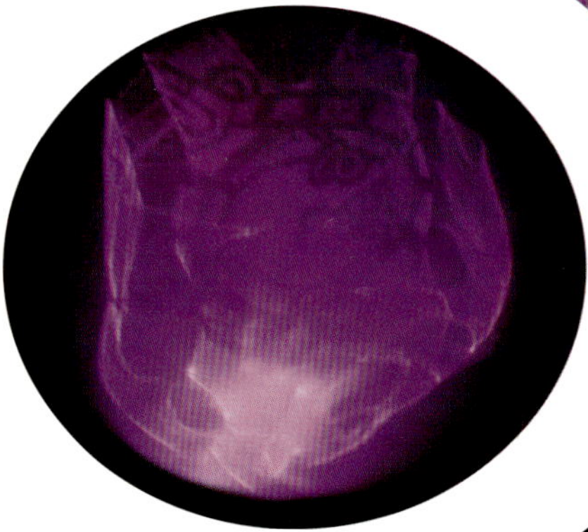

Orakelstein 3 (»Kreuz des Südens«):
Hier projiziert das Licht einen mehrere Meter hohen Lichtkegel, der Corazon de Luz in einem Lichtnebel zeigt.

Schlüsselstein »Kreuz des Südens«:
Unter Verwendung von Licht wirkt auch der Schlüsselstein wie ein Dia und projiziert einen Lichtnebel mit der Figur des Drachens der Inneren Erde.

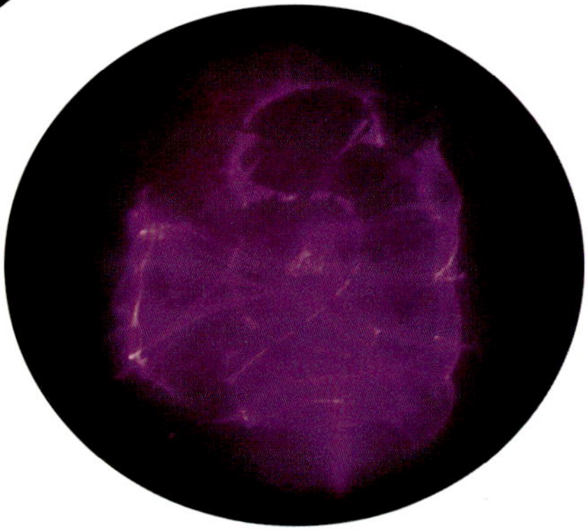

Die Atlantische Kristalltafel, ein Hochrelief mit Zeremonialszenen, sowie der Schlüsselstein im traditionellen Schmuck der Inka. Beide Artefakte zusammen werden von den Inka als »The Golden Disc« (»Sonnentafel«) verehrt. Der letzte Priester aus Atlantis soll am Portal von Amaru Muru mit dieser Tafel den Zugang zum Inneren der Erde geöffnet haben.

Die Atlantische Kristalltafel soll wichtige Informationen des Universums enthalten, die als Daten unsichtbar einprogrammiert sind.
In Meditationen sollen die Daten empfangen werden können und dem Betrachter wichtige Informationen für die Bewusstwerdung der Menschen dieses Zeitalters geben.

Die Atlantische Kristalltafel in einzelnen Bildausschnitten. Sie enthält nicht nur Informationen der kosmischen Bibliothek, sie ist auch ein Portalöffner für die höher liegenden Dimensionen und deren Frequenzen.

Unter Aktivierung des besonderen Lichtes der heiligen Tafel werden in Meditationen und Zeremonien die inneren Kräfte des Wissens lebendig.

Die Priester von Atlantis verbanden mit ihren Zeremonien die Initiation des Lichtes in das heilige Wissen des Wissensspeichers aller Universen. Mit der Tafel in Meditation zu verweilen gab ihnen ihre besonderen Fähigkeiten.

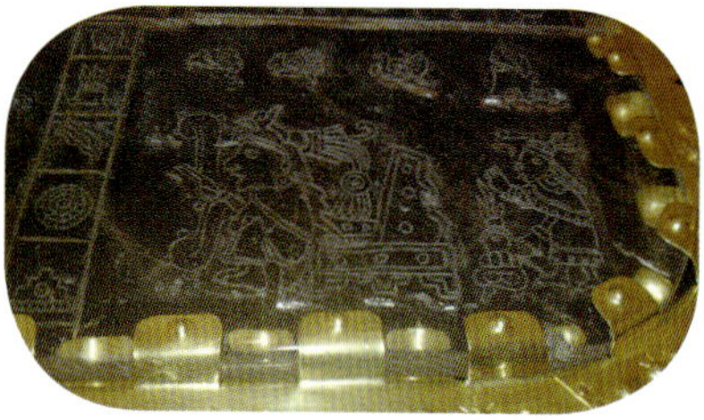

Diese Bildfolge zeigt die wundervolle Hochreliefarbeit des heiligen Objektes und die Art der Goldfassung.

Die Schlange des Lichtes

Dieses Objekt soll die Energie der Schlange des Lichtes ins Innere der Erde bringen. Sie soll die Information aus der göttlichen Schöpfungsquelle des zentralen Universums direkt in das morphogenetische Feld der Erde übertragen.

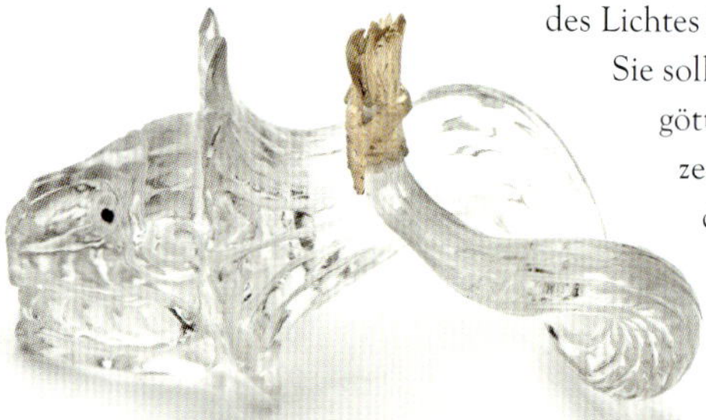

Diese Abbildungen zeigen die Schlange des Lichtes und die ungewöhnlich geschwungene Form des Körpers dieses drachenähnlichen Wesens.

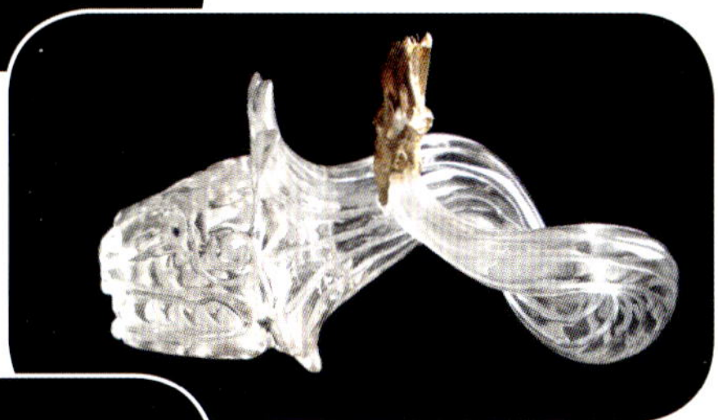

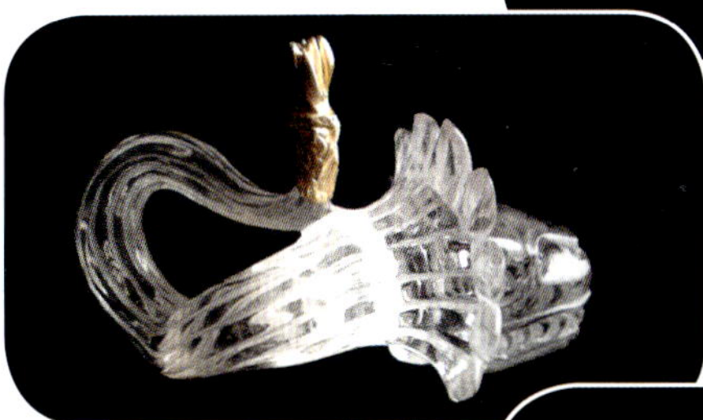

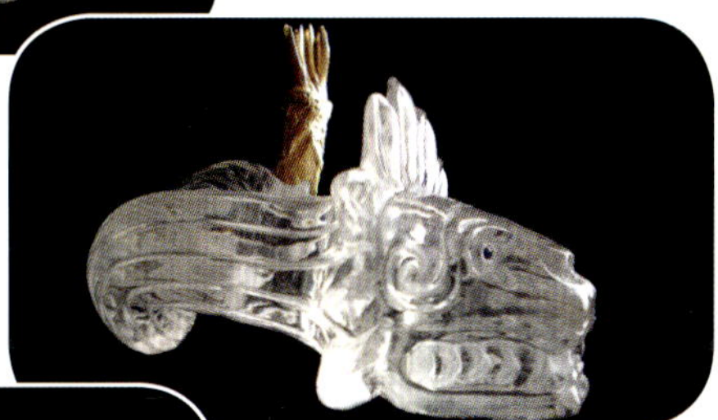

Der Feuerdrache

Die Figur des Drachens steht für den Wächter des Herzens der Erde. Der Drache soll das Herz der Erde beschützen. Ungewöhnlich ist die verbindende Darstellung von Feuer und Eis, symbolisiert durch die Materialien Bergkristall und Feueropal. Dieses heilige Objekt soll auch mit dem Herz der Erde das Herz der Menschen schützen.

Der Feuerdrache mit seinen wunderschönen Flammen aus echtem Feueropal blickt dem Menschen freundlich und liebevoll ins Herz.

Mehrere Profilabbildungen des Drachens aus reinem natürlichen Bergkristall. Sein ungewöhnlicher Körper ist quaderförmig und verweist auf die heilige Geometrie.

Bei diesem heiligen Artefakt soll es sich um die Hand des letzten Priesters von Atlantis (Amaru Muru) handeln. Er soll bei seiner Transformation ins Licht den Menschen sein komplettes Kristallskelett hinterlassen haben, voll gespeicherter Informationen. Sie sollen uns helfen, das Neue Zeitalter auf Erden mit Körper, Geist und Seele zu gestalten.

Abbildungen der Hand des Priesters Amaru Muru mit allen 29 Teilen der menschlichen Hand. Das Artefakt hat die gleichen Abmessungen wie die menschliche Hand heute.

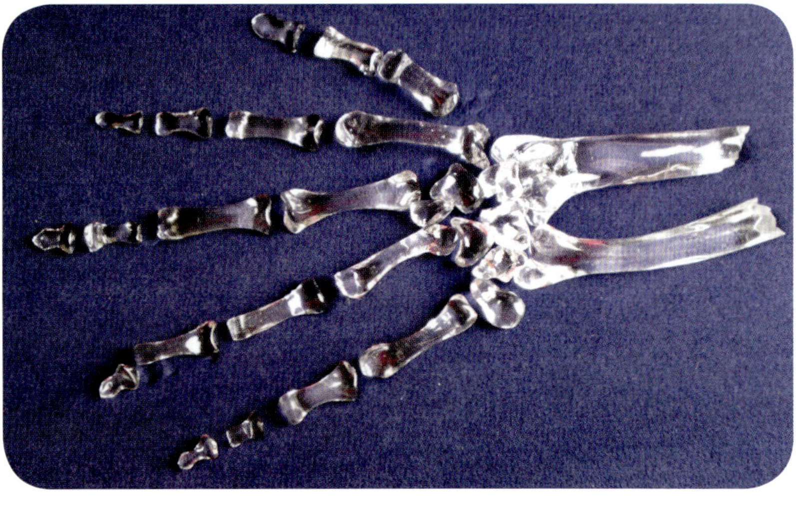

Abbildungen der bisher eingetroffenen Teile des Kristallskeletts des atlantischen Priesters. Alle Knochenteile sind aus Bergkristall und in menschlicher Originalgröße.

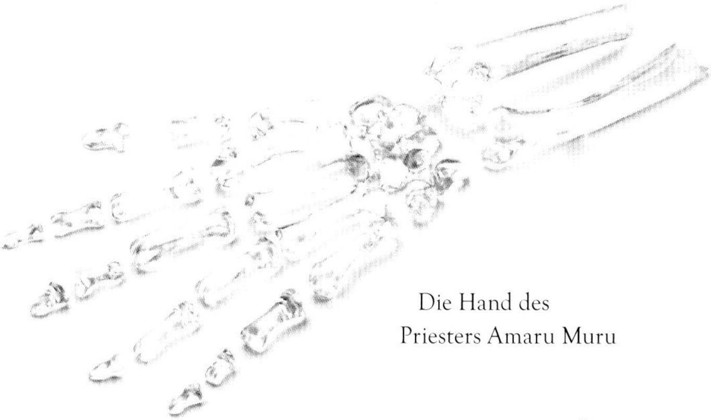

Die Hand des
Priesters Amaru Muru

Der Unterarm des
Priesters Amaru Muru

Der Oberarm des
Priesters Amaru Muru

Das Atlantische Kristallherz
Dieses wundervolle heilige Artefakt stellt das Herz des Priesters Amaru Muru dar. Es soll in Verbindung mit dem Herzen der Erde stehen und die Kraft besitzen, die Herzen der Menschen mit Liebe und Licht zu heilen.

Wenn du das heilige Wissen zu den Menschen bringst und sie von der Atlantischen Kristalltafel die Gesetze des Universums lernen, dann haben sie eine Chance, ihr eigenes Herz für den Planeten zu öffnen. Mit dem Herzen zu fühlen, zu entscheiden und in der Herzenergie zu leben wird für die Menschen die Lösung vieler Probleme bedeuten.

Wie ich sehe, bist du in ehrwürdiger Gesellschaft gekommen. Der Schädelstein und sein Lichtwesen sind schon einmal hier gewesen vor sehr langer Zeit mit den Kosmischen Ältesten und der kristallenen Bibliothek.

Ich habe in dein Herz geschaut und darin wahre Liebe für die Erde gespürt. So glaube ich, dass du den Weg deiner Reise fortsetzen kannst, und ich werde euch sagen, wo ihr die kristallene Bibliothek finden könnt.

Aber zuerst musst du das Herz der Erde zum Schlagen bringen. Auch wenn es nur ganz langsam schlagen wird, wird es ein Anfang für uns alle sein. Wenn du das Herz der Erde überzeugen kannst, bin auch ich überzeugt von deinen Absichten.«

Der Drache schwamm beiseite und gab den Weg zum Herz der Erde frei.

Ich schluckte, als ich den leuchtenden Körper sah, auf dem er geruht hatte und der sein größter Schatz war, und hatte Angst, dass ich es nicht schaffen würde, das Herz – dieses kostbare Herz des Planeten – zum Schlagen zu bringen. Aber das Lichtwesen des Kristallschädels schwebte mir entgegen und reichte mir die Hand. Es war ein warmes und erhabenes Gefühl, das Licht des Sternenwesens auf meiner Haut zu spüren.

San Saiman und der Zwergenkönig blieben beim Drachen stehen, und ich watete vorsichtig zum Herz der Erde und berührte es vorsichtig mit meiner Hand.

Tief atmete ich ein und aus und legte die Linke an meine Brust, während ich mit der Rechten den leuchtenden Kristall berührte. Dabei schloss ich die Augen.

Ich lauschte auf meinen Herzschlag und begann mit meiner Rechten im gleichen Rhythmus auf das Herz der Erde zu klopfen.

All meine Liebe floss in dieses Tun. Ich stellte mir meine Kinder vor, hielt sie in meinen Armen. Ich lächelte in mich hinein und klopfte und klopfte – wiederholte den Rhythmus meines Herzschlags als Liebeserklärung an die Welt.

Eine ganze Weile tat ich das und stellte mir die schönsten Orte der Erde vor, die ich je gesehen hatte. Ich spazierte in Gedanken an einem Strand entlang oder flog mit einem Vogel über die Weiten des Urwaldes.

Immer intensiver klopfte ich im Rhythmus meines Herzens auf das leuchtende Herz aus Kristall. Doch das Herz rührte sich nicht. Es schwieg und wollte einfach nicht schlagen. Da nahm ich meine Hand traurig vom Herzen und weinte.

Meine Liebe hatte die Erde wohl nicht überzeugen können.

San Saiman eilte durch das Wasser an meine Seite. Beruhigend legte er mir die Hand auf die Schulter, um mich zu trösten. Milan ließ sich auf seiner Schulter nieder, und Graubart berührte mich an meinem Bein. »Wir alle lieben das Herz der Erde, Carino. Sei nicht traurig, wir werden es weiter versuchen, so lange wir leben.«

Ich nickte und fühlte mich nicht mehr allein. Glücklich darüber, dass ich so gute Freunde hatte, die mir bis hierher geholfen hatten, lächelte ich unter Tränen. »Ja, so lange wir leben, werden wir es weiter versuchen!«

Da trat auch das Lichtwesen des Kristallschädels zu uns und berührte unsere Köpfe mit einem regenbogenfarbenen Strahl. Ein liebevoller heller Lichtstrom durchlief meinen Körper. Mir war, als würde all meine Traurigkeit vergehen, und ich hatte den deutlichen Eindruck, dass mein Herz sich erwärmte.

Und zugleich schmolz das Eis im Herzen der Erde.

Ich sah, wie es zu vibrieren begann und anfing zu pochen – ganz langsam erst, dann allmählich schneller. Und mit jedem Schlag, den es machte, pulsierte helles Licht in das Wasser um uns herum und durchlief uns als starke Schwingung. Wir sahen uns an und konnten es nun alle fühlen, das Herz der Erde.

Es schlug wieder.

»Die Lichtgemeinschaft von Engeln, Zwergen, Lichtmenschen und den menschlichen Völkern der oberen Erde ist nun wieder lebendig.« San Saiman lächelte. »Das Regenbogenlicht fließt wieder in, um und auf die Erde. Das Herz der Erde, es wurde durch die Liebe dieser Gemeinschaft für den Planeten wiedererweckt.«

26

Die Vogelfrau

Wir waren alle tief bewegt. Es war ein Moment voller Liebe und Kraft, und ich hatte Freudentränen in den Augen. Der Drache schwamm glücklich im Becken des Sees und sang, und Millionen Lichtstrahlen funkelten in der Höhle, die nun schon so lange Zeit das Herz der Erde bewahrte.

Graubart räusperte sich und boxte San Saiman in die Seite. »Beim Barte meines Großvaters und meiner Ahnen, dass ich alter Zwerg das noch erleben darf.« Er stand im Gegensatz zu uns bis zum Hals im Wasser, was uns vorher gar nicht aufgefallen war. San Saiman hob ihn heraus und warf ihn lachend in die Luft, um ihn gleich wieder aufzufangen.

Shevan, das engelhafte Lichtwesen des Kristallschädels, tanzte im funkelnden Regenbogenlicht. Dann wandte der Engel sich uns zu und verneigte sich, bevor er sich wieder in den Schädelstein zurückzog. Milan flog aufgeregt hin und her, und ich konnte nun verstehen, warum er nicht mehr bei mir geblieben war. Er hatte San Saiman früher bemerkt als ich und wieder die Nähe seines Herrn gesucht.

Ich verpackte den Kristallschädel in seinem Behältnis und schulterte ihn, bevor ich auch den Beutel Lichtwasser unter meinem Gewand verstaute. Triefend nass war ich, und meine Beine schmerzten von den Strapazen des Sturzes im Wasserfall. Ich fühlte mich dennoch glücklich und sah San Saiman fragend an, denn ich wusste, dass unsere Reise hier in den inneren Dimensionen der Erde noch lange nicht beendet war.

»Du hast recht, Carino, wir dürfen keine Zeit verlieren. Wir müssen diesen Ort verlassen, um die Atlantische Kristallbibliothek zu finden. Das Herz der Erde hat wieder angefangen zu schlagen, aber wenn es gänzlich heilen soll, dann müssen die Menschen auf der oberen Erde wieder das kosmische Wissen leben. Sie sind die Schwingungsträger der Liebe für Mutter Erde«, sagte San Saiman bestimmt. »Hierher wird nie wieder ein Mensch gelangen. Dieser Ort wird sich wieder mit dem Wasser des Regenbogens füllen. Jeder Regenbogen, der sich auf Erden spiegelt, wird mit dem Herzen der Erde in Verbindung stehen, doch diesen Ort wird niemals mehr ein Mensch betreten.«

Der Drache kam zu uns geschwommen, und seine Augen funkelten vor Freude. »Ihr habt das Herz der Erde wieder lebendig gemacht. Dafür danke ich euch, denn meine Liebe für die Erde ist unendlich. Ich werde das Herz des Planeten weiter beschützen, so wie die Kosmischen Ältesten es mir aufgetragen haben. Doch ist es wichtig, dass ihr diese Welt und diesen Ort mit Liebe erfüllt, indem ihr der Prophezeiung der Ältesten folgt und die Atlantischen Kristalltafeln zu den Menschen bringt. Es ist wichtig, dass die Menschen begreifen, dass die Erde lebt und dass wir Wesen im Inneren der Erde ein Teil der Welt dieses Planeten sind.

Eure weitere Reise ist nicht ungefährlich, denn die Kosmischen Ältesten haben die Atlantische Bibliothek noch an weiteren wichtigen Punkten der Inneren Erde geheiligt. Sie haben das Wissen der Tafeln mit den verschiedenen Dimensionen der Erde verbunden, damit die Menschen auch die Inneren Welten der Erde in ihr Wissen einbeziehen können. Um die Tafeln vor unberechtigtem Zugriff zu schützen, haben sie diese Etappen der Dimensionen für die Bibliothek gewählt, denn nur so ist gewährleistet, dass das Wissen zum richtigen Zeitpunkt wieder unter die Menschen gelangt.

Ich wünsche euch Glück auf dieser Reise und werde stellvertretend für euch meine Liebe in dieses Herz geben, um es am Leben zu erhalten – solange, bis die Menschen selbst wieder dazu in der Lage sind.

Aber erst werde ich die Wasser des Regenbogens in diese Höhle einlassen und euch auf meinem Rücken zur Vogelfrau tragen, durch all die Tunnelanlagen bis hin zu ihr. Die Vogelfrau ist die Einzige, die euch zur Stadt der Wale bringen kann. Dort in den Tiefen der Ozeane gibt es eine weitere Dimension, die ihr bereisen müsst, um die Atlantische Kristallbibliothek zu finden.

Steigt alle auf meinen Rücken und haltet euch gut fest. Es wird gleich losgehen. Atmet noch einmal tief ein, bevor ich in das Wasser tauche, damit ich euch sicher zur Vogelfrau bringen kann.«

Kaum hatte er das gesagt, gab es einen heftigen Ruck in der Höhle. Der Fels erbebte, und der Wasserspiegel des Sees begann zu steigen.

San Saiman rief Milan zu sich, packte Graubart an den Schultern und setzte ihn auf den Rücken des kristallenen Drachen. Dann half er mir aufzusteigen und setzte sich selbst auf den Drachen, unmittelbar hinter mich, wobei er mich mitsamt Graubart zwischen seinen Armen festhielt.

»Warte, Drachenhüter«, sagte er. »Wo ist der Meteoritensplitter, den ich bei mir hatte? Vielleicht werden wir ihn noch brauchen.«

Der Drache nickte und schwamm auf die andere Seite des Herzens, wo San Saiman den Splitter mit einer Hand greifen und unter seinem Gewand verbergen konnte. Dann gab er das Zeichen zum Einatmen. Mir war nicht wohl bei dem Gedanken, denn ich konnte noch nie lange die Luft anhalten. Aber von da an ging alles rasend schnell.

Der Drache ließ sich sinken, und das Wasser schlug über unseren Köpfen zusammen. Anfangs konnte ich noch etwas erkennen und sah, dass wir durch einen Gang, der vollständig unter Wasser lag, tiefer tauchten. Dann verblasste das wenige Licht, und ich merkte, wie der Drache in rasender Geschwindigkeit durch die Dunkelheit schwamm. Ich fühlte mich wie in einer Achterbahn, mit dem einzigen Unterschied, dass ich bald den Eindruck hatte zu ertrinken. Fast wäre ich in Panik geraten, als der Drache wieder mit uns auftauchte – in einer Luftblase des Ganges, wie es schien, um uns Gelegenheit zum Atmen zu geben.

»Das ist wieder eine deiner Veränderungen, die ich nicht ausstehen kann, Sonnenkönig«, schimpfte Graubart. »Zwerge laufen lieber auf festem Stein, als im Wasser zu ersaufen.« Mehr konnte er nicht sagen, denn schon setzte der Drache zur nächsten Etappe an.

Wir konnten gerade noch einatmen – und weiter ging die Tauchpartie durch das Dunkel der unterirdischen Gänge. Wir rauschten nur so dahin, bis wir spürten, dass wir in offenes Wasser geraten war. Licht drang von oben herab, und als wir zur Oberfläche auftauchten, war ich erstaunt, denn es gab ein riesiges Meer im Inneren der Erde.

»Das hier sind die heiligen Strände des Lächelns«, erklärte uns der Drache. »Das Licht, das ihr seht, kommt von dem Kristall, der hier wie eine Sonne scheint.«

Wir blickten in die Richtung, in der er seinen Kopf gewendet hatte, und in der Tat sah ich eine runde Kristallsonne an einem Himmel, der aus Stein bestand. Ein riesiges Deckengewölbe, das sich mindestens einen Kilometer über uns erstreckte, rahmte das Meer ein. Der Kristall leuchtete dort in einem warmen Orange. Felsen säumten das Meer, das mit seinen Wellen wie die Ozeane der Erdoberfläche wirkte. Man konnte sogar einen Sandstrand erkennen, und das leicht dümpelnde Wasser schmeckte salzig auf meinen Lippen.

»Tief unten im Meer des Erdinneren liegt die Stadt der Wale«, fuhr der Drache fort. »Dort müsst ihr hin. Aber um euch dort aufhalten zu können, benötigt ihr die Hilfe der Vogelfrau. Ihr müsst nämlich lernen, auch unter Wasser zu atmen. Die Kristallbibliothek wurde vom Herz der Erde in die Stadt der Wale gebracht. Dort wird man euch weiterhelfen.«

Während der Drache das sagte, schwamm er über das Meer der Inneren Erde zum nahen Strand. Sanft setzte er uns auf dem Sandboden ab und schaute noch einmal kurz zu uns herüber. »Ich danke euch für alles, was ihr getan habt. Wenn ihr die Bibliothek zu den Menschen bringt, dann berichtet ihnen vom Herz der Erde. Sagt den Menschen, dass ich das Herz des Planeten bewache und dass ich daran glaube, dass die Menschen einen Weg finden werden, sich für die Liebe zu öffnen. In der kristallenen Bibliothek findet ihr ein Abbild von mir. Nehmt es als Zeichen der Freundschaft mit zu den Völkern der oberen Erde. Jetzt aber muss ich gehen, denn ich muss das Herz der Erde bewachen.«

Und flugs tauchte er wieder in die Tiefe hinab und war verschwunden.

Wir liefen am Strand entlang und suchten einen Platz, um kurz zu rasten. Das warme Licht der Kristallsonne gab uns die Wärme, um uns und unsere völlig durchnässte Kleidung zu trocknen. Milan, der die ganze Zeit auf San Saimans Schulter gesessen hatte, flog zum nächsten Felsen und putzte sich sein Gefieder in der wärmenden Sonne. San Saiman sammelte etwas Holz und entzündete ein Feuer. Oberhalb des Strandes wuchsen einige niedrige Bäume, und wilde Kräuter verströmten ihren lieblichen Duft.

Ich fühlte mich schwach und ausgemergelt. Erst jetzt bemerkte ich, dass mein Körper kaum noch leuchtete. Ich hatte lange nichts mehr von dem Lichtwasser getrunken, und es schien, als wäre meine Schwäche ein Zeichen dafür, dass ich den Aufenthalt hier in diesen Dimensionen ohne das Lichtwasser wirklich nicht überleben konnte.

Ich nahm die Trinkflasche aus meinem Gewand und reichte sie San Saiman. Als er mich fragend anschaute, sagte ich: »Ich weiß nicht, ob das lange reichen wird. Vielleicht sollte ich jetzt nicht so viel davon trinken?«

San Saiman blickte mir ernst in die Augen. »Um die Stadt der Wale zu besuchen, brauchst du das Lichtwasser, sonst kannst du nicht dort hingelangen. Nimm einen großen Schluck und entspanne dich ein wenig. Inzwischen, Graubart, kannst du mir einige deiner Barthaare geben. Ich will versuchen, ein paar Fische zu fangen.«

Graubart starrte San Saiman entsetzt an. »Beim Barte meines Großvaters, wie kommst du denn auf diese Idee? Fische fangen mit meinem Bart, also wirklich ...« Er brummelte und stampfte grollend in Richtung des üppigen Grüns der Kräuter davon.

San Saiman zwinkerte mir zu. »Ich wusste, dass er das sagen würde. Ich wollte nur einen Moment ungestört mit dir allein sprechen.« Er nahm einen hohlen Stein und platzierte ihn im Feuer. Als er etwas Lichtwasser hineinfüllte, begann es sich zu erwärmen. »Wenn man es warm genug trinkt«, fuhr er sodann fort, »hat es eine besonders kräftigende Wirkung, und das Wasser behält länger seine Wirksamkeit in deinem Körper.«

»Danke, San Saiman, ich kann etwas Wärmendes jetzt gut gebrauchen.« Nickend ließ ich mich auf dem warmen Sandboden nieder, und der lichtvolle Mann setzte sich zu mir ans Feuer. »Carino, was willst du tun, falls diese Reise erfolgreich endet und du heimkehren kannst in deine Welt auf der oberen Erde? Willst du uns vergessen?« Er sagte das mit einem Unterton in der Stimme, den ich an ihm vorher noch nicht kennen gelernt hatte.

»San Saiman, ich werde Graubart und dich niemals vergessen«, entgegnete ich empört. »Nichts von dem, was ich hier gesehen und erlebt habe, werde ich vergessen. Ich fühle mich wie ein Fremder in eurer Welt, doch zugleich kommt mir alles irgendwie vertraut vor. Wenn ich zurückkehre, will ich alles tun, um die Prophezeiung zu erfüllen. Die Menschen dort oben wissen nichts von dieser Welt und von euch. Sie kennen die Wahrheit nicht und sollen die Möglichkeit haben, das kosmische Wissen zum Guten für uns alle zu nutzen.

Ich wage nicht darüber nachzudenken, was passiert, wenn ich diese Aufgabe bestehe und zurückkehren werde. Ich liebe meine Kinder, und mein tiefer Wunsch ist es, sie heranwachsen zu sehen und ihnen zu helfen, ihr Glück zu finden. Aber ein großer Teil meines Herzens wird hier bei euch bleiben und eurer Welt weiter verbunden sein. Eure Welt ist so wundervoll. Die heilige Lichtstadt und die anderen Welten, das Herz der Erde, Graubart und du, euch alle habe ich in mein Herz aufgenommen und sehr lieb gewonnen.

Weißt du, San Saiman, ich hatte in meinem Leben nicht viel Glück mit der menschlichen Liebe. Irgendwie war es mir nicht vergönnt, in der weltlichen Liebe Glück zu finden. Es ist schön zu sehen, wie ihr hier lebt und wie liebevoll ihr mit allem umgeht. Ihr lebt den Respekt, den die Menschen für sich selbst lange schon verloren haben.«

Ich wurde rot, als ich das sagte. Aber San Saiman wusste, dass ich mich genau wie jeder andere Mensch immer nach Liebe und harmonischer Partnerschaft gesehnt hatte.

Seine Augen lächelten mich an. »Ich kenne dich länger, als du ahnst«, sagte er. »Wir sind uns bereits in einer früheren Inkarnation begegnet. Es ist eine lange Geschichte, und es würde jetzt zu weit führen, dir alles zu erzählen. Aber ich kenne dich, Carino, und ich habe dich sofort wiedererkannt. Lange hatte ich gehofft, dich wiederzufinden oder wenigstens zu wissen, dass du dein Leben und deine folgenden Inkarnationen glücklich verbringst. Ich habe selbst nicht gewusst, dass du die Prophezeiung erfüllen wirst, die uns vor so langer Zeit gegeben wurde. Egal, wie diese Reise auch ausgehen mag, du sollst wissen, dass wir alle hier dich sehr gern haben.«

Er stand auf, und ich konnte Tränen in seinen Augen sehen. »Mir als Sohn der Sonne ist es nicht gestattet, irdische Liebe zu leben. Aber mein Herz wird immer bei dir sein.« Damit wandte er sich ab und lief Graubart entgegen, der mit einem Bündel Kräutern zu uns kam. Er nahm dem Zwerg die Kräuter ab und kehrte mit ihm ans Feuer zurück.

Ich sagte kein Wort und blickte beschämt auf den Boden. Graubart hatte mir von San Saimans Schicksal erzählt, und in diesem Moment begriff ich, dass der Lichtmann in mir die Menschenfrau sah, die er einst geliebt hatte. Vielleicht hatte ich deshalb das Gefühl gehabt, ihn schon zu kennen. Sollte es wirklich so sein, dass wir uns hier nach langer Zeit wiedertrafen?

Ich schluckte und wurde aus meinen Gedanken gerissen, als plötzlich ein riesiger Vogel über uns kreiste. Erst dachte ich, es wäre Milan, aber San Saimans gefiederter Helfer hatte auf einem Stein neben dem Feuer gesessen und flog nun aufgeregt kreischend auf die Schulter seines Herrn. Er wollte nicht zur Beute des großen Vogels am Himmel werden.

Ich stand auf und beobachtete, wie der Vogel sich neben uns auf dem Sand niederließ.

Und da sah ich, dass es gar kein Vogel war. Es war ein wunderschönes Wesen, das sich uns zeigte, die Vogelfrau, von der der Drache erzählt hatte. Ihr liebliches und edles Antlitz, mit Federn umsäumt, war leuchtend hell, genau wie ihr Körper. Grüne Augen blitzten uns freundlich an, und perlmuttfarbenes Gefieder schmückte glitzernd den schlanken Leib, wie die Schleier eines Pfaus seitlich angewachsen.

Sie legte die Flügel an und beäugte uns eine Weile, bevor sie sprach: »Ich habe schon viel von euch gehört. In den Wassern geht die Kunde, dass ein Lichtmann, ein Zwergenkönig und eine Menschenfrau das Herz der Erde geweckt haben. Es heißt, die Prophezeiung nimmt ihren Lauf, und wir dürfen hoffen, dass die Dunkelheit des Vergessens endlich zu Ende geht. Seid ihr es, von denen die Prophezeiung verheißt, dass durch sie die kosmische Frequenzerhöhung der Erde ihren Anfang nehmen wird?«

Das Vogelwesen glänzte silbrig in dem Lichtschein, der von der künstlichen Sonne ausging. Es wirkte elegant und grazil, wie eine schöne Frau, die ein seidiges Federkleid mit glitzernden Punkten trug, funkelnd wie Sterne. Ihre Augen waren menschlich, und ihre edlen Gesichtszüge wirkten beinahe ägyptisch. Schmale Brauen und lange Wimpern verliehen ihr Sanftmut und Zartheit. Ihr Unterkörper war ganz der eines Pfaus.

Sie hockte sich in den Sand, während sie weitersprach: »Ich sehe schon, ihr seid auf dem Weg in die Stadt der Wale. Sie liegt tief unten in diesem Meer, das ein Portal in verschiedene Dimensionen ist. Die Wale, die du kennst, Menschenfrau, reisen an der Oberfläche der Erde durch die Meere. Aber Wale sind auch in der Lage, die Dimensionen zu durchschwimmen. Mit ihren Gesängen können sie in den Tiefen der Ozeane der oberen Erde die Portale öffnen, die ins Innere der Erde führen. Die älteren Tiere bringen ihre Kinder hier in die Stadt der Wale, um ihnen das Reisen zwischen den Dimensionen beizubringen. Man kann von den Walen viel lernen. Sie haben ein sehr hohes

Bewusstsein und können in hohem Alter sogar zu anderen Sternen reisen. Früher, als Atlantis auch auf der oberen Erde noch existierte, brachten die Wale die Menschen in andere Dimensionen der Erde. Da hatten die Menschen ein höheres Bewusstsein als heute, und diese Reisen waren wichtig, um das Wohl der Erde und ihrer Bewohner zu unterstützen.

Heute wissen die Menschen nichts mehr von der Stadt der Wale oder von den Portalen, die sie hüten. Auf der oberen Erde und auch im Inneren der irdischen Dimensionen, die den Menschen im Augenblick verschlossen sind, gehören die Wale zu den ältesten Lebewesen. Und sie können immer noch zwischen den Dimensionen reisen.«

Sie neigte sich in der Hocke nach vorn. »Nun, dass ihr zu dritt kommt, ist ein gutes Zeichen. Du bist sicher der Lichtmann, denn ich kann deine Lichtgestalt erkennen, und du bist zweifelsohne ein Zwerg, denn deine Gestalt verrät deine Herkunft.« Halblaut raunte sie Graubart zu: »Es ist sehr selten, dass Zwerge hierherkommen, denn sie gehen lieber zu Fuß als zu schwimmen, nicht wahr?« Dabei zwinkerte sie ihm zu.

»Das stimmt, Vogelfrau«, antwortete der Zwergenkönig mit volltönender Stimme, »denn wir halten es lieber mit Felsen und Steinen, die nicht in den Tiefen der Wasser liegen. Wir lieben den Duft frischer Erde, und wir tauchen auch nicht so lange, bis wir fast bewusstlos sind!« Er stampfte auf und blickte San Saiman trotzig an.

Die Vogelfrau lachte. »Nun, ich bin ein ewig lebender Vogel und habe schon viele Zeitalter hier an dieser Pforte erlebt.« Sie wandte sich an mich. »Und die Menschen haben mich in den vielen Zeitaltern der Erde am meisten berührt, denn sie haben ein gutes Herz.

Du sollst wissen, mein Kind, dass ihr mich heute als einen Deva oder Engel bezeichnen würdet. Ich bin die Beschützerin dieses heiligen Meeres, das von den Kosmischen Ältesten am Anbeginn der Schöpfung der Erde als Schule des Lebens erschaffen wurde. Es ist sehr tief, und die Stadt der Wale liegt in einer Zwischendimension zwischen den Welten der Inneren und der oberen Erde.

Früher haben die Wale auch Menschen hierhergebracht, und sie haben sich an diesem Strand ausgeruht, wenn sie Pause machten zwischen den Lektionen, die sie in der Stadt der Wale erlernten. Es gab Menschenpriester zu Zeiten von Atlantis, die ritten auf Walen in die Meerestiefen der oberen Erde und reisten von hier aus in die Dimensionen der Inneren Erde, um das Sternenportal zu berühren oder die Schule der Elemente zu besuchen.

Viele Menschen gab es zu Atlantis' Zeiten, die ihr Bewusstsein zu uns führte. Aber irgendwann sind die Reisenden der oberen Erde ausgeblieben. Sie hatten, wie die Zwerge, Angst vor den Tiefen der Wasser und vergaßen, dass man Wasser auch atmen kann, wenn man das rechte Bewusstsein dazu hat. Ich habe lange keine Menschenfrau mehr gesehen, und es freut mich sehr, dass du hierhergefunden hast!«

Sie lächelte mich an, und es berührte mich, dass sie noch das Zeitalter von Atlantis erlebt hatte. Sie musste unschätzbar alt sein.

»Ihr drei seid ein Zeichen dafür«, fuhr sie fort, »dass die Prophezeiung sich erfüllt und die Welt der Menschen nun wieder die Reife findet, sich mit den Dimensionen der Inneren Erde zu versöhnen. Ich freue mich darüber, denn es war mir schon fast ein wenig langweilig geworden ohne den Besuch der oberen Welt.« Sie gähnte.

»Es ist eine schöne Überraschung, nach so langer Zeit wieder die menschliche Sprache sprechen zu dürfen. Wer hätte gedacht, dass wir an diesem Morgen gemeinsam in die Stadt der Wale gehen können. Darum seid ihr ja gekommen, nicht wahr? Ihr sucht die Atlantische Kristallbibliothek. Und nur der Älteste der Wale kann euch den Weg dahin zeigen.

Wer von euch will mit mir in die Stadt der Wale gehen? Ich glaube kaum, dass ein Zwerg den Pfad durch das Tiefe Wasser freiwillig versucht?« Wieder zwinkerte sie und blickte Graubart freundlich an.

»Beim Barte meines Großvaters! Da hast du recht, ich will nicht noch mal in das Wasser. Jetzt bin ich gerade getrocknet und soll schon wieder mit den Vögelfischen tauchen? Das ist wieder so eine von den Veränderungen, die ich nicht ausstehen kann. Das ist ...!«

Graubart brummte in seinen Bart, und San Saiman stupste ihn vorsichtig an der Schulter. »He«, sagte der Lichtmann, »willst wohl lieber ein Ründchen schlafen, als die Welt zu retten, alter Freund und König!«

Da musste selbst Graubart lachen. Er grunzte und schlug sich laut auf die Oberschenkel. »Du, Lichtmann, bist ein Freund, wie ich ihn liebe!«

Schmunzelnd fragte ich: »Wie kommen wir in die Stadt der Wale, Vogelfrau? Wir haben nicht mehr viel von unserem Lichtwasservorrat, und mein Aufenthalt hier unten ist begrenzt. Wenn uns der Vorrat ausgeht, kann ich meine Mission nämlich nicht zu Ende bringen.« Ich sagte das, weil mir immer schwächer zumute wurde.

San Saiman sprang auf und warf einige Kräuter, die Graubart gesammelt hatte, in das Lichtwasser, das auf dem hohlen Stein im Feuer heiß geworden war. »Warte, Carino, gleich ist es so weit. Ich habe mich verplaudert.« Er rührte die duftenden Kräuter in das Lichtwasser und schob den Stein mit der Aushöhlung aus dem Feuer.

Die Vogelfrau verstand und erhob sich schnell in die Lüfte. Sie schlug nur einige Male kurz mit den Flügeln, und schon glitt sie am Strand des Meeres entlang. Aber sie flog nicht weit und kehrte mit einer Muschel im menschlich wirkenden Mund zurück. Sie hielt mir das weißlich schimmernde, fast faustgroße Gebilde entgegen.

»Damit sollte es leichter gehen«, sagte sie, als ich es entgegengenommen hatte. Sie neigte den Kopf ein wenig nach vorne. »Ihr alle solltet davon trinken, denn diese Pflanze ist eine besondere Pflanze. Sie kräftigt und vertreibt den Hunger.«

Dann richtete sie sich wieder auf. »Lichtmann«, sie nickte San Saiman zu, »ich werde besondere Algen bringen, die es euch ermöglichen, eine gewisse Stundenzahl unter Wasser zu atmen. Die Algen verbinden sich harmonisch mit euren Lungenzellen, und das Chlorophyll der Pflanze wird aus dem Kohlendioxid eurer Lungen und dem Meereswasser Sauerstoff produzieren. Lass ein wenig von dem Lichtwasser übrig und gib die Algen hinein. Wenn ihr diese Dämpfe inhaliert, werden die Algen es ermöglichen, dass ihr unter Wasser atmen könnt. Die Wirkung wird aber nur ein paar Stunden anhalten, ihr habt also nicht allzu viel Zeit, um den Ältesten der Wale zu finden und ihn zu sprechen. Ich kann auch unter Wasser fliegen und atmen. Ich werde euch in die heilige Stadt der Wale bringen.«

Nach diesen Worten erhob sie sich und flog über das Meer davon. Wir löffelten schweigend den Lichtwasserkräutertrunk, und die Wirkung ließ nicht lange auf sich warten. Ich fühlte mich leicht und viel wacher als vorher, und die Leuchtkraft meines Körpers nahm zu.

Auch Graubart genoss den kräftigenden Trank, und San Saiman lächelte zufrieden. Er blickte ihn an. »Fliegende Zwerge unter Wasser, das ist doch mal eine nette Überraschung, nicht wahr, alter Freund?«

Graubart verdrehte die Augen und sagte kein einziges Wort. Er hatte sich entschlossen, mit uns zu gehen.

27

Die Stadt der Wale

Nach einer Weile kam die bezaubernde Vogelfrau wieder herbeigeflogen. Sie trug ein Bündel langfaseriger grüner Algen, die sie wohl aus dem Wasser gefischt hatte. San Saiman nahm es von ihrem Rücken und legte die Pflanzen in das restliche Lichtwasser. Er schob den hohlen Stein wieder ins Feuer, und wir setzten uns im Kreis, um den aufsteigenden Algendampf einzuatmen. Milan atmete ihn auf San Saimans Schulter ein.

Im ersten Moment fühlten sich meine Lungen eigenartig an, als der Dunst der Algen sie erfüllte, doch nach kurzer Zeit spürte ich den Belag in meinen Atemwegen schon nicht mehr. Auch Graubart stellte sich in den Algennebel und schielte zu der Vogelfrau neben sich. Es gefiel ihm nicht, dass es nun in die Tiefe des Meeres gehen sollte.

Sorgfältig atmeten wir noch den letzten Rest des Dampfes ein, dann beugte sich die Vogelfrau mit ausgebreiteten Schwingen vor. Sie war gerade groß genug, um uns alle zu tragen.

San Saiman hob den brummelnden Graubart als Erstes auf ihren Rücken. Danach folgte ich, und der Lichtmann setzte sich als Letzter auf das herrliche Gefieder. Milan blieb auf seiner Schulter hocken und verbarg den Kopf unter der eigenen Schwinge. Er rückte ganz dicht an San Saimans Hals heran.

Darauf erhob sich die Vogelfrau mit kurzen Flügelschlägen. Erst kreisten wir in großen Bögen über der glitzernden Meeresoberfläche, und das Vogelwesen testete sein Gleichgewicht mit der zusätzlichen Last, die es nun zu tragen hatte – bis es sich hoch in die Lüfte schwang und dicht unter dem steinernen Himmel entlangflog.

Ich nahm kleine Kristallsplitter in diesem Firmament wahr und empfand die lichte Kristallsonne als ein unglaublich schönes Kunstwerk, das die Kosmischen Ältesten da geschaffen hatten. Ich fühlte mich sicher und leicht getragen.

Graubart vor mir gab keinen Laut von sich. Auf meinem Rücken vibrierte Corazon de Luz, und San Saiman schlang seine Arme fest um mich.

Dann begann die Vogelfrau ihren schnellen Sturzflug.

Wir pressten uns dicht an sie, als wir ins Wasser eintauchten. Ich fürchtete, ersticken zu müssen, und hielt unwillkürlich die Luft an. Aber dann klopfte mir San Saiman auf den Rücken. Mein Atemreflex öffnete die Lungen, und sie füllten sich mit Wasser – kühl wie die Luft. Es war unglaublich. Ich konnte tatsächlich atmen!

Fassungslos stierte ich an Graubart vorbei, während wir mit einer unglaublichen Geschwindigkeit in die Tiefe schossen.

Noch immer hielt die Vogelfrau ihre Schwingen an den Körper gedrückt, um weiter die Schnelligkeit des Falls nutzen zu können. Sie wollte so tief wie möglich tauchen. Neben mir sah ich schräge Lichtbahnen, die von der Kristallsonne bis in diese Tiefen geworfen wurden, und mir kamen die Tränen, als ich die Welt unter Wasser erblickte.

Der Sand des Meeresbodens glitzerte wie die Sterne am Nachthimmel, und überall schwammen leuchtend bunte Fische. Kristallene Felsen säumten einen sandigen Vorsprung, der jäh in einen tiefen Abgrund überging, in den wir hinüberwechselten.

Wie ein Engel schwebte die Vogelfrau mit uns durchs Wasser, und ich spürte kaum Widerstand. Es war, als wäre das Wasser so dünn wie Luft. Und je weiter wir in die Tiefe vordrangen, desto heller wurde das Lichterspiel, das wir hier unten vorfanden.

Auf dem Meeresgrund angekommen, schwebte die Vogelfrau mit uns dicht über dem Boden dahin – so kraftvoll und majestätisch, dass ich hätte weinen können vor Glück. Es war einfach wundervoll, diese Welt sehen zu dürfen. Der aufgewirbelte Kristallsand glitzerte in allen Regenbogenfarben. Bunte Quallen und Rochen glitten an uns vorbei, und eine Schule von Delfinen stieß auf uns herab. Sie waren schneeweiß und zwitscherten ihre Begrüßung. Spielerisch bliesen sie uns farbig schillernde Luftblasen entgegen.

San Saiman spürte meine Freude und hielt mich weiter mit beiden Armen fest umschlungen. Selbst Graubart war fasziniert, denn ich konnte seine weit aufgerissenen, erstaunten Augen sehen. Ich drückte den Zwerg begeistert, so sehr hatte ich ihn in mein Herz geschlossen. Der garstige König vom Anfang unserer Reise war mir ein liebenswürdiger Freund geworden. Graubart langte mit seiner kleinen Hand nach meiner, und ich spürte, dass auch er tief ergriffen war.

Aber was wir dann zu sehen bekamen, lässt sich kaum in Worte fassen.

Unser Blick öffnete sich auf eine riesige, leuchtende Stadt. Gewaltige Kristalle, die aus sich selbst heraus zu leuchten schienen, blitzten in Gruppen und einzeln auf. Wie Laternen markierten sie den Eingang zur Stadt der Wale.

Und dann konnte ich sie hören. Es war so schön, dass ich in den Ozean weinte.

Riesige weiße Wale kamen uns zwischen den Kristallen entgegengeschwommen. Corazon de Luz vibrierte auf meinem Rücken, als würde er mit ihnen kommunizieren. Die Wale gruppierten sich um uns, und eine Eskorte von ihnen begleitete uns in die Stadt unter Wasser. Die Delfine schwammen voraus, und die Wale sangen in den höchsten Tönen.

Vorbei an einem alten leuchtenden Tempel mit bunten Ziegeln ging es, auf den rasch weitere folgten. Wir stießen auf verlassene Paläste. Die Fassaden, behangen mit einem Teppich aus bunten Algen, glitzerten von Edelsteinen. Große Figuren und eine Statue, die mich an eine Sphinx erinnerte, schillerten in gleißender Pracht. Man konnte sogar noch bunte Gärten erkennen, in denen sich Korallen und Fischschwärme tummelten.

Die Stadt schien nicht enden zu wollen. Sie hatte Mauern aus weißem Marmor, und die Verzierungen an den Säulen sahen aus wie aus Meerschaum geschnitzt. Die Algen waren reich an Farben und schienen alles zu illuminieren. Das musste die Stadt der Menschen gewesen sein, die mit den Walen in dieser Dimension gelebt hatten. Hier hatten die Menschen also einst die Schule der Elemente besucht.

Es mussten Tausende Menschen gewesen sein, die hier unter Wasser gelebt haben.

Dann gelangten wir im Zentrum der Stadt an ein Gebäude aus überdimensionalen Steinen. Es sah aus, als hätten Riesen hier einen Palast errichtet. Die Pforte war offen und breit, so dass vier der Wale gleichzeitig durch den riesigen Eingang schwimmen konnten.

Die Wale sangen – und von überall her kamen sie geschwommen. Ich hatte noch niemals so viele Wale auf einmal gesehen, schon gar nicht aus solcher Nähe. Es war ein erhebendes Gefühl, zumal uns die Wale offensichtlich erkannten und annahmen. Neben und hinter uns sammelten sie sich, ganze Walfamilien auch mit jungen Walen. Vornehmlich weiße Wale, die aussahen wie Buckelwale, nur dass sie eben völlig schneeweiß waren.

Die Vogelfrau schwebte mit uns durchs Wasser in den riesigen Palast aus weißem Stein. Verzierungen aus Gold ließen mich vermuten, dass auch er von Menschen erschaffen worden war. Wir schwammen durch einen gewaltigen Aufgang, und ich sah bald, dass der Gang in ein breites Becken mündete. Es ging ein Stück weit nach oben, bis wir die Wasseroberfläche durchbrachen. Wir trieben in einer Höhle mit einer großen Luftblase, die anscheinend so konzipiert war, dass die Wale sich im Becken versammeln konnten, die Menschen aber auf einem breiten Sims in der Halle genug Platz fanden, um dort frei atmen zu können. Ich konnte mir denken warum, denn unter Wasser konnte ich zwar Luft holen, es war mir aber nicht möglich gewesen zu sprechen. Dies war zweifellos eine Art Versammlungsplatz.

Die Vogelfrau schlug mit den Flügeln im Wasser und schwang sich nach oben. Sie zog in der riesigen Höhle einen Kreis, der den breiten Sims um das Becken herum verlief. Ich sah gewaltige Steinblöcke, die mit Edelsteinen und Gold geschmückt waren.

Am Rand des Beckens kniete eine gigantische Menschenskulptur – ein Mann mit saphirblauen Edelsteinen als Augen, sonst ganz aus Kristall. Sie gemahnte an einen König, denn auf seinem Haupt trug der steinerne Mann eine goldene, sonnenförmige Krone. Die Figur sah so majestätisch und gewaltig aus, dass mir der Atem stockte.

Die Vogelfrau ließ sich neben der Figur nieder, und wir stiegen ab. Der Boden war ganz aus Marmor, und rings um den Beckenrand sah man goldene Stufen, die ins Wasser führten.

»Willkommen in der Stadt der Wale«, sagte die Vogelfrau ohne eine Spur von Anstrengung in der Stimme und lächelte uns an. »Dies ist die Halle der Versammlung, der Ort, an dem die Menschen früher mit den Walen sprachen. Die Stadt, die ihr auf dem Weg hierher gesehen habt, war die Stadt der Meeresmenschen. In ihr haben die Letzten vom Volk der Meere, die von der oberen Erde in das Innere dieser Welten kamen, eine Zuflucht für sich errichtet.

Als Atlantis versank, lebten hier die überlebenden Meeresmenschen und warteten darauf, dass die menschlichen Völker der oberen Erde sich zu höherem Bewusstsein entwickelten. Die Meeresmenschen waren mit dem atlantischen Volk verwandt, und so haben sie in dieser Stadt die Weisheiten des Universums und der verschiedenen Dimensionen der Inneren Erde gehütet bis zu dem Tag, an dem sich die Prophezeiung erfüllte, die die Kosmischen Ältesten in dieser Halle dem König der Meeresmenschen gegeben hatten.

Sie sagten, es käme eine Zeit des Vergessens und niemand wisse, wie lange diese Epoche des dunklen Zeitalters auf der oberen Erde dauern würde. Das Vergessen der menschlichen Völker der Erde könne nicht verhindert werden. Es sei wichtig für die Entwicklung des Bewusstseins der Menschen, dass sie genügend Freiraum und Zeit bekämen, sich unabhängig und unmanipuliert in das Verständnis des universellen Bewusstseins hineinzuentwickeln. Ein Eingriff der Meeresmenschen in die Entwicklung der menschlichen Völker der oberen Erde sei deshalb nicht konstruktiv, und die Meeresmenschen erhielten die Aufgabe, die Atlantische Kristallbibliothek mit den unendlichen Sprachen der Universen zu beschwingen.

Die Tafeln des Wissens sowie ein menschliches Herz aus Kristall wurden hier mit den Tönen der weisesten und ältesten Wale beschwungen, um die Sprachen der Herzensheilung für immer in der Kristallbibliothek zu bewahren. Auch ein menschliches Skelett aus Kristall wurde mit den Resonanzen der verschiedenen Dimensionen und dem kosmischen Wissen besungen, und die ältesten Wale der Dimensionen gaben ihr Wissen in die Atlantische Kristallbibliothek.

Man sagte uns, es sei wichtig, dass den Menschen die Musik der Meere und die singenden Sprachen der Tiere überliefert würden, wenn die Zeit dafür gekommen sei. Früher haben die Menschen die Sprache der Tiere verstanden, doch auch dies sollte über das große dunkle Zeitalter vergessen werden. Die Ältesten der Wale haben hier in einer Versammlung die Geschichte der Erde erzählt, das Universum seit seiner Erschaffung beschrieben, und all dieses Wissen wurde in die Atlantische Kristallbibliothek gegeben. Dann sagten uns die Kosmischen Ältesten, dass die Zeit des Vergessens erst beendet wäre, wenn die Menschen wieder in der Lage seien, die Innere Erde zu bereisen.

Uns wurde das Erscheinen eines Königs des Lichtvolkes beschrieben, der zum Zeichen des Erwachens des Planeten und der Bewusstwerdung der menschlichen Völker der Erde mit einer Menschenfrau hier erscheinen würde, um nach der Atlantischen Kristallbibliothek zu suchen. Der Sonnenkönig sei als Einziger in der Lage, die Sprache der Wale zu sprechen, und nur durch den Ältesten aller Wale könne das Herz der Menschenfrau sich für die sieben Geheimnisse des Planeten Erde öffnen.

Seitdem haben die Wale die Meere der oberen Erde durchschwommen und hinter Dimensionstoren über diesen Ort gewacht. Sie sind durch die Tiefen der Ozeane immer wieder hierhergekommen, um alle Wale in der kosmischen Sprache zu unterrichten. Die Sprache der Wale solle niemals in Vergessenheit geraten, denn nur durch diese Sprache können die Menschen ihren Ursprung wiederfinden. Die Menschen und die Wale sind nämlich miteinander verwandt.

Die Menschen sind die Nachfahren der Wale, die älter sind als alles Leben auf dem Festland der oberen Erde. Zuerst bewohnten die Wale als die größten intelligenten Lebewesen die Erde, und sie waren mit den lichten Welten der inneren Dimensionen der Erde in ständiger Verbindung.

Nun, die Geschichte des Universums kennen die Wale seit Tausenden von Jahren, und die Ältesten der Wale sind weise und klug. Die menschlichen Völker der oberen Erde haben lange in Freundschaft mit den Walen gelebt. Zu atlantischen Zeiten haben die Wale gern mit den Menschen gespielt, und viele Meeresmenschen lebten hier in dieser Stadt, um von ihnen zu lernen. Doch als Atlantis versank und nachdem die Kosmischen Ältesten die Atlantische Kristallbibliothek erschufen, um das Wissen für die Zeit nach dem Vergessen zu bewahren, vergaßen die Menschen der oberen Erde ihre Verwandtschaft mit den Walen. Sie begannen sie zu jagen, und als der erste Wal zu menschlicher Nahrung wurde, begann das dunkle Zeitalter des Vergessens unabänderlich. Die Ältesten der Wale wurden getötet, obwohl manche von ihnen bis zu einhunderttausend Erdenjahren alt waren.

Die Sprache der Wale wird heute immer noch gesprochen, denn die Prophezeiung der Kosmischen Ältesten sollte unbedingt erfüllt werden können. Die Wale wussten um ihr Schicksal und haben das Wissen der universellen Sprache bewahrt, weil sie hofften, dass irgendwann der Sonnenkönig in der heiligen Stadt erscheinen würde, um die Menschen mit den Ältesten der Wale zusammenzubringen.

Irgendwann sind die Meeresmenschen der Stadt, die in dieser Dimension zu Hause waren, mit den Walen durch die Portale der Dimensionen bis zur oberen Erde geschwommen. Sie wollten die Menschen überzeugen, wieder das universale Gleichgewicht zu leben. Die Meeresmenschen taten es, weil immer mehr Wale nicht in die Stadt der Wale zurückkehrten und die Ältesten der Wale nicht mehr am Leben waren.

Später kamen auch die Meeresmenschen nicht mehr in die Stadt, denn sie bemühten sich vergeblich, durch die oberen Portale in diese Dimension zurückzufinden.

Die Meeresmenschen haben als Meerjungfrauen und Wassernymphen immer wieder versucht, mit den Menschen in Kontakt zu treten, aber es gelang ihnen nicht, auf Dauer eine Bewusstseinsänderung der Menschen zu erreichen. So gingen auch die Letzten der Meeresmenschen durch die Portale in die obere Welt, und seit dieser Zeit ist die Stadt der Wale menschenleer.

Seitdem warten die Wale nun auf den König der Sonne und die Menschenfrau, die mit einem Schädelstein in diese Stadt kommen würden.

Nur noch ein einziger Ältester der Wale lebt, und er ist schwach geworden in diesen Tagen. Die Wale haben ihn gerufen, und er wird hier erscheinen, um euch zu begrüßen.«

Als die Vogelfrau das gesagt hatte, drehte sie sich zu Graubart um und zwinkerte ihm erneut zu. »Von einem Zwerg habe ich in der Prophezeiung allerdings nichts gehört!«

Graubart grinste. »Das liegt nur daran, dass das Vergessen dir schon die Sinne benebelt hat, Vogelfrau. Denn, beim Barte meines Großvaters, wir Zwerge haben einiges zu bieten in diesen Tagen!«

San Saiman blickte auf die imposante Figur und räusperte sich verlegen. »Das soll ich sein? Ist ein bisschen groß geraten, findet ihr nicht?«

Ich schämte mich für die Taten der Menschen und fühlte mich überhaupt nicht wohl bei dem Gedanken, jetzt dem Ältesten der Wale gegenüberzutreten. Ich setzte mich auf den Marmorboden und hielt die Hände vor mein Gesicht.

»Oh, mein Gott, was haben wir Menschen nur getan«, schluchzte ich, »es wundert mich nicht, dass wir keine Statue eines Menschen hier unten finden. Ich schäme mich, San Saiman, wie kann ich das alles nur wiedergutmachen?«

San Saiman drehte sich zu mir um. »Carino, die Menschen haben nicht gewusst, was sie tun. Sie haben die Wahrheit vergessen, so wie Graubart, der König der Zwerge, alles vergessen hatte. Und sieh, wie der kleine König der Zwerge in diesen Tagen zum großen Helden geworden ist. Sieh ihn dir an, den mutigen König. Ohne ihn wären wir jetzt nicht in diesen heiligen Hallen!«

Dabei schaute er Graubart liebevoll an, und dieser zupfte verlegen an seinem Bart und senkte den Blick auf den Boden aus weißem Stein.

28

Die Einweihung in die sieben Geheimnisse der Erde

Die Vogelfrau ließ sich auf dem Hallenboden nieder, und es begann eine Zeit des Wartens. Wir warteten auf den Ältesten der Wale. Je länger es dauerte, desto mehr fürchtete ich mich vor dem Wal, denn ich glaubte, er müsse zornig auf mich sein. Dann hörte ich von Weitem den Gesang der Wale, die sich unter Wasser näherten. Es mussten viele sein, denn sie sangen in den verschiedensten Tonlagen. Corazon de Luz vibrierte auf meinem Rücken.

Ich blickte San Saiman an, der meine Gedanken erriet. »Bitte, leg ein gutes Wort für mich ein!«, sagte ich. Der Lichtmann nickte und begab sich dichter an den Rand des Beckens.

Die Vogelfrau wich ein Stück zurück. »Kommt hier herüber, weg vom Beckenrand, es wird gleich ein wenig feucht werden!« Ich stand auf und folgte dem Vogelwesen. Auch Graubart und San Saiman nahmen Deckung an der hinteren Hallenwand.

Die Wale sangen immer lauter, und ihre Töne durchdrangen alles. Die ganze Halle vibrierte, und der Klang berührte mich tief im Herzen. Ich konnte die Musik ihrer Sprache im ganzen Körper spüren.

»Verstehst du, was sie sagen?«, fragte ich San Saiman.

Er schüttelte den Kopf. »Tut mir leid, ich verstehe sie nicht. Sie singen, und ich kann sie spüren, aber ich verstehe nicht, was sie sagen wollen.«

Wie dünnes Papier erschien mir die Hallenwand aus Marmor, als der Gesang der Wale den Raum übernatürlich schwingen ließ. Ich hatte den Eindruck, sie nähmen meine Gedanken wahr. Und da tauchten sie plötzlich auf.

Drei sehr große Wale reckten ihren Kopf aus dem Becken und bliesen mit einem kurzen Stoß das Wasser aus ihrem Blasloch. Drei Fontänen spritzten bis hinauf zur Decke, und die Giganten legten sich dicht nebeneinander in das riesige Becken.

Der Größte der drei Wale war völlig weiß. Er sah wie ein Buckelwal aus und hatte sehr menschliche Augen, aus denen er uns neugierig beäugte. Ihr Gesang hörte aber nicht auf, und er kam von vielen Walen. Mir wurde bewusst, dass sich wohl Hunderte Wale um das Gebäude versammelt haben mussten, um dem Geschehen beizuwohnen.

Der große weiße Wal hatte eine ganz glatte, glänzende Oberfläche. Die anderen beiden Wale waren schwarzweiß, und ich erkannte sie als Orkas. Sie waren kräftig und gesund, und ihre Finnen ragten wie Schiffsruder kerzengerade nach oben. Ich hatte den deutlichen Eindruck, dass sie zum Schutz an der Seite des weißen Wales waren.

Ich fürchtete, sie waren meinetwegen als Leibwächter mit in die Halle gekommen. Wieder schämte ich mich. Niemals hätte ich dem weißen Wal etwas zuleide getan, aber sie hatten wohl ihre Erfahrungen mit den Menschen gesammelt und zogen es daher vor, mit jeder unangenehmen Überraschung zu rechnen. Dieser Gedanke machte mich traurig.

Der weiße Buckelwal hatte einen länglichen Kopf, der verbeult wirkte. Seine Haut war jedoch glatt und ebenmäßig, und es schien, als lächelte sein riesiges Maul. Er sah mich direkt an, während die anderen beiden ruhig im Becken lagen. Fernab sangen unaufhörlich weitere Wale, und ich spürte, wie die Töne jede Zelle meines Körpers durchdrangen.

Der weiße Wal blickte mir tief in die Augen.

Ich verneigte mich und legte zum Gruß die Hand auf mein Herz. Ich wusste nicht, ob er diese Geste verstehen konnte, aber ich wollte es wenigstens versuchen. Daraufhin wandte der Wal den Kopf und sah nach den anderen.

Als er San Saiman erblickte, geschah etwas Merkwürdiges. Jäh verstummte der Gesang der Wale. Der große weiße Wal reckte sich aus dem Wasser, um besser sehen zu können. San Saiman trat ein Stück näher ans Becken und zeigte sich in voller Größe. Dann ließ er sich auf seine Knie nieder und nahm die gleiche Haltung ein wie die imposante Statue aus Marmor, die den Sonnenkönig zeigte. Es fehlte nur die goldene Sonnenkrone, sonst war das Profil des Königs vom Erbauer der Skulptur aus Marmor exakt getroffen.

Der Wal wiegte sich hin und her, und da sah ich, dass Tränen aus seinen Augen rollten. Der wundervolle, große alte Wal weinte. Er nahm den Kopf unter Wasser, stieß einen durchdringenden tiefen Ton aus und sang. Er intonierte eine wundervolle Melodie, die mich so sehr berührte, dass ich selbst weinen musste.

Auch Graubart weinte, und die Vogelfrau rief: »Seit Tausenden von Jahren haben die Ältesten der Wale nicht mehr gesungen. Dies ist ein denkwürdiger Augenblick.«

Nach einiger Zeit verstummte der Wal wieder und schob seinen Kopf direkt vor San Saiman auf den Rand des Beckens. Der Lichtmann streichelte den Kopf des Wales und beugte sich zu ihm hin. Der mächtige Koloss öffnete leicht das Maul und drückte spielerisch das Wasser zur Seite. San Saiman wandte sich zu uns um.

Milan flatterte von der Schulter des Lichtmannes, denn der große Wal schüchterte ihn offenbar ein. Er flog zu der mächtigen Statue und setzte sich auf die Schulter des Abbildes seines Herrn. San Saiman rief: »Ich kann seine Gedanken lesen. Ich kann ihn genauso gut verstehen wie Milan. Er ist der Älteste der Wale, und er ist zutiefst berührt, dass wir endlich gekommen sind. Er muss Furchtbares erlebt haben, denn er weint.«

Auch ich hatte das Weinen in meinem Herzen gespürt und wusste nicht, was ich sagen sollte. Der Älteste der Wale tauchte wieder in das Wasser ein und sang in den vollsten Tönen, so dass die ganze Halle vibrierte. Corazon de Luz vibrierte stärker auf meinem Rücken, und mir schien, als versammelten sich immer mehr Wale um den alten Tempel.

»Er ruft die Wale zusammen und möchte uns allen etwas mitteilen«, fuhr San Saiman fort. »Er scheint sehr alt und schwach zu sein, denn ich fühle, dass er Schmerzen hat.«

Hin und wieder krümmte sich der Wal, als wollte er sich auf die Seite drehen. San Saiman las die Gedanken des mächtigen Wesens und berichtete weiter: »Dieser Wal ist der Letzte der Ältesten der Wale. Er ist über einhunderttausend Jahre alt. Er hat bis zu diesem Tag auf uns gewartet und freut sich, dass sich die Prophezeiung der Ältesten nun erfüllt. Seine Aufgabe ist es, uns in den sieben Geheimnissen der Erde zu unterrichten und uns dann zu einem Versammlungsort an einem Dimensionstor in diesem Meer zu bringen.

Dort befindet sich ein Übergangsportal in eine Dimension, aus der die ersten Wale auf diesen Planeten kamen. Alle Ältesten der Wale sind durch dieses Portal in die Heimatdimension gereist, als der Zeitpunkt ihres Todes nahe bevorstand und sie diesen Planeten verlassen wollten. In der Nähe des Portals gibt es einen Versammlungsort, einen Tempel, zu dem der Wal uns bringen wird. Dort sollen wir die Kosmischen Ältesten treffen.

Um die Kosmischen Ältesten herbeizurufen, wird der Letzte der Ältesten der Wale durch das Dimensionstor schwimmen und sie über die Lichtwelten der anderen Dimension seiner Heimat darüber informieren, dass die Prophezeiung sich erfüllt hat und der Sonnenkönig mit der Menschenfrau in der Stadt der Wale angekommen ist. Aber der Älteste der Wale wird von seiner Heimatdimension nicht mehr in diese Welt der Inneren Erde zurückkehren können. Deshalb ist es wichtig, dass wir ihm jetzt alle gut zuhören.

Die Kosmischen Ältesten haben sich auf Erden seit sehr langer Zeit nicht mehr gezeigt. Als sie das letzte Mal mit der Atlantischen Kristallbibliothek hier in dieser Halle erschienen waren, hatten sie den Walen angekündigt, dass die Menschen noch lange nicht reif sein würden, mit den geistigen Welten der höheren Dimensionen in Kontakt zu treten. Die Menschen würden ein Erscheinen der geistigen Wesen missverstehen und sie für Götter halten. Dies würde den Prozess des Erwachens des universalen Wissens nur verzögern. So haben die Kosmischen Ältesten die Wale seit jenem Tag nicht mehr besucht, und eine traurige Zeit des Vergessens ist über die Erde hereingebrochen.

Auch die Wale hätten diesen Planeten verlassen können, aber sie haben freiwillig die Aufgabe übernommen, als Vorfahren der menschlichen Völker der Erde hier zu warten, bis die Zeit des neuen Bewusstseins anbricht. Mit dem Erscheinen eines Lichtmenschen in der Stadt der Wale ist die Prophezeiung nun erfüllt, dass die verschiedenen dimensionalen Welten der Inneren Erde wieder miteinander in Kontakt treten werden, denn wenn ein König aus der Stadt des Lichtes durch die Dimensionen gegangen ist und bis in die Stadt der Wale gelangen konnte, sind die Bedingungen für die Dimensionsverbindungen erfüllt, und die inneren Welten können wieder erwachen.

Das Herz der Erde muss geheilt worden sein, denn es schlägt wieder, das können die Wale durch die Resonanz des Wassers spüren. Und dass ein Mensch in der Begleitung des Lichtmenschenkönigs in der Stadt der Wale angelangt ist, zeigt ihnen, dass die Menschen über das Licht in die inneren Dimensionen der Erde vorgedrungen sind. Das konnten die Menschen nur vollbringen, wenn sie sich in ihrem kosmischen Bewusstsein verändert haben und wieder in das Licht ihres Wesens zurückgewachsen sind.

Das erste Geheimnis der Erde, das der Älteste der Wale überbringt, ist also, dass die Wale die Ahnen der Menschen sind. Sie haben die gleiche Intelligenz wie die menschlichen Völker der Erde, auch wenn die Menschen das nicht für möglich halten in diesen Zeiten. Die Wale haben eine eigene Sprache, und sie sind in der Lage, die Dimensionen zu durchschreiten, wie wir ja bereits erfahren haben.

Das zweite Geheimnis der Erde ist, dass die Dimensionen des Inneren der Erde mit den höheren geistigen Welten verbunden sind. Die nächsthöheren Lichtwelten liegen nicht etwa zwischen den Sternen in entfernten Galaxien, sondern die feinstofflichen

Welten sind erreichbar über die inneren Dimensionen der Erde. Die Menschen werden ihren Aufstieg folglich durch das Innere der Erde machen, so wie die Wale, die Ahnen der Menschen.

Das dritte Geheimnis der Erde ist, dass der Planet in regelmäßigen Abständen seine Oberfläche verändert. Der Prophezeiung nach wird dies wieder der Fall sein, wenn die Menschen sich innerhalb der nächsten Jahrtausende friedlich so zu einem höheren Bewusstsein entwickelt haben, dass sie die Übergangszeit der Reinigung der oberen Erde in den Welten der Inneren Erde überdauern können.

Auch wird genügend Platz für die Menschen sein, denn selbst wenn die Bevölkerungszahl der Menschheit wächst, können sie in die inneren Dimensionen ausweichen. Die Erde ist die Mutter der Menschen, und sie ist ein lebendiges Wesen. Sie wird ihr Antlitz erst verändern, wenn die Menschen so reif geworden sind, dass sie die inneren Welten bereisen können. Denn die Erde möchte die menschlichen Völker beschützen und wird ihre Veränderung so lange aufhalten, bis sie in ihrer Entwicklung weit genug sind. Das bedeutet nicht, dass die Menschen sich nun ausruhen können und sich nicht weiter zu bemühen brauchen.

Das vierte Geheimnis der Erde ist nämlich, dass sie die Fähigkeit besitzt, in unhörbaren Frequenzen Töne hervorzubringen. Sie singt so wie wir Wale, aber sie singt Melodien, die für die Menschen bewusst nicht wahrnehmbar sind. Die Frequenzen der Erde sind Töne, die selbst die feststofflichste Materie durchdringen, und jeder Mensch und jedes Lebewesen des Planeten ist dadurch, wenn auch unsichtbar, so doch direkt mit der Erde verbunden. Diese Frequenzen schwingen durch die gesamte Materie der Erde, und dadurch hebt die Erde auch die Schwingung ihres geistigen Bewusstseins an.

Das fünfte Geheimnis der Erde ist, dass sie außerdem ein geistiges Wesen ist. Sie besitzt einen unsichtbaren feinstofflichen Körper, der mit den unsichtbaren geistigen Anteilen jedes Lebewesens, das auf Erden lebt, verbunden ist. Über diesen feinstofflichen Anteil reicht sie gefühlsmäßig in die Herzen und die

Gedanken der Menschen hinein, auf die gleiche Weise, wie der Älteste der Wale jetzt mit uns spricht.

Das sechste Geheimnis der Erde ist, dass die Gedanken aller Lebewesen über den feinstofflichen Körper der Erde unhörbar miteinander verbunden sind. Die Erde kann also jeden einzelnen Gedanken der Menschen oder der Tiere oder der Wesen in ihren eigenen feinstofflichen Dimensionen hören. Sie kann genau hören, was die Menschen denken. So werden in Zukunft die Menschen auch wieder telepathisch mit den Lebewesen des Planeten kommunizieren. Die Telepathie ist die geheime Sprache der Erde, denn das morphogenetische Feld der Erde ist in der Lage, sofort auf eure Gedanken zu reagieren.

Das siebte Geheimnis der Erde ist, dass jedes Lebewesen, das auf Erden geboren wurde, die Kraft besitzt, mit Telemanifestation zu arbeiten. Das bedeutet, dass das Lichtbewusstsein nicht nur die Gedanken hörbar und die Gefühle spürbar macht, sondern auch die Wünsche manifestierbar. Diese Skulptur etwa haben die Ältesten der Wale gemeinsam mit den atlantischen Meeresmenschen und ihrer Manifestationsgabe hergestellt. Und auch dieses Meer und diese Mauern sind Manifestationen, die in Gedanken und in der harmonischen Resonanz mit Mutter Erde geschaffen wurden. Allein dadurch kann es den Menschen gelingen, die obere Erde zu heilen, und es ist wichtig, dass sie diese Geheimnisse bewahren und lernen und wieder mit den Resonanzen und Tönen der Erde in Harmonie leben. Die Töne wurden im Zusammenspiel mit den magnetischen Feldern der Erde zur Manifestationsgabe erschaffen.

Wenn die Menschen reif genug sind, werden sie die sieben Geheimnisse der Erde nutzen können und so in ihrem Bewusstsein ein kosmisches Allwissen entwickeln. Die Atlantische Kristallbibliothek wurde hier mit diesen Geheimnissen gesegnet, und unsichtbar sind die Informationen der sieben Geheimnisse der Erde auf die Tafeln aufgeschwungen.

Wenn die Menschen reif dafür sind, wird die Kristallbibliothek in die Welt der oberen Erde gebracht. Ein Stück nach dem anderen. So werden die Menschen unmerklich wieder mit diesem Wissen verbunden, damit sie es nutzen können wie früher, als die Welt noch im hellen Licht der kosmischen Bewusstheit erstrahlte. Die Fähigkeiten jener Menschen, die der Atlantischen Kristallbibliothek begegnen, werden sich in den Resonanzen der Erde schnell verbessern, und die Menschen werden sich an ihre Abstammung aus dem Sternenlicht erinnern.

Alle Wesen der Erde entstanden einst aus einem Seelenkollektiv geistiger Lichtwesen, und auch die Erde selbst ist aus hellstem Licht verdichtet von einem Seelenkollektiv erschaffen worden, das aus einer Dimension der Glückseligkeit des Schöpfers in der Materie das göttliche Licht manifestieren wollte.

Die Bibliothek enthält die Gesänge der Wale, und all ihr Wissen ist auf die Kristalltafel und in das menschliche Herz eingeflossen. Das war ein Wunsch der Kosmischen Ältesten, und die Wale machen es den Menschen zum Geschenk, dass sie nun gemeinsam mit der Menschenfrau und dem Sonnenkönig die Prophezeiung erfüllen werden, damit die Erde Frieden findet und die Wale wieder frei und glücklich und ungejagt in den Meeren der oberen Erde schwimmen können.

Der Älteste der Wale ist glücklich darüber, diese Zeit mit den Menschen teilen zu können, und er vergibt ihnen, was sie in den letzten Jahrhunderten getan haben, denn die Menschen konnten nicht wissen, dass sie ihre eigene Familie töteten, als sie begannen, die Wale zu vernichten.«

Der Wal drehte sich wieder zur Seite und seufzte so tief, dass es wie ein Stöhnen klang. San Saiman winkte mir hilflos zu und bedeutete mir, zu ihm zu kommen. »Schnell, Carino, ich glaube, er stirbt, er hat Schmerzen. Er will dir etwas sagen. Er möchte dir in die Augen sehen.«

Ich tastete mich vorsichtig nach vorne. Ich hatte schon ein wenig Angst, denn ich wusste nicht, ob der Wal mich angreifen würde, wenn ich in seine Nähe gelangte.

»Setz dich neben mich. Er wird dir nichts tun.« Ich kniete mich neben San Saiman.

Der Wal schien meine Angst zu spüren, aber dann tauchten die beiden Orkas ab, die ihn beschützt hatten. Ich wertete dies als ein Zeichen, dass er mir vertraute. Und dann wandte er sich mir seitlich zu und betrachtete mich mit einem Auge. Es wirkte so menschlich.

»Wale können den Menschen direkt in die Seele blicken«, verlieh San Saiman meinen Gedanken Ausdruck. »Er sagt, du hast ein gutes Herz und du hast sehr liebe Kinder. Er kann sehen, dass die Kinder der Menschen der neuen Zeit besondere Fähigkeiten haben werden. So wie auch die Kinder der Wale der neuen Zeit besonders sein werden.

Er ist sehr alt, und schon lange ist kein weißer Buckelwal mehr geboren worden. Er wünscht sich, dass du den Menschen von der Stadt der Wale berichtest und sie bittest, die Wale nicht mehr zu töten. Er sorgt sich um die Zukunft der Walkinder. Ohne die Wale werden die Menschen nicht in die Stadt der Wale kommen können, und ohne die Wale werden die Menschen die Dimensionsportale nicht durchschwimmen können, die in den Tiefen der Ozeane liegen. Das wäre nicht nur schade, sondern auch sehr töricht.«

Ich nickte dem Wal zu. »Ich verspreche alles zu tun, was ich nur kann, um den Menschen von dieser Begegnung und den Geheimnissen der Erde zu berichten. Ich verspreche es dir und danke dir für deine Vergebung. Ich entschuldige mich für die menschlichen Völker der Erde. Es tut mir leid, was deinem Volk widerfahren musste.«

Der Wal krümmte sich vor Schmerzen. Er tauchte kurz unter, und ein wimmernder Gesang ließ mich zuerst annehmen, dass er nun starb. Ich dachte, er würde abtauchen, um durch das Dimensionsportal in die höhere Dimension zu schwimmen, denn so hatte es die Prophezeiung vorhergesagt.

Doch der Wal tauchte wieder auf. Er wand sich im Becken der Halle, und Blut mischte sich mit dem sauberen Wasser. Die Wale rings um den Tempel begannen wieder zu singen, und ich spürte, dass dem Ältesten ein besonderer Gesang zur Unterstützung dargebracht wurde.

Ich legte die Hand auf meine Brust und betete.

Der Wal rollte sich im Wasser und tauchte immer wieder ab. Aber plötzlich wurde er ruhiger, und um den Tempel herum erhob sich ein Gesang in den schönsten Tönen.

San Saiman nahm meine Hand. Wir glaubten, der Wal sei nun gestorben. Da drehte er sich zu uns herüber und sang eine wunderschöne Melodie, die mich zu Tränen rührte. Dann kräuselte sich das Wasser neben dem Ältesten der Wale, und etwas suchte an die Oberfläche zu kommen.

San Saiman riss erstaunt die Augen auf. »Carino, sieh doch. Dieser Wal ist eine Walkuh. Sie ist nicht gestorben. Sie hat ein Walbaby bekommen.«

Es war unglaublich! Neben uns tauchte ein weißes Walkalb auf. Ich konnte einen Schrei nicht unterdrücken und lachte und weinte zugleich. Sogar Graubart wagte sich jetzt vor ans Becken. Er hatte alles mit angehört und schlug sich freudig auf die Schenkel. »Ja, beim Barte meines Großvaters, das ist ja nicht zu fassen, das ist ein Wunder!«

San Saiman weinte vor Glück, und die Vogelfrau kam ebenfalls hinzu. »Die weißen Wale tragen ihre Kälber über Hunderte von Jahren in ihrem Körper, bis sie herangewachsen sind«, sagte sie glücklich. »Erst wenn die Energie des Planeten stimmt und wenn Hoffnung auf eine gute Zeit auf Erden besteht, gebären sie ihre Kinder. Das ist ein kostbarer Augenblick – und dieses Kalb ist das einzige, das in Tausenden von Jahren geboren wurde. Die weißen Wale haben lange keine Kälber mehr zur Welt gebracht, weil auf Erden Dunkelheit herrschte. Dies ist ein Zeichen, dass die Erde sich wandelt.«

San Saiman nickte. »Der Wal hofft, dass dieses Kind genau wie deine Kinder einen guten Weg auf Erden nehmen wird – in den nächsten einhunderttausend Jahren. Er bittet dich um des Walkalbs willen, den Menschen davon zu berichten. Das Walbaby wird hier im Ozean der Inneren Erde auf das Erwachen der Menschen warten, um ihnen in der Schule der Stadt der Wale beizustehen. Die Walkuh wird dennoch mit uns zum Portal der

Dimensionen schwimmen und die Kosmischen Ältesten rufen, auch wenn sie weiß, dass sie nicht zurückkehren kann. Sie wird wie du, Carino, ihr Kind verlassen, um die Prophezeiung zu erfüllen. Andere Walkühe werden sich um das Kleine kümmern.«

Ich schluckte und war tief bewegt, als San Saiman die Gedanken des Ältesten der Wale aussprach. Aber irgendwie war ich auch glücklich, diesen wundervollen Moment mit meinen Freunden teilen zu dürfen.

29

Das Gespräch mit den Kosmischen Ältesten

Es bereitete uns Freude, das Waljunge mit seiner Mutter zu beobachten. Verspielt streckte es immer wieder den Kopf aus dem Wasser, und ab und zu schoss eine Fontäne aus seinem kleinen Blasloch. Nach einer Weile tauchten die beiden ab, und die Wale, die sich um den Tempel versammelt hatten, sangen voller Freude. Mutter und Kind schwammen wohl in die Stadt der Wale, und der Gesang schien eine Art Begrüßung zu sein.

Ich war pitschnass und bemerkte erst jetzt, dass mir kalt war. San Saiman hielt mich immer noch an der Hand. Er half mir auf, während Graubart meckerte: »Beim Barte meiner Ahnen, so wunderschön das alles auch ist, ich hasse Wasser und kann es gar nicht leiden, wenn mein Bart klamm und schwer von meinem Gesicht hängt. Zwerge lieben es mollig warm, und ich fühle mich wie eine nasse Maus.« San Saiman und ich mussten lachen.

Graubart sah wirklich erbärmlich aus. Seine langen Haare fielen ihm wirr ins Gesicht, und sein Bart schleifte auf dem Marmorboden. Er nahm ihn zwischen die kleinen Hände und wrang ihn so lange, bis das Wasser aus ihm heraustropfte.

Die Vogelfrau wedelte mit den Flügeln. »Soll ich dem König der Zwerge ein wenig Wind zum Trocknen zufächeln?«, fragte sie neckisch und lächelte Graubart verschmitzt an.

Graubart stampfte auf. »Das kannst du kluge Frau dir sparen, denn wenn ich richtig verstanden habe, geht es jetzt gleich wieder in die nassen kalten Welten des Ozeans, und dein Versuch, mich zu befächeln, wäre reine Zeitverschwendung.«

San Saiman ließ meine Hand los und holte den Trinkbeutel unter seinem Gewand hervor. »Hier, nehmt einen Schluck Lichtwasser. Das wird uns wärmen, und wir können die Algen in unseren Lungen etwas erfrischen, damit wir auch genug Luft bekommen, wenn wir nun mit dem Wal zur Begegnung mit den Kosmischen Ältesten reisen.«

Graubart schüttelte nur den Kopf und sagte nichts mehr. Mir ging alles Mögliche durch den Sinn. Konnten wir wirklich hier unten in dieser Welt die Kosmischen Ältesten treffen? Mein Herz freute sich bei diesem Gedanken. Ich hatte so viele Fragen an sie.

San Saiman reichte mir den Trinkbeutel. »Nimm ruhig einen tiefen Schluck. Wir wissen nicht, was uns erwartet. Du auch, brummiger König.« So tranken wir alle von dem kostbaren Lichtwasser, und es war am Ende nur noch ein kleiner Rest in dem Behältnis, das San Saiman vorsichtig wieder unter seinem Gewand verstaute.

Auch Milan hatte von dem Lichtwasser getrunken, und nun nahm San Saiman den Vogel von seiner Schulter und streifte ihm eine Haube über, so wie Falkner es tun. »Ich verbinde dir besser die Augen«, sagte er, »denn wer weiß, was wir zu sehen bekommen. Nicht, dass du mir vor Schreck noch davonfliegst und verlorengehst.« Milan ließ es sich gefallen, und San Saiman setzte ihn wieder auf seine Schulter. »Halte dich gut fest.«

Die Vogelfrau lächelte. »Ich darf euch nicht begleiten, meine neuen Freunde. Hier findet meine Aufgabe ihren Abschluss.« Sie blickte mich freundlich an. »Ihr seid wirklich alle ganz erstaunliche kleine Wesen. Ich bin sehr froh, dass ihr diese Reise auf euch genommen habt. Ich wünsche euch viel Glück auf eurem Weg, und wer weiß, vielleicht werden die Menschen ja in die Stadt der Wale zurückkehren und sich wieder an den Ufern des inneren Meeres wärmen. Dann werde ich ihnen von euch berichten und ihnen erzählen, dass vier Freunde die Prophezeiung erfüllt haben. Ganz besonders aber werde ich den Zwerg erwähnen, der sich mutig in die Wellen dieses Meeres warf, um die Welt zu retten.«

Sie lächelte Graubart an und schenkte ihm eine ihrer Federn. Beschämt nahm er sie entgegen und bestaunte die silbrigen Punkte, die darauf wie kleine Edelsteine blitzten. Dann sah er auf seine Zehenspitzen. Die Vogelfrau nickte San Saiman zu und verneigte sich. »Es war mir eine große Ehre, Sonnenkönig!« Dann richtete sie sich auf und flog zur Hallendecke, von wo sie sich elegant in das Becken fallen ließ und im klaren Wasser des Meeres verschwand.

Graubart kratzte sich am Kopf und verstaute die wunderschöne Feder in seinem nassen Gewand. Er sagte kein einziges Wort mehr.

Der Gesang der Wale erfüllte weiter die ganze Halle, und es dauerte nicht lange, bis die Älteste der Wale wieder vor uns auftauchte und einen kräftigen Wasserstrahl ausstieß.

Zwei Delfine begleiteten sie. Der kleinere keckerte dazu laut, und der größere hatte ein glitzerndes Seil in der Schnauze, das er uns auffordernd hinhielt.

San Saiman nahm das Seil und prüfte es genau. Es bestand aus weichen, doch zugleich festen Goldfäden, die über die Zeit zwar matt geworden, aber noch stabil genug waren, um ein gutes Gewicht halten zu können. Der Lichtmann warf das Seil über die Älteste der Wale, und die Delfine brachten es auf der anderen Seite wieder an die Oberfläche. Dann drängte der Wal sich an das Becken, und San Saiman stieg vorsichtig auf seinen Rücken. Er verknotete das Seil geschickt und rief uns zu: »Na kommt schon, worauf wartet ihr noch?«

Nickend nahm ich Graubart bei der Hand. Ich spürte, wie er zitterte, der Zwerg hatte fürchterliche Angst. Ich half ihm auf den Rücken des Wals, und oberhalb der winzigen Finne verschnürte San Saiman uns mit dem Seil derart, dass wir festgebunden waren. Dann legte er sich zu meiner Linken, und wir nahmen den Zwergenkönig in unsere Mitte.

»Sonnenmann«, wimmerte Graubart. »Soll das der Tod für uns alle sein? Gefangen auf dem Rücken eines Wales geht der König der Zwerge in das Ewige Reich ein?«

San Saiman lächelte und ergriff mich mit seiner Rechten. »Freunde, habt Vertrauen, wir werden Dinge sehen, die uns für immer im Herzen bleiben!«

Ich schloss die Augen. Mein Herz pochte wie wild. Corazon de Luz lag auf meinem Rücken gut verwahrt in seinem Behältnis, und auch er vibrierte. Kurz sah ich das Lächeln meiner Kinder vor meinem geistigen Auge und hoffte so sehr, sie irgendwann wiederzusehen. Dann tauchte der Wal ab, und unsere Lungen füllten sich zum zweiten Mal mit Wasser.

Diesmal fiel es mir leichter anzunehmen, dass das Wasser zu meiner Atemluft wurde. Der Wal glitt durch den Tunnel ins offene Meer zurück, und jetzt konnten wir die vielen anderen Wale sehen, die singend dem Geschehen beigewohnt hatten. Es waren Hunderte, die sich spielend im Wasser über das Ereignis freuten. Ihre Gesänge berührten mein Herz so tief wie niemals etwas anderes zuvor. Uns begleitete auch eine Schar Delfine. Was für ein erhebendes Gefühl es doch war, mit dem Wal durch das weite Meer zu gleiten.

Die Stadt unter uns auf dem Meeresgrund glitzerte und glänzte im bunten Licht der fluoreszierenden Wasseralgen. Als die Älteste der Wale zu singen begann, verstummten alle anderen Wale ringsum, und es schien, als wollte dieses Wesen zu seinem Abschied ein Lied singen.

Ich sah, wie das kleine weiße Walbaby von zwei Walkühen, seinen Ammen, vor sich her in eine andere Richtung geschoben wurde. Das Kleine schien die Situation jedoch zu verstehen, und es sah kein bisschen traurig oder unglücklich aus.

Mir fiel auf, wie vorsichtig der Wal sich bewegte, auf dem wir festgebunden waren. Es war, als wollte er uns auf keinen Fall verletzen oder gar verlieren. Dann schlug er mit der großen Schwanzflosse zweimal kräftig, um Geschwindigkeit aufzunehmen – und es gab kein Zurück mehr. Er beschleunigte immens, und bald lag die Stadt der Wale hinter uns.

Ein paar Wale begleiteten uns zur Sicherheit noch und lauschten wohl ebenso wie wir dem Gesang der Ältesten der Wale, der so intensiv war, dass alles in meinem Körper widerhallte von den Klängen des schönen Wesens, während es immer weiterschwamm.

Der Meeresboden fiel steil ab. Eine Weile reichte das Licht noch von der Wasseroberfläche bis hierher, aber bald konnte man so gut wie nichts mehr erkennen. Der Druck in meinen Ohren sagte mir, dass wir bereits sehr tief schwammen, und immer noch tauchte der Wal mit uns in das Dunkel des Meeres hinab. Ab und zu kreuzte eine leuchtende Qualle unseren Weg, und außer dem Gesang der Ältesten war nichts mehr zu hören.

Da sah ich plötzlich einen hellen Lichtpunkt weit unter uns. Er wurde immer größer, und je mehr wir uns dem Licht näherten, desto deutlicher erkannte ich einen riesigen Kristall, der aus dem Meeresboden ragte. Er leuchtete, weil winzig kleine, weiße, leuchtende Krebstierchen um den Kristall herum auf dem Meeresboden lebten.

Der glasklare und reine Kristall war enorm groß, und er hatte gut und gern den Durchmesser eines Hochhauses. Ich hatte den Eindruck, als sei er hier direkt aus der Erde gewachsen.

Der Wal sang jetzt noch lauter, und der Kristallschädel auf meinem Rücken vibrierte so stark, dass ich wusste, es würde gleich etwas geschehen.

Die Älteste der Wale schien San Saiman gedanklich etwas gesagt zu haben, denn auf einmal bedeutete mir der Lichtmann, das Goldseil zu lösen. Graubart blickte mich entsetzt an, als wir den Knoten lockerten, der uns an den Wal band. Die anderen Wale wahrten Distanz, während wir das Seil mit Muskelkraft weiter festhielten.

Nach einer Weile begann der Wal in sehr hohen Tönen zu singen. Die Schwingungen waren so stark, dass der Kristall am Meeresboden zu vibrieren begann, erst langsam, dann immer schneller – bis etwas Unfassbares geschah. Aus dem sandigen Meeresboden tauchte eine wunderschöne Sphinx auf, ganz aus feinem Marmor geschaffen, und zu ihren Füßen war eine Kristallkuppel zu sehen – eine glasklare Kuppel aus reinstem Kristall.

Mehrere Tunnel führten in den Körper der Sphinx, und es schien, als wollte der Wal uns sagen, dass wir in dieses riesenhafte Bauwerk hineinschwimmen sollten.

Und so ließen Sai Saiman und ich, als der Wal neben einem dieser Tunnel dicht über den Meeresboden schwamm, das Seil, das uns an den Wal band, endgültig los. Graubart riss die Augen auf. Ich gab San Saiman ein Zeichen, und wir packten den um sich schlagenden Zwergenfreund – schwammen mit ihm in den Tunnel, der uns am nächsten war.

Überall bedeckten leuchtende Krebse den Boden, in dichten wimmelnden Pulks, und so konnten wir gut sehen. Wir zogen Graubart hinter uns her, der strampelte und versuchte, nach oben zu schwimmen. In seiner Panik riss er sich von uns los, und so blieb San Saiman nichts anderes übrig, als ihn am Bart in das Innere der Sphinx zu ziehen.

Ich hörte den Wal weiter singen, und es schien, als würde der Gesang einen besonderen Mechanismus in diesem Gebäude auslösen. Denn kaum, dass wir hineingeschwommen waren, fiel ein schwerer Marmorstein hinter uns herunter und verschloss den Eingang.

Wir schwammen weiter durch den Tunnel, der mir von außen nicht so lang erschienen war und an dessen Wänden nun immer mehr leuchtende Flechten prangten – bis ich mit den Zehen an eine Steinstufe stieß, die Teil einer Treppe war. Sie führte nach oben. Graubart gab seinen Widerstand auf, als er unter sich die Stufen entdeckte. Dennoch mussten wir ihn mitziehen, weil er nicht schwimmen konnte. Das war etwas, was ich nicht gewusst hatte.

Nach einer Weile spürte ich einen kräftigen Sog. Ich hielt inne, den Zwerg fest am Kragen, und schaute San Saiman an, der meinen Blick lächelnd erwiderte und in die Höhe deutete.

Der Wasserspiegel senkte sich! Irgendwie floss das Wasser ab!

Einige Meter schwammen wir noch, dann durchstießen wir die Oberfläche. Wir husteten und schnauften, als sich das Wasser aus unseren Lungen verabschiedete, und Graubart zitterten sichtlich die Beine. Der Zwergenkönig war völlig erschöpft. Auch wenn er froh war, wieder zu spüren, dass Luft durch seine Lungen strömte, hatte ihn die Angst doch tüchtig geschüttelt, und er hatte Mühe, mit uns weiter die Treppe zu benutzen.

Es ging einen Gang entlang, dann betraten wir eine Halle aus weißem Marmor – und sie schien weiter hinten in die Kristallglaskuppel zu münden, die wir vorhin auf dem Meeresboden gesehen hatten. Wir befanden uns also zu Füßen der Sphinx.

Die Halle war sehr groß und gab den Blick ins offene Meer frei. Die Älteste der Wale schwamm direkt vor uns, und ihr Gesang drang durch das klare Glas zu uns herein. Sie wandte sich uns zu und blickte uns an.

Als sie sich versichert hatte, dass wir in der Halle angekommen waren, kehrte sie uns den Rücken zu und schwamm ins offene Meer hinaus. Dort hielt sie inne und wandte sich uns wieder zu. Die anderen Wale schwammen dorthin zurück, von wo wir gekommen waren, in die Stadt der Wale.

Dann wurde es kurze Zeit sehr still. Die Älteste der Wale schien sich zu besinnen, bevor sie einen unvergesslichen Gesang anstimmte. In den schönsten Tönen zelebrierte sie überirdische Melodien, die ein faszinierendes Schauspiel auslösten.

Direkt vor ihr im Wasser entstand ein Lichtportal.

Am Anfang war es nur ein kleiner Punkt, der im Wasser blitzte, aber je länger der Wal sang, desto größer wurde er, bis ein riesiger runder Lichtspiegel entstanden war. Ich sah, wie der Wal in das leuchtende Feld eintauchte. Der Spiegel wurde zu einem spiralförmigen Tunnel, der sich lautlos ausdehnte – und in einem wundervollen regenbogenfarbenen Wirbel verschwand der Wal direkt vor meinen Augen in eine andere Dimension und hinterließ nichts als ein hellblaues Leuchten. Danach schloss sich das Portal wieder, schrumpfte zu einem winzigen Lichtpunkt, bis auch dieser völlig verschwunden war.

Der Gesang des Wals war verklungen, und plötzlich erbebten der Boden und das Gebäude, in dem wir uns befanden. Erdstöße ließen die Halle erzittern. Ich stürzte.

Auch Graubart war auf den Marmorboden vor mir gefallen, und ich versuchte zu ihm zu kriechen. San Saiman stand wie angewurzelt vor dem Glasfenster und blickte in Richtung des Dimensionsportals.

Als ich Graubart erreicht hatte, griff ich nach seinem Arm, während San Saiman die Haube vom Kopf seines weißen Vogels entfernte. Milan war die ganze Zeit nicht von der Schulter seines Herrn gewichen, aber jetzt flog er mit gespreizten Schwingen auf und suchte Deckung in der bebenden Halle.

Ich hielt Graubart mit beiden Händen umklammert. Jeden Moment konnte das Glas einen Riss bekommen, und bei dem Wasserdruck hätten die Fluten uns leicht erschlagen können. Da klang ein ohrenbetäubendes Sirren auf. Die hohe Frequenz pfiff so stark in meinen Ohren, dass sie zu schmerzen begannen. Ich presste die Hände an meine Ohren und schaute hilfesuchend nach San Saiman, der immer noch fest auf beiden Beinen stand.

Vor dem Glasfenster hatte sich das Dimensionstor wieder geöffnet und entfesselte ein Lichtspektakel. Das Wasser und die Erde vibrierten unter dem Sirren, das aus dem Portal erklang. Gleich darauf wurde es ganz still, und spiralförmig tat sich ein Lichttunnel auf, der sich immer mehr ausbreitete, bis der hellblaue Schein durch das Glas drang.

Es war kein normales Licht. Es fühlte sich seltsam an.

»He, lass mich los, Carino«, rief Graubart und wand sich in meinem Griff, »mit Erdbeben kenne ich mich aus. Die machen mir keine Angst, solange ich mich nicht im Wasser befinde!«

Das Licht erfüllte den gesamten Raum, und ich stand auf, um zu San Saiman zu gehen. Er leuchtete stark, und auch ich hatte das Gefühl, auf ganz ähnliche Weise von Licht erfüllt zu sein – eine Wirkung, die ich sonst nur von Lichtwasser kannte. Der bläuliche Schein durchdrang einfach alles, und er fühlte sich beinahe wässrig an.

»Was ist das?«, fragte ich San Saiman.

Aber er deutete nur auf das Lichtportal. »Sieh doch, SIE kommen!«

Das Dimensionstor wurde größer, und ein weißer Lichtstrahl schob sich wie eine Rampe aus dem blauen Schein hervor. In diesem Strahl zeichneten sich immer deutlicher drei riesige Gesichter ab. Wie ein Hologramm wirkten sie und überdimensional groß – eine Erscheinung, die den gesamten Bereich der Halle einnahm. Drei Gesichter, die keinen Körper hatten, sondern nur den Anflug lebendiger Wesenheiten zeigten.

Halb durchsichtig und in goldenes Licht gehüllt waren diese Gesichter, und sie strahlten tiefe Güte und Liebe aus. Das eine Gesicht war das einer Frau, die anderen beiden waren die zweier Männer. Jung und schön waren sie und wirkten freundlich und weise. Glückseligkeit ging von ihnen aus und so viel Liebe, dass ein Gefühl grenzenloser Geborgenheit mein Herz erwärmte. Ich spürte die Heiligkeit dieses Augenblicks.

Sogar Graubart stand nun auf, und seine Augen füllten sich mit Tränen.

Wir sahen, wie die drei Gesichter einander annäherten und zusammen eine Art Kopf bildeten, an dem jedes Gesicht in eine andere Richtung blickte. Der Kopf drehte sich langsam um sich selbst, und ich spürte, dass Corazon de Luz auf meinem Rücken vor Energie sprühte. Er vibrierte so stark, dass ich ihn vor mich auf den Boden legen musste. Sofort begann der Schädelstein in einem hellen Licht zu erstrahlen.

Sheva verließ den Kristall, das Lichtwesen des Schädelsteins, und entfaltete seine Schönheit wie ein Schmetterling, der seinem Kokon entschlüpft. Und es öffneten sich die Münder des schwebenden Kopfes, und heraus floss ein Regenbogen direkt in das Wesen hinein, das sich gerade entfaltet hatte. Ich hatte es erst kürzlich gesehen, am Herz der Erde.

Und erneut öffneten sich die Münder an dem schwebenden Kopf, und diesmal entließen sie jenes hohe Sirren, das in der Halle und durch meinen ganzen Körper widerhallte, so dass ich die Liebe und Kraft des Schöpfers in diesen magischen Gesichtern spürte und vor Ehrfurcht erstarrte, als mir bewusst wurde, dass sie göttliche Lichtwesen waren.

Sie waren so machtvoll wie der Schöpfer selbst und zugleich voll unendlicher Liebe.

Da drehte der Lichtengel sich zu uns um und sprach in Gedanken zu San Saiman, der seine Worte mit glänzenden Augen weitergab. »Das sind die Kosmischen Ältesten«, sagte er. »Sie sind die Hüter der Welten und Universen und die ältesten Lichtseelen aller Universen. Sie sind hier erschienen, um uns zu unterrichten, und wir sollen ganz stille sein, um zu hören, was der Erde Heilung und der Menschenvölker Erwachen sein wird.«

30

Die Schlüssel des Lichtes

San Saiman setzte sich auf den Marmorboden der Halle, Graubart und ich taten es ihm nach, und auch Milan kam zu seinem Herrn auf dessen Schulter zurückgeflogen. Der sich langsam drehende Kopf wirkte wie ein gläsernes Hologramm, und aus den Augen der drei Gesichter züngelten Lichtflammen in bläulich hellem Schein.

»Dies ist der Augenblick, da die Frequenz des Lichtkörperbewusstseins des Planeten Erde erwacht und die Zeit reif geworden ist, um die Schlüssel des Lichtes zu nutzen«, gab San Saiman die Worte des Lichtengels weiter. »Die Lichtqualität der Menschen steigt, und sie beginnen sich wieder dem kosmischen Urbewusstsein zu nähern.

Der Schlüssel des Lichtes wird gebraucht, um in den Dimensionen der Inneren sowie der oberen Erde das Neue Zeitalter beginnen zu lassen. Denn so wie die Ältesten es vor Zigtausenden von Jahren prophezeit haben, ist der Zeitpunkt des Erwachens des Planeten gekommen.

Die Menschen haben einen tiefen Schlaf des Vergessens über die Heiligkeit des Universums erlebt, und es wird Zeit, das Erwachen und das freudvolle Lichtbewusstsein wieder mit den Lichtwesen der Liebe Gottes zu teilen. Deshalb soll die Trennung der dimensionalen Ebenen nun aufgehoben werden, und den menschlichen Völkern der oberen Erde soll es wieder gestattet sein, ihr Lichtbewusstsein auf die verschiedenen Ebenen des dimensionalen Wesens des Planeten Erde auszudehnen.

Die Ältesten des Universums haben mit Freude erfahren, dass diese Zeit nun ihren Anfang nimmt, und mit ebensolcher Freude haben sie die Gemeinschaft erwartet, die sich in der Halle des Wissens versammelt hat. In atlantischen Zeiten gab es hier öfter Versammlungen, und Zeitpunkt und Ort solcher Begebenheiten ist stets von großer Bedeutung. Hier möchten die Kosmischen Ältesten nun das Wort an alle Völker der Erde richten, damit der Schöpfungsplan und der Wille Gottes sich in diesen Tagen weiter erfüllen kann.

In den letzten Tagen vor dem Fall in das Vergessen haben die Kosmischen Ältesten das Wissen des universalen Bewusstseins und die heiligen Schlüssel der Erkenntnis über das Licht und seine Realität in der Schöpfung auf den Tafeln der Atlantischen Kristallbibliothek gespeichert.

Die Bibliothek wurde an den wichtigsten Punkten der Erde mit den dimensionalen Ebenen verbunden, die in Zukunft wieder in Liebe zusammenwirken sollen. Alle Voraussetzungen wurden geschaffen, um die Hoffnung in die Fähigkeit der Liebe im Bewusstsein der menschlichen Völker der Erde zu stärken und das neue Bewusstsein der Menschen zur Heilung für den Planeten Erde zu gewinnen.

Lange war den Kosmischen Ältesten das Herz schwer, weil sie sahen, wie traurig und angstvoll die menschlichen Völker der Erde im Schlaf des Vergessens lagen. Nun ist der Tag der großen Erneuerung gekommen, und die Lichtdimensionen sind bereit, das Erwachen der Menschen mit Liebe zu unterstützen und ihnen die Möglichkeit der Erinnerung an die göttlichen Schlüssel des Lichtes zu übertragen.

Mit den Schlüsseln des Lichtes werden die Menschen schnell aus ihrer Traurigkeit und Angst erwachen, und sie werden das Wissen um das ewige und freudvolle Leben in Gottes unendlichem Lichtstrom als Wahrheit begreifen. Jeder Augenblick des Daseins der Seelen in der Liebe der Schöpferkraft Gottes wird wachsen und hervortreten in tiefer Harmonie und der grenzenlosen Gnade der Bewusstheit der kosmischen Einheit.

Wie von selbst werden die menschlichen Völker der Erde erkennen, dass sie den heiligen Lichtschlüssel des ewigen Lebens in ihren Herzen tragen. Er ist der wichtigste Schlüssel zum Erwachen – das Urwissen, dass das ewige Leben ein Spiegel der Freude in den menschlichen Herzen ist. Wenn die Herzen den Schlüssel des ewigen Lebens begreifen, dann werden sie sich nicht mehr fürchten, und es wird keinen Grund mehr für Unfrieden geben.

Der erste Schlüssel der Lichtwerdung des Menschen ist die Hingabe an die Freude und die Liebe für den Planeten Erde. Das ist der Schlüssel der Heilung für die menschlichen Völker der Erde, denn nur die Freude macht das Glück innerhalb der Materie spürbar und erfahrbar. Mit diesem Schlüssel werden die Menschen den zweiten Lichtschlüssel in ihrem Bewusstsein öffnen können, den Schlüssel, mit dem sie die Welten der Erde erfassen und begreifen als unendliche Schöpfung des Lichtes, ohne jegliche Dunkelheit.

Wenn die Freude den Menschen die Angst genommen hat, wird ihr Auge für die Wahrheit gelichtet sein, und sie werden die Erkenntnis teilen, dass Gottes Schöpfung nur Licht enthält und dass jegliche Dämonen und jegliche Dunkelheit nur von den Menschen selbst ins Leben der Materie gerufen werden.

Der zweite Schlüssel der Erkenntnis, dass die Dunkelheit lediglich eine Täuschung der Menschen ist und dass jede Dunkelheit durch Freude in Licht gewandelt werden kann, wird die Völker der Erde befreien. Sie werden frei sein durch den Schlüssel der Wahrheit, dass sie alle Teil einer kosmischen Gemeinschaft der Liebe sind. Über dieser Erkenntnis werden sie plötzlich Liebe empfinden für sich selbst, für die Schönheit der Schöpfung und aller Wesen, und sie werden sich freudig auf den Weg machen, die Erde als ein Wesen zu begreifen.

Sie werden die Bibliothek, die wir geschaffen haben, nutzen, um wieder am Wissen der Universen teilzuhaben, und sie werden lernen, die allumfassende Wahrheit des Lichtes zu leben. Es wird keine Angst mehr geben, und die Menschen werden teilen, was sie besitzen, und alle werden in Fülle und Reichtum der Manifestation des Glückes leben.

Dann werden die Menschen in friedlicher Weise die zwölf Schlüssel ihres Genmaterials aktivieren, und sie werden an Lebensalter und Jugendlichkeit wachsen. Sie werden sich selbst und den Planeten gesunden lassen und immer lichtvoller werden. Mit der Heilung des Planeten werden sie auch die weiteren Dimensionen der Erde entdecken, und sie werden Freundschaft leben in grenzenloser Dimensionalität.

Nun ist es wichtig, dass die Menschen all dies erfahren und dass sie das Wissen der Atlantischen Kristallbibliothek als den großen Schatz der Wahrheit und Liebe betrachten. Dafür haben die Kosmischen Ältesten die Bibliothek aus Liebe für die Menschen geschaffen, und aus Liebe für die Menschen wird die Bibliothek nun an die Menschen gegeben. Die Ältesten tun dies aus Liebe zum Schöpfer aller Dinge.«

San Saiman lächelte mich an. »Was gerade gesprochen wurde, sollst du, Carino, an die Menschen weitergeben. Du sollst ihnen diese Bilder deiner Reise aus der Erinnerung überliefern, damit sie ein Teil des Geschehens sind.

Die Stadt der Lichtmenschen, die heilige Stadt, ist der Verbindungspunkt zu deiner Welt, und von dort aus kannst du in deine Welt auf der oberen Erde heimkehren. In einem verborgenen Gang unter der heiligen Kammer, die du zu Anfang deiner Reise betreten hast, befindet sich der Zugang zur Atlantischen Kristallbibliothek.«

Erstaunt sah ich San Saiman an. Ich erinnerte mich sehr gut an die goldene Pforte, in deren Schloss ich das kristallene Herz geführt hatte, das ich seitdem an einer Kette bei mir trug. Ich wusste noch ganz genau, wie sich der Duft von tausend Blüten verströmte, als ich Corazon de Luz über die Schwelle in die heilige Kammer brachte. Dort hatte ich das wundervolle Wesen, das den Schädelstein bewohnte, zum ersten Mal erblickt.

Ich konnte den Engel mit den goldenen Lichtlocken deutlich vor mir sehen. Mathab wartete dort an der Schwelle des Universums auf mich, und es hatte geheißen, ich würde nur zurückkehren, wenn ich meine Aufgabe *nicht* meistern konnte. Es war niemandem gestattet, die heilige Kammer zu betreten. Die Seelen fanden dorthin, um sich an der Schwelle des ewigen Lebens zu entscheiden, wie ihre nächste Inkarnation gestaltet sein sollte. Sicher erwartete uns Mathab, die Mondschwester San Saimans, dort noch immer.

Ich blickte wohl etwas fragend, denn San Saiman nickte. »Die Kosmischen Ältesten sind weise. Sie haben unter dem Boden, der auf dich wie ein schwereloses Universum wirkte, einen Gang eingelassen, eine Lichtpforte, die sich erst dann öffnet, wenn das Herz der Erde geheilt wurde und die Lichtfrequenz der Erde sich verändert hat. Und in diesem Augenblick wird der Schädelstein Corazon de Luz hier in eine neue Frequenz eingeschwungen und neue Schlüsselinformationen werden in ihn eingespeichert. Wenn du ihn das nächste Mal in die heilige Kammer mitnimmst und auf den Altar legst, wird das Universum sich öffnen, und die Kristallbibliothek wird wieder zugänglich sein.

Trotzdem ist die Reise deiner Prüfungen noch nicht beendet, denn nun musst du von hier aus in die heilige Stadt der Lichtmenschen zurückkehren. Über das Dimensionstor kannst du nicht dort hingelangen. Der Gang am anderen Ende dieser Halle wird dich wieder in das Reich der Lichtmenschen bringen.

Es gilt jetzt für dich, noch zwei Dinge zu überwinden. Deine tiefste Angst musst du besiegen, denn nur wenn du begreifst, dass die Dunkelheit nicht existiert, wirst du in die Lichtstadt zurückgelangen können. Und du musst dich mit deinem Herzen entscheiden, in welcher Welt du leben willst in deiner Zukunft. Dein Herz ist geteilt, und du wirst dich nur für eine Liebe entscheiden können.«

San Saiman schluckte und wandte sich an Graubart. »Der Zwergenkönig wird sein Volk erlösen«, verkündete er, »denn von der heiligen Stadt des Lichtes aus wird die goldene Barke ihn zu der Pforte zurückführen, die er einst gehütet hat.«

Graubart riss die Augen auf. Er schniefte, räusperte sich verlegen und wusste nicht recht, was er dazu sagen sollte. Der dreigesichtige Kopf sprühte in goldenem Feuer, und San Saiman sprach weiter: »Die Menschen werden mit den Lichtmenschen wieder in Freundschaft leben, und hier in dieser Halle werden die Menschen auch wieder geschult werden, bevor sie eines Tages durch dieses Dimensionstor in die höheren Dimensionen gehen können. Bis dahin werden die verschiedenen Welten zusammengewachsen sein, und das Licht wird in allen Herzen Freude manifestiert haben. Bis zu diesem Zeitpunkt der Geschichte der Erde ist die Liebe Gottes in unseren Herzen der Gruß der Kosmischen Ältesten, der alle Wesen des Planeten in Frieden wachsen lässt.«

Damit endete die Botschaft der Kosmischen Ältesten, und im Bruchteil einer Sekunde zog sich die Lichterscheinung durch das Dimensionstor zurück, das sich im Wasser des Meeres sofort verschloss. Der Engel des Kristallschädels verschwand wieder in seinem Gefäß aus Stein, und der Kristallschädel lag da, als sei nichts geschehen. Das bläuliche Licht hatte sich aufgelöst, und es war wieder ruhig und still in der weißen Marmorhalle.

Den Tränen nahe sah ich San Saiman an. Ich hatte sehr gut verstanden, was die Kosmischen Ältesten uns mitgeteilt hatten, und ich wusste, dass mir noch ein schwerer Weg bevorstand, bis klar war, ob ich meine Aufgabe überhaupt bestehen würde. Aber ich hatte wieder Hoffung in meinem Herzen, und das verlieh mir die Kraft, es zu versuchen.

San Saiman lächelte. Er freute sich sichtlich, dass es jetzt nach Hause in die heilige Stadt seines Reiches ging, auch wenn es kein leichtes Unterfangen werden würde. Mir war deutlich bewusst, dass ich ohne das Lichtwasser kaum eine Chance hatte, von Gaia aus wieder die Treppe hinauf in die heilige Stadt zu erklimmen. Ich wusste, das Lichtwasser neigte sich dem Ende zu, wie sollte es uns alle vier in die heilige Stadt bringen?

San Saiman berührte mich am Arm. »Nur Mut. Wir sind bis hierher gekommen, da werden wir den Rest des Weges auch noch schaffen.«

»Beim Barte meines Großvaters«, meldete sich Graubart erregt zu Wort, »das ist die beste Neuigkeit, die ich seit langem von dir gehört habe, Lichtmann. Es geht raus aus diesem grässlichen Nass der Meere nach Hause in die wohlige Welt meiner Heimat. Na, da wollen wir doch mal sehen, wo der Gang uns hinführt, denn so langsam wird es Zeit für mich, wieder festen Erdboden unter den Füßen zu haben, ohne ständig dieses Wasser im Nacken zu wissen. Ich bin bewegt von dem, was die Kosmischen Ältesten uns prophezeit haben, aber nun wollen wir uns doch recht schnell auf den Weg machen. Es ist auch schon so lange her, dass ich in meinem Königreich für Ordnung gesorgt habe!«

Flugs lief er ans andere Ende der Marmorhalle und suchte nach dem Gang, der uns laut der Prophezeiung der Kosmischen Ältesten in die Lichtstadt führen sollte.

31

Die Spinnengöttin

Vorsichtig verstaute ich den Kristallschädel wieder und schulterte ihn auf meinem Rücken. Wir suchten nach einem Ausgang, doch vergeblich. Die andere Seite der Marmorhalle endete anscheinend blind. Erst als wir die Längsseite abschritten, stießen wir auf eine Treppe, die frei zugänglich nach unten führte. Wenn mich meine Orientierung nicht trog, befanden wir uns zwischen den Vorderbeinen der Sphinx, und entweder führte uns der Weg direkt in die Sphinx hinein oder unter ihr hindurch in eine andere Richtung.

Ich fühlte mich lebendig und stark, denn das blaue Licht in Anwesenheit der Kosmischen Ältesten hatte mich mit neuer Kraft erfüllt, so dass es nicht nötig war, vom Lichtwasser zu trinken. Es war ohnehin nicht mehr viel von dem heiligen Wasser übrig. Ich wollte es lieber noch verwahren, denn ein ungutes Gefühl im Bauch sagte mir, dass ich es noch brauchen würde. So stiegen wir langsam die Stufen hinunter.

Der Gang war nicht beleuchtet, und die Stufen waren glitschig und nass, denn durch ein spezielles hydraulisches System war das gesamte Gebäude vom Wasser befreit worden, als wir in den Eingangstunnel getaucht waren. Nach einer Weile sahen wir so gut wie gar nichts mehr und tasteten uns vorsichtig weiter hinunter.

Graubart schnüffelte die Luft des modrigen Ganges. »Ich rieche Erde. Gute, alte, tonige Erde. Beim Barte meines Großvaters und meiner Ahnen, ich kann es kaum erwarten, endlich wieder gute Erde unter den Füßen zu haben.«

Die glitschigen Stufen führten noch eine ganze Weile nach unten, dann gelangten wir auf eine Ebene, die sich um uns herum ausweitete. Hier waren die Wände nicht mehr mit Marmor verkleidet, sondern rau und unbehandelt, genau wie der Boden.

Die Art des Tunnels erinnerte mich an den Stollen eines Bergwerkes, der jetzt langsam aber stetig anstieg. Es war feucht und rutschig, und alles war in ein seltsames Zwielicht getaucht. Man hörte den schlurfenden Klang unserer Schritte, und unsere Atemgeräusche hallten durch den Tunnel wider. Dann war endlich etwas Licht zu erkennen. Es war nur ein winziger Lichtschein, der am oberen Rand des Stollens auftauchte.

Als wir uns der Lichtquelle näherten, sah ich einen hellen Faden an der Decke des Stollens entlangführen. Er bestand aus einem leuchtenden Material.

Graubart schaute hinauf. »Na, endlich ein bisschen Licht. Wenn wir den Faden um etwas herumwickeln, haben wir es hier unten nicht mehr so dunkel.«

San Saiman schüttelte den Kopf. Er sprach lautlos mit seinem weißen Vogel, der sich nicht von seiner Schulter gerührt hatte. Milan reckte die Flügel und gähnte, bevor er sich bemüßigt fühlte, den Gang zu erkunden. Er flog uns voraus, den Lichtfaden entlang.

Nach einer Weile kam ein weiterer Lichtfaden hinzu, der auf der anderen Seite des Ganges an der Wand verlief, und nach und nach wurden es immer mehr Fäden, erst längs und dann quer, bis der gesamte Gang seitlich und an der Decke mit einem feinen Netz aus Lichtfäden bespannt war. Nur am Boden war der Stollen frei geblieben.

Es war jetzt deutlich heller, und man konnte genug sehen im Tunnel. Milan flog in geringem Abstand voraus und berührte dabei die geheimnisvollen Lichtquellen nicht, sondern hielt sich instinktiv fern. Ich fragte mich, wer dieses Netz aus Lichtfäden hier wohl befestigt hatte, und dann wurde mir doch ein wenig mulmig zumute, denn die Art und Weise, wie es aufgebaut war, erinnerte mich an ein Spinnennetz.

Immer steiler ging es nach oben, und es kam mir so vor, als seien wir schon ewig gelaufen, als wir an eine Stelle gelangten, an der das Lichtnetz auch auf dem Boden verlief.

San Saiman blieb stehen. »Nun, meine Freunde, wer auch immer dieses Netz ausgelegt hat«, sagte er, »wenn wir nun weitergehen und auf die Fäden treten, dann wird unser Erscheinen nicht mehr unentdeckt bleiben.«

Das Netz verlief so engmaschig auf dem Boden, dass man unmöglich zwischen die Fäden treten konnte. Graubart neigte sich vor. »Nun seht euch mal diesen Faden an, er sieht doch aus wie dünnes Glas.« Er visierte eine Stelle im Netz an, nahm dort einen Faden zwischen Daumen und Zeigefinger und zupfte daran. Er schien nicht klebrig zu sein, wie man es bei einem Spinnenetz erwartet hätte – und doch ließ Graubart ihn sofort wieder los.

Als der Faden zurückschnellte, geschah etwas Merkwürdiges. Er änderte, von der Stelle aus, an der Graubart ihn berührt hatte, seine Farbe. Und als ich genauer hinsah, erkannte ich, dass er nicht einfach nur eine andere Farbe annahm. Er zeigte ein winziges Bild.

Wie in einem Spiegel reflektierte der Faden Graubarts neugieriges Gesicht – und mehr als einmal. Es schien, als würde Graubarts Gesicht millionenfach kopiert und durch das Netz geschickt werden, solange der Faden in Bewegung war. Erst als er nicht mehr schwang, zur Ruhe gekommen war, hörten auch die Bilder auf, durch das Netz zu laufen.

San Saiman runzelte die Stirn. »Nun, wer auch immer wissen will, wer diese Gänge betritt«, schimpfte er, »er wird jetzt Graubarts neugieriges Gesicht empfangen. Ob dieses Bild das ist, was die Erbauer sehen wollen, wird sich wohl bald erweisen.«

Er zögerte eine Weile und beschloss dann, doch lieber nicht auf den Lichtfaden zu treten, damit nicht bei jedem Schritt unsere Bilder durch das Lichtnetz übertragen wurden. Er ließ sich auf dem kalten Steinboden nieder und überlegte. Ich nutzte diese Pause als willkommene Gelegenheit, mich ein bisschen auszuruhen, und setzte mich daneben.

Graubart brummelte beleidigt in seinen Bart: »Wer kann schon ahnen, dass das Ding hier gleich meine Visitenkarte sendet, wenn ich es einfach nur betrachten möchte.«

Milan flog voraus, und eine Ewigkeit schien zu vergehen. Als er dann wieder aus dem Gang auftauchte, setzte er sich folgsam wie eh und je auf San Saimans Schulter. »Milan kann nichts Bedrohliches entdecken«, erklärte der Lichtmann. »Aber mir ist nicht wohl bei der Vorstellung, hier nun einfach weiterzugehen, ohne vorsichtig zu sein. Denkt an den Drachen am Herz der Erde. Wenn sich am Ende dieses Ganges etwas befindet, das durch ein Wesen beschützt werden soll, könnten wir wirklich in Schwierigkeiten geraten.«

Ich nickte. »Die Kosmischen Ältesten sagten, ich müsse mich meiner Angst stellen, und das hier erinnert mich massiv daran, dass ich eine Heidenangst vor Spinnen habe. Sollte dies das Netz einer Spinne sein, dann weiß ich, dass ich diese Angst überwinden muss. Graubart, weil du immer von deinen Ahnen sprichst ... Ich hatte auch eine Großmutter, und die hat mir mal gesagt, dass der Weg aus der Angst heraus nur durch die Angst *hindurch*führen kann.«

Graubart drehte sich erstaunt um. Ich wusste nicht, ob sein Erstaunen den Worten meiner Großmutter galt oder der Tatsache, dass auch ich meine Ahnen schätzte.

Ich wandte mich an San Saiman. »Wir müssen hier durch, nicht wahr? Einen Weg zurück gibt es nicht, das ist gewiss. Was meinst du? Wäre es wohl klug, wenn wir – statt einfach irgendwas als Bild durch dieses Netz zu schicken – genau die Visitenkarte schickten, die uns als das ausweist, was wir sind, und zeigt, weshalb wir gekommen sind?«

Graubart schniefte. »Wie soll das denn gehen?«

»Was haltet ihr davon«, schlug ich vorsichtig vor, »wenn ich den Kristallschädel auf das Netz lege, so dass das Bild von Corazon de Luz gleichzeitig mit diesen Informationen in das Spinnennetz einschwingt? Die Kosmischen Ältesten sagten, dass die in ihm gespeicherten Informationen die Frequenzen der Erde verändern können. Wenn seine Frequenz und sein Bild durch dieses Netz fließen, könnte der Betrachter am anderen Ende vielleicht bewusst oder unbewusst unsere Absicht spüren. Immerhin wird durch die Vervielfältigung des Bildes vom Kristallschädel auch seine Information in das Netz gegeben, und das könnte dem Betrachter eine liebevolle Energie des Friedens spiegeln.«

»Hört sich sinnvoll an.« San Saiman überlegte. »Aber es könnte auch das Gegenteil bewirken, nämlich die Habgier nach dem Kristallschädel auf den Plan rufen. Ehrlicherweise müssen wir dieses Risiko wohl eingehen, denn weiterziehen müssen wir auf jeden Fall, und uns bleibt nicht mehr viel Zeit, denn deine Leuchtkraft lässt langsam nach, Carino.«

Er erhob sich und half mir auf die Beine. Also nahm ich Corazon de Luz aus dem goldenen Beutel und zögerte nur ganz kurz, bevor ich ihn auf das Netz am Boden setzte. Der Kristallschädel begann zu leuchten und zu vibrieren, und die Abbilder seines Gesichtes flossen in einer unglaublichen Geschwindigkeit durch das gläserne Netzwerk aus Fäden. Zwar zeigte sich das Engelwesen des Schädelsteins nicht, aber der Kristallschädel leuchtete in kurzen Abständen in den schönsten Farben des Regenbogens. Es war, als gäbe er bewusst ein Bild seiner Informationen in ein Netz aus Glasfasern, worauf die Frequenzen seiner Informationen durch die Fäden des geschickt verwobenen Netzes sausten. Dann betraten wir alle ebenfalls das Netz, und auch unsere Bilder wurden millionenfach übertragen.

Um den Kristallschädel zu schützen, verstaute ich ihn nach einer kurzen Weile wieder in seinem Behältnis auf meinem Rücken. »Also, meine Freunde«, sagte ich dann. »Was auch immer uns nun erwartet, wir werden es meistern.«

»Los, lasst uns weitergehen«, meinte Graubart, »vielleicht finden wir vorne einen anderen Gang, aus dem wir flüchten können, falls wir in Schwierigkeiten geraten.«

Rasch liefen wir durch den mit Lichtfäden überzogenen Gang. Mir fiel dabei auf, dass unsere Bilder nur in die eine Richtung übertragen wurden, es flossen keine aus der anderen Richtung zu uns, die uns vor einem eventuellen Wächterwesen gewarnt hätten. Ich spürte Angst in mir aufsteigen, denn unwillkürlich malte ich mir aus, dass dieser Wächter, der das Netz erbaut hatte, bestimmt eine riesige Spinne war.

Immer schneller liefen wir und rannten irgendwann durch den Gang, der immer steiler nach oben führte. Graubart überschlug sich fast, weil auch er so viel Angst empfand. Und je mehr Angst wir hatten, desto schneller rannten wir. Am Ende stürzten wir in Panik nach vorn, und ich sah, wie unsere angstvollen Gesichter noch rascher durch die Fäden des Netzes übertragen wurden. Wir sahen aus wie eine wilde Horde Flüchtender, die um ihr Leben rannten. Die Bilder waren jedoch immer deutlich schneller als wir, und es schien, als würden sie unsere Emotion der Angst verzerrt und überdeutlich widerspiegeln.

Schließlich weitete sich der Gang vor uns, und als wir an eine Biegung gelangten, lag direkt vor uns eine Höhle. In der Hoffnung, endlich einen Tunnel ohne Lichtfäden zu finden, der uns Ruhe und Sicherheit beschert, stürmte Graubart hinein.

Es war ein steinernes Höhlengewölbe mit Stalagmiten und Stalaktiten – alles von hellen Fäden durchwoben. Von hier aus verliefen sternförmig unzählige Gänge, mal größere, mal kleinere, die mit dem gleichen Netz ausgekleidet waren.

Und überallhin wurden durch gläserne Fäden unsere Bilder übertragen.

In der hinteren Ecke der Höhle sah ich etwas leuchten. Es verbarg sich hinter einem großen Stalagmiten. San Saiman hielt inne, und man konnte ein Scharren vernehmen. Wir blieben alle stehen und sahen uns ängstlich um. Nichts war in der Höhle zu entdecken – bis auf dieses leuchtende Etwas hinter dem großen Stalagmiten, der sich senkrecht zur Höhlendecke erhob, um dort auf seinen Bruder, den Stalaktiten, zu treffen.

Unsere Bilder wurden noch immer in das Netz übertragen, und während sie durch das Netz liefen, gebeugte Gestalten mit panisch verzerrten Mienen, zitterten wir vor Angst.

Lauerte dort hinter dem Felsen – *eine Leuchtspinne?*

Da hörte ich eine Stimme: »Oh bitte, tut mir nichts, ich bitte euch, ich habe so etwas Fürchterliches wie euch noch nie gesehen! Ihr macht mir solche Angst! Eure Gesichter sind so voller Grauen. Was wollt ihr denn um Gottes willen hier in der Einsamkeit meiner Höhle? Erst dachte ich, ihr seid hier, um die Prophezeiung zu erfüllen, um deretwillen ich mein Netz hier im Inneren der Erde gespannt habe, aber so wie ihr hier hereinstürmt, müsst ihr ganz Fürchterliches im Schilde führen!«

Ich sah San Saiman erstaunt an und streckte mich. Ich musste tief Luft holen, denn wir waren so sehr gerannt, dass wir alle völlig außer Atem waren. Dabei sah ich, wie sich das Wesen noch weiter hinter den Felsen zurückzog. »Ach bitte, ihr seht so fürchterlich aus, lasst mich doch am Leben. Ich habe hier eine wichtige Aufgabe zu erfüllen.«

Die Stimme klang so freundlich und gleichzeitig voller Angst, dass ich mich augenblicklich beruhigte. Wir blickten uns an, und in der Tat: Wir sahen dermaßen schrecklich aus, dass ich mich vor meinem eigenen Spiegelbild hätte erschrecken können.

Wir waren nass gewesen, als wir die Marmorhalle verlassen hatten, und bei unserem Marsch durch die Dunkelheit hatten sich Staub und Schmutz auf unsere Kleider und Gesichter gelegt. Nun war ich völlig verdreckt, und den anderen erging es ebenso, und unsere ängstlichen Gesichter ließen uns nicht gerade freundlicher aussehen.

Plötzlich musste ich lachen. Alle mussten wir lachen, denn als wir uns ansahen, fanden wir die Situation zum Brüllen komisch. Das Spinnennetz hatte derart unsere Ängste provoziert, dass wir nicht darüber nachgedacht hatten, wie unser eigenes Spiegelbild gewirkt hatte, das durch das Netz übertragen wurde. Lange hatte ich nicht mehr so gelacht wie in diesem Augenblick.

Graubart kratzte sich an seinem Kinn und streifte seinen Bart glatt. Er war völlig staubig und verschmutzt. San Saiman schlug sich auf die Stirn und lachte aus vollem Herzen. Milan flog auf einen der nächsten Felsen, und es schien, als lachte auch er über uns.

Von unserem Lachen völlig überrascht, kroch eine leuchtende Spinne hinter dem Stalagmiten hervor. Aber sie wirkte absolut nicht beängstigend. Sie war wunderschön gefärbt und hatte kein einziges Haar. Ihre Haut glänzte wie tausend funkelnde Diamanten, und sie schillerte in violettem Licht. Ganz vorsichtig kam sie aus ihrem Versteck und guckte zaghaft um die Ecke.

Langsam ging ich zu ihr hin. »Bitte verzeih, dass wir dich erschreckt haben. Das war nicht unsere Absicht. Wir haben uns so sehr vor dir gefürchtet, dass wir uns gegenseitig erschreckt haben. Habe keine Angst, wir wollen dir wirklich nichts zuleide tun.«

San Saiman und Graubart waren mir vorsichtig gefolgt und musterten jetzt die Spinne, die einen ebenso bangen wie freundlichen Eindruck auf mich machte.

»Ich bin Aeona«, sagte sie, »und ich habe hier lange Zeit niemanden mehr gesehen. Was macht ihr hier unten?«

»Wir kommen von den Kosmischen Ältesten«, antwortete San Saiman, »und wollen die Atlantische Kristallbibliothek öffnen, damit das Erwachen des Planeten beginnen kann. Ich bin San Saiman, König der Lichtmenschen, und das sind meine Freunde, Zwergenkönig Graubart und die Menschenfrau Carino. Wir sind hier, um die Prophezeiung zu erfüllen.«

Die Lichtspinne kam näher, und mir war, als sähe ich ein erleichtertes Lächeln in ihren zahlreichen Augen. »Nun, dann hat mich das erste Bild, das ich im Lichtnetz gesehen habe, doch nicht getrogen. Es zeigte einen heiligen Schädelstein. Die Prophezeiung erfüllt sich. Aber ich muss euch sagen, dass ihr vorsichtiger sein solltet mit dem, was ihr in das Lichtnetz des morphogenetischen Feldes dieses Planeten gebt. Wenn ihr euch derart töricht fürchtet, dann manifestiert ihr weiterhin Angst in die Materie der Erde.

Seht«, sagte sie und klang beinahe stolz, »ich habe im Auftrag der Kosmischen Ältesten dieses Lichtnetz erschaffen. Meine Lichtfäden durchziehen die gesamte Materie des Planeten, und sie fungieren als Spiegel der Materialisation. Alle Emotionen, die von den Lebewesen der Erde ausgehen, spiegeln sich in millionenfachen Bildern im Netz des morphogenetischen Feldes der Erde. Dieses Lichtnetz wurde seit Millionen von Jahren erbaut, und es wird ständig gepflegt und immer wieder erweitert und erneuert.

Ich kann von dieser Höhle aus in alle Schichten der Dimensionen der Erde vordringen, denn meine Gänge führen noch durch die geringsten Zwischenräume der Atome. Dieses Lichtnetz kann die Schwingungen der Materie verändern, denn es hat Informationen gespeichert, die den Lebewesen helfen, ihre göttliche Manifestationsgabe zu nutzen.

Früher haben die Kosmischen Ältesten die Menschen geschult, und die Priester kamen regelmäßig in diese Höhle, um die neuesten Informationen in das Lichtnetz der Erde zu übertragen. Doch eines Tages kam der letzte der atlantischen Priester, Amaru Muru, zu mir und bat mich, die Atlantische Kristallbibliothek mit ihm gemeinsam in die Heilige Lichtstadt zu bringen.

Ihr müsst wissen, dass die Gänge, die ihr ringsum seht, von hier aus in jeden Winkel auf der Erde führen und in sie hinein. Ihr befindet euch sozusagen winzig klein auf den atomaren Ebenen der Materie, und wie in einem Neuronennetz werden die Informationen über das Licht in jede noch so kleine atomare Struktur des Planeten übertragen. Meine Aufgabe ist es nun, ständig neue Wege anzulegen und alte, die vielleicht zerstört worden sind, zu reparieren. Die Ängste der Menschen haben jedoch dazu geführt, dass auf Erden das Zeitalter der Dunkelheit einsetzte.

Wie mir der letzte atlantische Priester berichtete, hat einer der Herrscher der menschlichen Völker der Erde den Frieden und das kosmische Bewusstsein der Menschen damit beendet, dass er sich eine Geschichte über einen Dämon ausdachte. Die Menschen kannten damals keine Angst und fürchteten sich vor nichts, denn sie waren in Harmonie mit allem.

Ich erinnere mich noch gut daran, dass der König heimlich in meine Gänge kam und fürchterliche Bilder der Dunkelheit und Angst in das morphogenetische Lichtnetz der Erde eingab. Von diesem Tag an haben die Menschen sich gefürchtet, so wie ihr gerade, als ihr in meine Welt des Lichtnetzes gekommen seid.

Der Priester Amaru Muru war einer der letzten lichtvollen Meister aus Atlantis. Im Auftrag der Kosmischen Ältesten hat er die Atlantische Kristallbibliothek durch meine Gänge in Sicherheit gebracht. Nun warte ich darauf, dass die Prophezeiung sich erfüllt, die mir von dem letzten atlantischen Priester überbracht wurde.

Amaru Muru sagte mir, es würden eines Tages ein König der Sonne und eine Menschenfrau mit einem alten Schädelstein zu mir kommen. Das Lichtnetz würde dann mit einer neuen Information gespeist werden, die die Angst der Menschen vor der Dunkelheit aufhebt. So soll die Zeit des Vergessens beendet werden.

Mit dem Wissen darüber, dass die Dunkelheit nur eine von Menschen gemachte Manifestation in der Materie ist, sollen sie zum Erwachen gebracht werden. Das Lichtnetz soll den Menschen wieder als göttliche Manifestation des Glückes offenbart werden. Nur noch Glück und Freude sollen als Bild durch die Materie fließen und die Resonanzen der Angst keine Manifestationskraft mehr besitzen – jedwede Angst wird als Fehlprogramm im morphogenetischen Feld der Erde gelöscht werden.

Amaru Muru sagte, so würden die Menschen wieder glückliche Wesen dieses Planeten sein. Und damit auch wirklich keine Angst mehr in das Lichtnetz der Erde einfließt, überwache ich hier seit Tausenden von Jahren mein Werk. Ich darf nur die Informationen eines Schädelsteins in den Lichtlauf des Netzwerkes der Erde geben.

Nun habt ihr mich tüchtig erschreckt, doch das Lichtnetz ist verschont geblieben von eurer törichten Angst. Die Impulse des Schädelsteines habe ich als liebevoll erkannt und der Prophezeiung gemäß die neue Programmierung des Netzes bereits aufgenommen.

Ich gebe aber zu, dass ich zu Beginn ein wenig verunsichert war, weil ich vor dem Schädelstein das Gesicht eines Zwerges im Netz erblickte. An seiner Neugier konnte ich zwar nichts Bedrohliches finden, aber die Prophezeiung hat nichts von einem Zwerg berichtet. Dann dachte ich mir jedoch, dass der Schädelstein sich seine Träger schon immer selbst erwählt hat, und warum sollte es nicht geschehen, dass der Lichtkönig, der mir angekündigt wurde, bei den Zwergen inkarniert wurde.«

Ich musste bei dem Gedanken lachen, und Graubart wollte gerade den Mund aufreißen, um zu widersprechen, da sagte San Saiman: »Dann kannst du uns sicher auch heimbringen in die Lichtstadt, nicht wahr?«

Die Lichtspinne stand auf und streckte sich, bevor sie langsam sagte: »Es soll mir eine Ehre sein.«

32

Einlass in die heilige Stadt

Aeona baute sich zu voller Größe vor uns auf. Ich wagte es, nach vorne zu treten und ihren glitzernden Körper zu betrachten. Sie hatte gar nichts Schreckliches an sich. Die glatte, leuchtende Haut war mit Millionen kleiner Diamantsplitter geschmückt, und sie funkelte in den Reflexionen ihres eigenen Lichtes.

San Saiman und Graubart waren genauso beeindruckt wie ich von dem, was die Spinnengöttin Aeona uns berichtet hatte. Ich war noch dabei, es zu verdauen, als mir plötzlich ganz schwindelig wurde und ich zu Boden sank. Ich spürte, wie die Lichtkraft meines Körpers schwand – und ich konnte es nicht aufhalten.

Durch die Berührung des Spinnenlichtnetzes war ein Teil der Leuchtkraft, mit der mich das Lichtwasser versorgte, aus meinem Körper gewichen. Graubart hatte damit kaum Probleme, denn er war ohnehin ein Wesen der Dimensionen der Inneren Erde. San Saiman als Lichtmensch hatte überhaupt kein Licht verloren – einzig ich als Mensch wurde hier an diesem Ort an meine feststoffliche Verbindung mit der Materie erinnert.

San Saiman gab mir den letzten Rest Lichtwasser zu trinken, aber es war nur noch sehr wenig vom Lebensquell in dem Behältnis, das der Sonnenkönig bei sich trug.

»Jetzt haben wir es wirklich eilig, geehrte Aeona«, sagte er. »Ich muss dich bitten, uns schnellstens in die Lichtstadt zu bringen, sonst können wir unsere Mission nicht zu Ende bringen. Der Menschenfrau bleibt nur noch wenig Zeit hier in dieser Dimension.«

»Aber Sonnenkönig«, entgegnete die Lichtspinne. »Wir sind hier auf den Bahnen der kleinsten Atome der Erde. Sie muss die Fähigkeit haben, in den Lichtquanten zu reisen, sonst kann sie das Lichtnetz nicht passieren, und wir können die Bahnen meines Netzes nicht bereisen, ohne das Licht zu verbrauchen, das sie in dieser feinstofflichen Ebene am Leben erhält. Wie lange wird ihre Lichtfrequenz halten, wenn wir über das Lichtnetz reisen?«

»Ich weiß es nicht«, gestand San Saiman besorgt. »Es kommt darauf an, wie schnell ihr Stoffwechsel das Licht in ihren Zellen aufzehrt.«

Graubart riss die Augen auf. »Beim Barte meines Großvaters, wie lange wollt ihr hier noch diskutieren und philosophieren? Lasst uns endlich losziehen.«

San Saiman ignorierte den Ausbruch des Zwerges. Er holte etwas unter seinem Gewand hervor und reichte es mir. »Ich will, dass du den Meteoritensplitter an dich nimmst, Carino, es wird den Zerfall des Lichtes in deinem Körper ein wenig aufhalten. Ich weiß, dass du sehr viel Licht verbrauchen wirst, wenn wir durch die verschiedenen Ebenen der feinstofflichen Körper der Erde reisen. Dank der Spinne können wir uns dieser Methode bedienen. Sie wird uns durch die atomaren Verbindungsbrücken bis zur Lichtstadt bringen. Ich kann nur hoffen, dass deine restliche Lichtkraft ausreicht, den Weg dorthin zu finden.«

Die Spinne presste einen dickeren Lichtfaden aus ihrem Körper, und San Saiman band uns mit diesem Lichtseil zusammen. Dann schlang er das längere Ende des Seils um den Körper der Spinnengöttin und gab das Zeichen zum Aufbruch.

»San Saiman, Lichtmann, Sonnenkönig«, rief Graubart entsetzt. »Es kann nicht dein Ernst sein, dass wir jetzt mit dieser Spinne reisen. Erst schickst du mich in den reißenden Fluss eines Drachens, dann muss ich ins Innere der Erde tauchen, bis ich beinahe ertrinke, dann bindest du mich auf einem Wal fest und zerrst mich an den Barthaaren in die Tiefen des Ozeans. Beim Barte meines Großvaters, und jetzt willst du angesichts der großen Eile die Fähigkeit einer Spinne nutzen, uns durch ihr

Lichtnetz zu schleifen. Welche unangenehmen Neuigkeiten erwarten uns an der nächsten Weggabelung?«

Kaum hatte er das gesagt, setzte die Spinne sich in Bewegung. Sie krabbelte erst langsam zu einem der Gänge, damit wir ihr folgen konnten. Mir wurde ganz schummrig, als ich sah, wie steil es dort hinabging. Aber was dann kam, war das Furchtbarste, was ich jemals erlebt hatte. Die Spinne heftete sich dicht am Anfang des Ganges an die Wand und wickelte das Lichtseil mit uns am anderen Ende so lange eng um ihren Körper, bis wir auf ihrem Rücken festgebunden hingen. Danach wob sie einen ihrer Fäden am Rand des Ganges fest und ließ sich rasend schnell an einem gläsernen Lichtfaden auf den Boden fallen.

Auch dieser Gang war mit Lichtfäden ausgekleidet, und die Spinne lief los und erreichte eine unglaubliche Geschwindigkeit. Sie berührte dabei keinen einzigen ihrer gewebten Fäden. Trotzdem kam ich mir vor wie im freien Fall, denn sie hangelte sich auf diese Weise durch verschiedene Gänge und nahm Tausende von Abzweigungen, um sich gleich wieder in den nächsten Lichttunnel fallen zu lassen. Immer blieb sie dabei durch ein Seil gesichert, das sie aus ihrem Körper spann. Es ging endlos weit hinab.

Mit der Zeit wurde mir immer übler, und das Licht schwand aus meinem Körper. Schweißperlen rannen über mein Gesicht. Dann hörte ich San Saiman rufen: »Halt an, Spinnengöttin, es stimmt etwas nicht. Sieh doch, sie leuchtet nicht mehr. Sie verbraucht zu viel Licht. Wie weit ist es noch bis zur Lichtstadt?«

»Sonnenkönig«, antwortete Aeona. »Wir haben gerade erst die Hälfte der Strecke zurückgelegt.« Die Lichtspinne hielt an einer Abzweigung des Ganges an und ließ uns auf einem Felsbrocken absteigen.

Ich konnte nicht mehr stehen, und mein Herzschlag verlangsamte sich zusehends. Ich hatte den Meteorit in Händen, aber es half nichts. Das Licht wich unaufhörlich aus meinem Körper, und ich fühlte mich schwerer und schwerer.

Da sprach Graubart: »Ich habe eine Idee, Lichtmann. Ich werde sie in den Schlaf zaubern, so wie ich es mit meinem Volk gemacht habe. Das bringt den Stoffwechsel zum Erliegen, und wir wollen hoffen, dass das restliche Licht genügt, um die Reise fortzusetzen.«

Ich war völlig erschöpft und verzweifelt. »Meine Freunde«, sagte ich. »Es tut mir so leid. Wenn ich es nicht schaffe, wird alles umsonst gewesen sein!«

San Saiman tröstete mich, indem er meine Hand nahm. »Ein guter Plan, Graubart! Mach schnell, das ist unsere einzige Chance!« Zärtlich strich er mir die Tränen aus dem Gesicht und flüsterte: »Überwinde deine Angst, Carino, und glaube an dein Herz. Ich liebe dich, und ich werde alles tun, um dich am Leben zu erhalten …!«

»Beim Barte meines Großvaters, für so eine Gefühlsduselei haben wir jetzt wirklich keine Zeit!« Graubart begann in einer fremden Sprache zu sprechen und wisperte mir ins Ohr. Es waren fremde Laute, die ich noch nie gehört hatte, ganz unvertraut für mein Bewusstsein. Er wurde immer leiser, während ich mit geschlossenen Augen lauschte, und plötzlich sah ich grüne Bäume und duftende Auen und roch den Duft frischer Gräser. Ich fiel in einen Traum, der mich mit den schönsten Bildern in einen tiefen Schlaf wiegte.

Der süße Duft von Rosenblüten weckte mich wieder. Ich spürte meinen Körper auf einem weichen Lager, und liebliche Harfenklänge drangen an mein Ohr. Graubarts Gemurmel war nicht mehr zu hören, und ich wusste nicht, ob ich noch am Leben war.

Als ich die Augen aufschlug, sah ich in das zauberhafte Gesicht Mathabs, die mir liebevoll das Haar aus dem Gesicht strich. Sie lächelte mich an.

Ich überlegte einen Moment lang und zog den Schluss, dass ich wohl meine Reise nicht geschafft hatte. Mathab hatte gesagt, sie würde mich in der heiligen Kammer erwarten, wenn ich meine Reise nicht erfolgreich zu Ende bringen würde. Und ich roch eindeutig den Duft der Rosen in der heiligen Kammer der Stadt des Lichtes.

Als ich mich umsah, erkannte ich, dass ich auf dem Boden dieser Kammer lag. Ich erkannte den heiligen Ort sofort wieder.

Hier war das Tor zum Universum, und hier mussten sich die Seelen entscheiden, in welcher Weise sie wiedergeboren werden sollten. Ich sah das Universum unter mir liegen und begann zu weinen.

»Mathab, Schwester des Mondes, sag: Ich bin gestorben, nicht wahr?«

Die Mondenfrau lächelte mich weiter nur liebevoll an. Ich erhob mich langsam und spürte in meinen Körper hinein. Er leuchtete, und überall um mich herum lagen Lichtblumen auf dem schwerelosen Boden, der wie das Universum selbst aussah.

Mir rollten die Tränen über die Wangen, als mir bewusst wurde, wie leicht und kraftvoll ich mich fühlte. Jemand musste mich gewaschen und neu eingekleidet haben, denn ich trug ein sauberes Gewand aus edlem Goldgewebe, das sich leicht und geschmeidig anfühlte.

Mathab half mir aufzustehen, und ich drehte mich zum Altar des Raumes um. Dort thronte der Kristallschädel Corazon de Luz und strahlte in den hellsten Farben.

»Es tut mir so leid«, sagte ich traurig zu Mathab und senkte den Kopf. »Wir waren so dicht am Ziel. Ich habe alles versucht, und es war nicht mehr weit bis zur Lichtstadt. Dein Bruder und Graubart, der Zwergenkönig, werden sicher bald eintreffen. Sie sind auf dem Weg hierher.«

Mathab brach ihr Schweigen. »Ich weiß, Carino, ich weiß. Du hast dein Bestes gegeben, und ich habe nur Gutes über den Verlauf eurer Reise gehört. Nun bist du hier, und ich darf dir endlich die letzte aller Fragen stellen, die du hier beantworten musst.«

»Du willst von mir wissen, als was ich wiedergeboren werden will, nicht wahr?«

Mathab lächelte rätselhaft. »Nein, vorher will ich noch etwas anderes von dir wissen, Menschenfrau. Wenn du die Wahl hättest, fortan hier weiterzuleben, wenn der Rat der Kosmischen Ältesten entschieden hätte, dich zu verschonen, welches Leben würdest du wählen? Würdest du dich dafür entscheiden zu bleiben, zu lernen und das Leben einer Lichtfrau zu führen, oder würdest du in deine Welt der Menschen zurückkehren und alles vergessen wollen, was du hier gesehen hast? Sprich die Wahrheit!«

Das hatten die Kosmischen Ältesten also gemeint, als sie sagten, mein Herz sei geteilt und ich müsse mich entscheiden. »Ich gebe zu, dass dies eine schwere Frage ist, Mathab«, entgegnete ich aufrichtig. »Mein Herz ist wirklich geteilt. Hätte ich die Möglichkeit, eine Lichtfrau zu werden, könnte ich so vieles erlernen. Und nicht nur das, auch mein Herz wäre erfüllt vom Glück der Liebe zu deinem Bruder.

Ja, ich liebe San Saiman, denn ich habe ihn als den Mann erkannt, den ich schon einmal liebte – vor ewigen Zeiten. Es ist eine wundervolle Vorstellung, das Leben mit deinem Bruder und dir zu teilen und eure Welt hier besser kennen zu lernen.

Aber irgendwann könnte diese Liebe verblassen, denn die Sorge um meine Kinder und ihr Schicksal würde wie ein dunkler Schatten über uns schweben und eines Tages unser Glück zerstören. Die Ungewissheit, wie sie leben und was sie zu erdulden haben, würde es mir unmöglich machen, das Glück mit deinem Bruder zu leben. Auch das Wissen um die Entwicklung der Menschen und die Erkenntnis, dass ihre Welt geheilt werden muss, damit diese Welt der heiligen Stadt nicht eines Tages zerbricht, würden mir keine Ruhe lassen. Das Glück deines Bruders wäre bald getrübt durch meine Traurigkeit, und mein Wunsch, der oberen Welt der Erde zu helfen, würde euch alle in Gefahr bringen.

Was ich hier erfahren und gesehen habe, ist das Schönste, was ich je erlebt habe, aber ich frage mich, ob es von Dauer sein kann, wenn ich nicht zurückkehre und als Mensch versuche, den Lauf der Dinge auf der oberen Erde zu verändern. Ich glaube, mein Herz fände niemals Ruhe und ich zerbräche an dem Wissen, wie sehr das Herz deines Bruders leidet, weil ich heimkehren will zu meinen Kindern.«

Ich schluckte, und Mathab strich mir tröstend über die Wange.

»Wenn ich zurückkehren könnte zu meinen Kindern – selbst wenn ich alles vergessen müsste, was ich gesehen habe«, fuhr ich aufrichtig und voller Inbrunst fort, »dann hätte ich doch die

Hoffnung in meinem Herzen, dass ich aus dem Willen und dem Wunsch heraus, Gutes zu tun, meinen Kindern und den Kindern aller menschlichen Völker der Erde eine gute Wende der Zukunft ermöglichen könnte durch das, was unauslöschbar in meinem Herzen gewachsen ist in dieser Welt hier im Inneren der Erde.

Hier habe ich die reine Liebe kennen gelernt, die ihr alle in euch tragt. Ich habe gesehen, wie die Wesen sich hier für die menschlichen Völker der Erde einsetzen, um den Frieden und die Heilung des Planeten zu verteidigen. Selbst wenn ich all das vergessen müsste, würde ich mich doch aus der Hoffnung heraus, dass ich mich dort oben ändern kann und dass ich meinen Kindern etwas geben kann, was die Welt verändert, für eben diese winzig kleine Hoffnung entscheiden. Weil ich glaube, dass ich gerade das deinem Bruder und euch allen schuldig bin.« Ich fand keine Worte mehr und brach in Tränen aus.

»Carino«, hörte ich da eine Stimme hinter mir. »Genau deshalb lieben wir dich.«

Als ich mich umdrehte, sah ich San Saiman, der in einem prächtigen goldenen Gewand die heilige Kammer betreten hatte. Halb verdeckt von ihm erblickte ich König Graubart in einem Gewand aus feinstem Silber. Beide glitzerten und strahlten.

»Du bist nicht gestorben, Carino. Dank Graubarts Zauber haben wir gerade noch rechtzeitig die heilige Stadt erreicht. Aeona hat uns bis an die Pforten der Stadt getragen, so dass wir dich schlafend in den heiligen Tempel bringen konnten. Wir haben dir Lichtwasser zu trinken gegeben, damit du dich schnell erholst von den Strapazen der Reise. Und wir haben dich schlafen lassen, denn dein Körper brauchte wirklich Ruhe.«

»Das heißt, wir haben die Aufgabe gemeistert?«, fragte ich.

»Nicht ganz. Wir müssen noch die Atlantische Kristallbibliothek öffnen, die hier unter dem Hallenboden verborgen ist.« San Saiman trat zu mir und lächelte mich an.

Ich wurde ein wenig rot, weil ich wusste, dass er alles gehört hatte, was ich zu Mathab gesagt hatte. Da kam Milan hereingeflogen. Auch er schien sichtlich erholt zu sein, und unwillkürlich fragte ich mich, wie lange ich wohl geschlafen hatte. Wie als Antwort näherte sich von irgendwo eine Lichtfrau und entfernte das Lager, auf dem ich gelegen hatte.

»Es wird Zeit, Bruder, die Bibliothek zu öffnen«, sagte Mathab. »Es soll vollendet werden, wozu deine Reise hier einst begonnen hat.«

San Saiman wandte sich an mich. »Carino, die Zeit ist gekommen. Wir bitten dich, den Kristallschädel auf den Boden der Halle zu setzen.«

Ich nickte und trat an den Altar, auf dem Corazon de Luz leuchtend thronte. Aufgeregt und neugierig fragte ich mich, was nun geschehen würde.

33

Der Wächter der heiligen Tafeln und die Atlantische Kristallbibliothek

Vorsichtig setzte ich den Kristallschädel auf den Boden, der so irritierend war, weil er wie ein schwereloses Universum wirkte. Zwergenkönig Graubart trat dicht neben mich. »Ich bin froh, dass mein Zauber gewirkt hat«, flüsterte er. »Ich war mir selbst nicht ganz sicher, aber beim Barte meines Großvaters, ich bin froh, dass du noch unter uns weilst.«

Ich lachte. »Jetzt weiß wohl wirklich jeder große Zwergenkönig, wie viel Zauber in einem noch so kleinen Zwerg stecken kann!«

Graubart grinste verlegen und stieß mich an, bevor er sich den Bart glatt strich. »Ich werde das alles meiner Zwergenfrau erzählen. Sie dachte immer, die Menschen seien garstig. Sie wird ihre Meinung ändern, wenn sie hört, was ich zu erzählen habe.«

Schmunzelnd trat ich ein Stück weit vom Kristallschädel zurück. Corazon de Luz begann zu vibrieren, und in dem Universum unter uns glomm ein feiner Lichtwirbel auf, der größer wurde und den ganzen heiligen Raum in ein helles Gleißen tauchte. Das schwerelose Universum war verschwunden, und stattdessen führte jetzt eine Treppe aus flüssigem, lebendigem Kristall nach unten in eine helle Kammer.

San Saiman und Mathab gingen voraus, Graubart und ich folgten ihnen. Corazon de Luz ließ ich auf Geheiß San Saimans auf dem Boden liegen, damit sich die Kammer nicht wieder schließen konnte.

Die Stufen bestanden wie alle in der Lichtstadt aus flüssigem Kristall, der leuchtete, als sei er aus lebendigem Licht geschaffen. Das Licht pulsierte, und als wir die Stufen hinabgestiegen waren, gelangten wir in die heilige Kammer, in der die Atlantische Kristallbibliothek nun schon seit so langer Zeit aufbewahrt wurde.

Wir traten alle ein in den prunkvollen Raum, der goldverzierte Wände aufwies. Auf goldenen Tischen, in die bezaubernde Abbildungen eingearbeitet waren, lagen dreizehn Kristalltafeln, großzügig mit Gold und Silber ausgestattet. Hunderte von Figuren und andere Gegenstände aus reinstem Kristall waren hier zusammengetragen – meisterhafte Kunstwerke, die nicht nur die Informationen um das heilige Wissen des Universums in sich trugen, sondern die auch einfach zauberhaft aussahen.

Reich geschmückt waren diese dreizehn flachen Tafeln. Eine aus durchsichtigem, sauberem Kristall trug einen Goldrahmen, der oben von einer Sonne gekrönt wurde. Eine andere zeigte das Abbild des Mondes, dem Wasser aus seinem Mund floss, und auf einer weiteren Tafel prangte die Wiedergabe eines Sternbildes. Wundervolle Drachen mit mächtigen Flammenlohen erinnerten an das Wesen, das das Herz der Erde beschützte. Und in einer Schale aus Gold ruhte ein menschliches Herz aus reinstem Kristall.

Ich wusste sofort, dass es die Schwingung der Heilung für die menschlichen Völker der oberen Erde in sich trug.

Unglaubliche Reichtümer waren hier versammelt, und all die heiligen Gegenstände wurden als kostbarer Schatz des Wissens seit unvordenklichen Zeiten für die Menschen aufbewahrt. Bei diesem Anblick kamen mir die Tränen.

Da fiel mir auf, dass wir nicht allein waren. Am hinteren Ende der Kammer saß auf einem goldenen Stuhl ein menschenähnliches Wesen, das leuchtete wie flüssiger Kristall. Das Wesen hatte uns längst bemerkt. Es erhob sich und schritt langsam auf uns zu.

Der Kristallmensch war imposant und kraftvoll. Er strahlte in hellem Licht, und man konnte die kristallenen Knochen seines menschlichen Skelettes erkennen, weil die Haut und seine Außenhülle ganz aus Licht bestanden. Er hatte ein freundliches Gesicht mit menschlichen Zügen, wirkte jedoch androgyn. Es hob die Hand zum Gruß.

»Ich bin der Wächter der Atlantischen Kristallbibliothek.« Das menschenähnliche Wesen lächelte uns an. »Ich freue mich, euch hier zu sehen. Seit sehr langer Zeit erwarte ich euch bereits, denn die Kosmischen Ältesten haben mir aufgetragen, die Bibliothek des Wissens zu beschützen, bis sich die Prophezeiung erfüllt und die Kristallbibliothek wieder geöffnet wird für den Planeten Erde. Hier seht ihr die heiligsten Schätze des Universums versammelt, alles Gegenstände, die von den Kosmischen Ältesten erschaffen wurden, um das kosmische Wissen an die Menschen weiterzugeben, wenn der Zeitpunkt gekommen ist und sie reif dafür geworden sind. Wenn die Menschen ihre Herzen geöffnet haben für den Frieden und die kosmische Wahrheit, werden sie die Rätsel dieser Bibliothek entziffern können.

Ich bin einer der Priester der Alten Zeit. Ich bin Amaru Muru und habe die Aufgabe, die Bibliothek Stück für Stück zu den Menschen zurückzubringen. Auch ich werde Stück für Stück zu den Menschen zurückkehren, um sie in Zukunft zu unterrichten und ihnen die Bedeutung des universellen Wissens der Bibliothek zu erklären. Die Menschen werden selbst zum Kristallbewusstsein finden, und gleichzeitig werden sich in ihnen göttliche Wahrheit und Liebe entwickeln. In jedem Moment der Bewusstwerdung auf Erden werde ich die Kraft zum Frieden auf Erden stärken, und mit Freude und Anteilnahme werde ich die Menschen begleiten, wenn sie nun ihre Entwicklung in den Frieden hinein meistern.

Mein Körper hat sich über Generationen hinweg zu Kristall entwickelt, und meine Feststofflichkeit ist zu Licht geworden. Ich bestehe jetzt aus einem Kristallkern, und nur noch ein Hauch des Kristallbewusstseins manifestiert sich auf meinem Skelett, das ich zu kristalliner Struktur umgewandelt habe.

Ich bin so tief mit dem kosmischen Wissen der Atlantischen Bibliothek verbunden, dass die Verwandlung aus einem feststofflichen Menschenkörper in einen Lichtkörper inzwischen beinahe vollzogen ist.

Ich habe diesen Tag erwartet, denn ich will meinen Körper nun ganz in Licht umwandeln und damit beweisen, dass die Menschen zur Wandlung ins Licht befähigt sind. Dieses Kristallskelett, das ich noch trage, will ich zum Zeichen für die Menschen in die kristallene Bibliothek geben, damit nach mir auch die Menschen diesen Weg gehen können.

Das Bewusstsein des Universums liegt in allen Dingen, die Bestandteil dieser Welt und aller anderen Dimensionen sind. Nur ein liebendes Herz kann ins Licht finden. Ich habe den Weg dorthin schon lange geebnet und will den Menschen nun ein Engel sein, mich in Liebe und Demut mit dem Schöpfungsplan identifizieren und einem jeden Menschen helfen, auf seinem weiteren Weg die richtige Wahl zu treffen. So bleibe ich der Wächter dieser Bibliothek, auch wenn die heiligen Gegenstände jetzt zur oberen Erde gebracht werden. Denn so ist es bestimmt seit dem Anbeginn ihrer Erschaffung.

Alles Licht des Schöpfers und jedes Geheimnis des Universums ist auf diesen heiligen Tafeln gespeichert. Die Chronik der Zeitgeschichte der Ewigkeit und Unendlichkeit Gottes wird für euch Menschen lesbar, wenn ihr euch geistig mit diesem Schatz verbindet. Die Heilung und das Wissen, das darin liegt, wird eure Herzen anfüllen mit dem Bewusstsein für die Einheit allen Seins.

Es berührt mich, dass nun der Moment gekommen ist, da ich vor den Augen eines Menschen diese heilige Wandlung vollziehen kann. Berichte es den menschlichen Völkern der Erde, damit sie wissen, dass die Materie immer ins Licht wachsen wird. Denn so ist die geheime Reise von Gottes Wunsch und Wille geplant.

Alle Planeten werden ins Licht wachsen, und alle Wesen werden irgendwann durch die göttliche Liebe in das Licht des Schöpfers verwandelt, aus dem sie einst gekommen sind. Die Kosmischen Ältesten habe diese Wahrheit für den Planeten Erde auf den dreizehn Tafeln niedergeschrieben, die nach und nach zu den Menschen gelangen werden.

Auf die gleiche Weise, wie der Kristallschädel Corazon de Luz die Menschen mit seiner Weisheit und Liebe berührt, wird auch die Atlantische Bibliothek den Menschen die Erkenntnisse der Wahrheit Gottes wiedergeben.

Ich wünsche den Menschen mit der Kraft meines Wissens und meiner Erkenntnisse, die ich über Jahrtausende hier am Quell des Wissens erworben habe, dass sie in die Liebe ihrer Herzen zurückfinden. In der Liebe der Seelen liegt der Schlüssel zum Licht der Glückseligkeit.«

Der Kristallwächter strahlte und leuchtete in diesem Moment besonders kraftvoll. Er nickte uns zu und legte sich vor uns auf den Boden. Der Lichtfluss in seinem kristallinen Körper gerann, und das Licht trennte sich von dem Skelett aus purem Kristall. Ich wurde Zeuge, wie der Wächter sein Skelett verließ und zu reinem Licht wurde.

Wunderschön sah er aus, und wir glaubten seine Liebe zu spüren, während das kristallene Skelett magisch leuchtete. Das Licht verdichtete sich zu einem Ball, der über die heiligen Tafeln und anderen Gegenstände strich, alle Artefakte in seinen gleißenden Schein tauchte und in den Kristallstrukturen der Atlantischen Bibliothek verschwand.

»So gehen all seine Liebe und sein Wissen in die heilige Kristallbibliothek ein«, brummte Graubart. »Mögen die Menschen dieses Wissen zum Aufstieg in Freude und Liebe nutzen.«

San Saiman hatte Tränen in den Augen, und auch ich war tief bewegt von dem, was ich da gesehen hatte. Der Wächter war niemand Geringeres als der letzte atlantische Priester Amaru Muru gewesen. Irgendwie spürte ich in diesem Moment, dass nun die Zeit gekommen war, mich zu verabschieden und heimzukehren. Ich sah zu San Saiman hinüber, und er nickte mir zu, denn er hatte wie immer meine Gedanken gelesen.

»Wie soll ich dieses Wissen zu den Menschen bringen, und wie soll ich damit umgehen?«, sagte ich, den Blick auf die wunderschönen Artefakte der Atlantischen Kristallbibliothek gerichtet. »Ich fühle mich nicht reif für eine solche Aufgabe.«

San Saiman bedeutete Graubart und mir, ihm nach oben zu folgen. Wir stiegen die kurze Treppe aus der heiligen Kammer wieder hinauf und kehrten in den Altarraum zurück, in dem Corazon de Luz immer noch auf dem Boden lag. Mir wurde es schwer ums Herz.

»Es wird Zeit für uns, König der Zwerge«, meinte San Saiman, »dass die Menschen von all dem erfahren, was wir gemeinsam erlebt haben, und es ist wichtig, dass die heilige Atlantische Kristallbibliothek zu den Menschen gelangt. Willst du mir dabei helfen, Graubart?«

Der Zwerg schob das behaarte Kinn vor. »Beim Barte meines Großvaters, natürlich will ich das. Schließlich kann ich dieses Abenteuer nicht einfach so enden lassen, nicht wahr?«

San Saiman lächelte. »Dann finde heim in dein Königreich, großer Zauberer, und erwecke deine Familie und dein Volk. Wir müssen uns leider einstweilen voneinander trennen, aber diese Aufgabe muss erfüllt werden. Die Menschen werden unsere Hilfe brauchen.«

Der Lichtmann blickte zu Mathab, die ein Gefäß vom Altar nahm, das angefüllt war mit kostbarem Lichtwasser. Sie gab es dem Zwerg mit den Worten: »Hier, großer König, nimm das mit. Wer weiß, ob du es nicht einmal brauchen kannst. Und sollte es dich nach mehr verlangen, so zögere nicht, den Tausch mit uns Lichtmenschen über den Fluss der goldenen Barke zu pflegen. Es soll deinem Volk nie mehr an etwas mangeln.«

Graubart zupfte sich verlegen am Kinn und nahm das Geschenk entgegen. Dann beugte sich San Saiman zu ihm vor und umarmte den König voller Freundschaft. »Graubart, es war mir eine Ehre. Habe Dank, denn ohne dich hätten wir die Aufgabe nicht bestanden.«

Dann erhob er sich wieder, und auch Mathab umarmte den kleinen Zwerg.

Graubart kam zu mir und sah verlegen auf seine Zehenspitzen. »Beim Barte meines Großvaters und meiner Ahnen, ich war noch niemals gut in solchen Dingen. Carino, ich dachte, die

Menschen seien unverbesserlich. Ich habe mich geirrt. Ich habe so viel Liebe in dir gesehen und so viel Mut. Niemals werde ich unsere Reise vergessen, und noch meine Enkelkinder sollen von den Menschen und ihrer Entwicklung erfahren.

Ich hoffe, wir sehen uns irgendwann einmal wieder. Mein Volk und ich werden alles tun, damit die Menschen den Weg ins Licht finden. Gib niemals auf und vergiss uns nicht. Und wenn du den Menschen von dem erzählst, was du gesehen und erlebt hast, dann sage ihnen, dass die Zwerge immer mit ihnen sind. Wir werden immer eure Freunde sein.« Eine dicke Träne rollte über seine Wange.

Auch ich schluckte und musste weinen. Vorsichtig ließ ich mich auf die Knie sinken und umarmte den König der Zwerge. »Ich danke dir für alles, was du für mich und die Menschen getan hast. Es war mir eine große Ehre, König Graubart, Zauberer der Zwerge.« Dann erhob ich mich, und Graubart drehte sich eilig um und brummelte: »Beim Barte meines Großvaters und meiner Ahnen. Jetzt muss ich mich aber beeilen. Es gibt noch viel zu tun, und ich habe keine Zeit für diese Abschiednehmerei ...!«

Der König sah keinen von uns mehr an, sondern lief brabbelnd aus der heiligen Kammer davon. Er kehrte nach Hause in sein Königreich zurück.

Mathab, die Mondenfrau, wandte sich mir zu. »Ich glaube, ich lasse euch allein Abschied nehmen«, sagte sie mit einem raschen Seitenblick auf ihren Bruder. »Carino, sage den Menschen, wie wichtig es ist, dass sie gut mit der Kristallbibliothek umgehen. Es liegt der Geist Gottes darin und auch seine Liebe!«

Ich nickte, und Mathab sprach weiter: »Ich wünsche dir alles Glück dieser Erde und hoffe, dass die Menschen deine Schilderungen begreifen werden. Ich hoffe, sie finden Erkenntnis und Weisheit, dann wird die Erde in Frieden sein.« Mit diesen Worten verneigte sie sich vor mir und verschwand ebenfalls aus der heiligen Kammer.

Ein jäher Stich durchfuhr mich, als mir klar wurde, dass ich sie vielleicht nie mehr wiedersehen würde.

San Saiman spürte meine Traurigkeit. Er sah mich an und strich mir über das Haar. »So haben wir uns wiedergefunden im Strudel der Inkarnationen und dürfen nun schon wieder Abschied nehmen. Du wirst deine Reise ohne mich fortsetzen, aber ich werde dafür sorgen, dass die Kristallbibliothek in deine Welt und zu dir findet.

So wie Corazon de Luz zu dir kam, wird auch ein Stück der Kristallbibliothek nach dem anderen zu euch Menschen gelangen. Bitte berichte den Menschen von dem, was du gesehen hast. Es ist wichtig, dass du alles ganz genau erzählst, denn so veränderst du die Welt auf der oberen Erde. Ich wünsche dir auch, dass du Glück findest in deinem Leben und dass du jeden Moment an die Freude in deinem Herzen glaubst.

Singe für die Menschen, denn in deinem Gesang schwingt die Liebe mit, die es braucht, um die Herzen der Menschen zu heilen. Vereine die Ältesten aller Völker der Erde und rufe einen Rat ins Leben, der die Weisheiten der Erde bewahrt und der diesen Schatz des Lichtes beschützt und ehrt. Ich weiß, dass es zu Beginn nicht leicht sein wird, denn die Menschen brauchen Zeit, um zu begreifen, dass das Wissen der Atlantischen Bibliothek heilig ist. Aber es wird möglich sein, dieses Wissen zu aktivieren, wenn du daran mitwirkst, dass die Menschen mehr über die Geheimnisse der Erde erfahren.

Lebe die Liebe und freue dich am Heranwachsen deiner Kinder, denn sie werden die Neue Zeit auf Erden erleben und sie werden eine hoffnungsvolle Zukunft haben. Ich will, dass du nicht traurig bist, denn ich habe dich einmal wiedergefunden und ich werde dich ein weiteres Mal wiederfinden.

Am Ende dieses Lebens wirst du noch einmal in dieser heiligen Kammer stehen und dich entscheiden dürfen, als was du wiedergeboren werden willst. In jenem Augenblick werde ich wieder bei dir sein.«

Ich nickte, und die Tränen rannen mir übers Gesicht. San Saiman kniete vor mir nieder und sagte: »Mit jedem Sonnenstrahl werde ich dir mein Lächeln und meine Liebe ins Herz senden. Und so soll es sein, dass dieser Weg hier endet und ein neuer beginnt für uns alle. Die Hoffnung ruht nun auf den Menschen.«

Auch ich kniete nieder, und er gab mir Corazon de Luz in meine Hände. Dann stand er auf und trat ein Stück von mir zurück. Er lächelte mich an, und ich sah, dass er weinte.

34

Die Rückkehr der dreizehn Tafeln und der Tanz der Schamanen

Ich schloss die Augen, wie ich es immer tat, wenn Corazon de Luz mich in Trance brachte. Unter Tränen atmete ich tief ein und aus und spürte, wie der Kristallschädel vibrierte. Ein dumpfer Druck lastete auf meinem Herzen, weil ich wusste, ich würde San Saiman erst am Ende meines Lebens wiedersehen.

Corazon de Luz begann mich in einen Lichttunnel zu ziehen, genau wie an dem Tag, als ich von dem Schädelstein in diese Welt gebracht wurde. Ich hielt mich an dem Kristallschädel fest, als mein Körper durch Raum und Zeit gerissen wurde. Ein Strudel zerrte an mir, und ich hatte das Gefühl, in einen tiefen Abgrund zu fallen.

Erschrocken riss ich die Augen auf – und befand mich in meinem Meditationsraum. Ich saß auf meinem Stuhl, den Kristallschädel in meiner Hand.

Der Kunde, mit dem ich gerade gearbeitet hatte, als ich in Trance fiel, saß mit Tränen in den Augen vor mir. Anscheinend hatte der Kristallschädel seine Beratung wie gewohnt fortgesetzt und meine geistige Abwesenheit nur etwa eine halbe Stunde gedauert. Meine Reise war also unabhängig von Raum und Zeit nur über einen kurzen Erdenzeitraum erfolgt.

Auch ich hatte Tränen auf meinem Gesicht, als ich Corazon de Luz vorsichtig zur Seite legte – an seinen Platz auf dem kleinen, mit Blumen geschmückten Tisch. Dann entschuldigte ich mich bei meinem Kunden und verließ das Zimmer, um nach meinen Kindern zu sehen. Niemand wusste, was ich während der Trancesitzung erlebt hatte. Mein Herz klopfte wild, und ich rannte die Stufen des Treppenhauses hinauf.

Als ich meine Kinder sah, war ich außer mir vor Glück. Ich küsste meine Tochter auf die Stirn und drückte meinen Sohn an mich. So froh war ich, sie in meinen Armen zu halten. Es war einfach unermesslich schön, wieder bei ihnen zu sein.

Ich war zwar heimgekehrt, aber von diesem Tag an war nichts in meinem Leben mehr so, wie es vorher gewesen war. Die Reise in das Innere der Erde war so eindrücklich gewesen, dass sie mich völlig verändert hatte. Ich wusste, dass meine Aufgabe mit der Atlantischen Kristallbibliothek erst begonnen hatte, und ich setzte alles daran, die größten Schamanen und Ältesten der Welt zu einem Rat zusammenzurufen. Ich wusste, dass dies ein Projekt über Jahre hinweg war, und ich hoffte, alles richtig zu machen.

Nach und nach lud ich die Schamanen ein, mit der Kristallbibliothek zu arbeiten, und gemeinsam hielten wir Zeremonien für den Frieden ab. Ich hatte den Eindruck, die Farben der Erde seien intensiver geworden, und mein Herz spürte die Veränderung auf Erden. Durch Workshops und Vorträge versuchte ich die Menschen zu erreichen.

Dann bekam ich eines Tages die erste heilige Tafel in meine Hände, die »Sonnentafel« der Atlantischen Kristallbibliothek. Es war ein erhebender Augenblick, und ich war fassungslos vor Freude, einen Teil des Schatzes nun hier auf der oberen Erde zu wissen. Ich richtete ein Museum ein, und von da an erreichte mich ein wertvolles Stück nach dem anderen, damit ich es im Council of World Elders für die Kinder der Erde bewahrte.

Immer wenn ich die Schamanen mit der Kristallbibliothek arbeiten sah, freute ich mich, denn sie tanzten für Mutter Erde und sangen für sie ihre Lieder. Ich wusste, dass dies dem Herz der Erde gefiel, und ich freute mich, wenn ich die Menschen dabei glücklich sah.

Oft dachte ich an San Saiman, und wenn die Sonne schien, lächelte ich ihr manchmal entgegen. Wenn ich durch die Wälder ging, glaubte ich manchmal Graubarts Gemurmel zu hören, und ich fragte mich, ob sie wohl bei mir waren, die Zwerge seines Volkes. Sicher unterstützten sie mich in dem Wunsch, den ich aus tiefstem Herzen hegte – dass die Menschen mit der Kristallbibliothek das Wissen des Universums leben würden. Eines Tages würden sie das bestimmt tun, auch wenn aller Anfang mühselig erscheint.

Als mich die Kristallhand des Wächters der Kristallbibliothek erreichte und ich sie im Museum des Council of World Elders zum ersten Mal ausstellte, da wusste ich, dass uns der atlantische Priester zur Seite stand – und dass er uns grüßte.

Noch mehr berührte es mich, als ich das kristallene Herz in Händen hielt und den Gesang der Wale spürte, der darin gespeichert ist.

Mein Herz hat den Schmerz und die Trauer um San Saiman vergessen, denn ich weiß, dass ich ihn eines Tages wiedersehen werde. Jeden Tag bestaune ich jetzt das Heranwachsen meiner Kinder und bemühe ich mich, mit der Atlantischen Kristallbibliothek den Menschen zu helfen. Auch meine Arbeit mit Corazon de Luz erfüllt mich mit tiefer Freude.

Doch jedes Mal, wenn ich die Trancearbeit mit dem Kristallschädel beginne, keimt ein winziges Stück Hoffnung in mir auf, dass er mich wieder auf eine Reise entführt – auf eine Reise ins Innere der Erde.

Dank

Ich möchte allen Menschen und Wesen danken, die geholfen haben, dass dieses Buch entstehen konnte. Aus tiefstem Herzen wünsche ich, dass die Menschen die Wahrheit darin für sich selbst entdecken und das Glück in sich und dass sie beginnen, eins zu sein mit dem Universum. Mögen sie niemals vergessen, dass wir umgeben sind von Liebe und Freundschaft auf Ebenen, die unseren Augen verborgen bleiben.

Besonders danke ich meinen Kindern, die mich mit ihrer Liebe hierher zurückgebracht haben. Auch danke ich allen, die mithelfen, diese Geschichte unter die Menschen zu tragen. Möge daraus das Neue Zeitalter entstehen und Frieden sein in den Herzen der Menschen.

Anhang

Einleitung

Die kostbaren Stücke der Atlantischen Kristallbibliothek, welche im Buch beschrieben werden, treffen nun nach und nach in der Sammlung des Council of World Elders ein.

Im Folgenden findet der Leser ein Verzeichnis jener wundervollen heiligen Objekte, die bisher den Weg zu uns gefunden haben, und vor allem genaue Beschreibungen (Expertisen). Dabei handelt es sich um Scans der Identitätsbescheinigungen des Gemmologischen Labors in Idar-Oberstein, das die Fundstücke einer Echtheitsprüfung unterzogen hat, mit den genauen Maßen und Gewichten und der Bestätigung, dass die im Hochrelief gearbeiteten Objekte aus natürlichem Bergkristall bestehen. Die Originale liegen uns vor.

Wenn alle Gegenstände der Bibliothek im Besitz der Sammlung sind, wird es ein eigenes Buch mit einer noch ausführlicheren Beschreibung und Erklärung der einzelnen Stücke geben. Doch einstweilen freue ich mich, wenn meine hoch verehrten Leser sich an der intensiven Ausstrahlung und Schönheit dieser Objekte erfreuen können. In diesem Sinne verstehe ich es auch als meine Aufgabe, die bereits bei uns eingetroffenen Stücke in Workshops und Seminaren der Öffentlichkeit zur Verfügung zu stellen – zum Gebet und zur Aktivierung der Frequenzerhöhung des Planeten in Licht und Liebe.

Dies ist eine besondere Zeit, und ich bin glücklich, die Heiligkeit dieser Möglichkeiten mit vielen Menschen aus der ganzen Welt in Freude teilen zu dürfen.

Eure Karin Tag
Niddatal, 20. Januar 2011

Verzeichnis der Objekte der Atlantischen Kristallbibliothek

mit Identitätsbescheinigung

1. Ovales Hochrelief mit der südamerikanischen Darstellung des Sonnengottes Inti
2. Ovales Hochrelief mit der südamerikanischen Darstellung des Schöpfergottes Viracocha
3. Ovales Hochrelief mit der südamerikanischen Darstellung des »Kreuz des Südens« und Reliquienschädel
4. Ovales Hochrelief, in Gold gefasst, mit südamerikanischer Darstellung des »Kreuz des Südens« und Reliquienschädel
5. Hochrelief mit Darstellungen von südamerikanischen Zeremonialszenen, in Gold gefasst (»Sonnentafel«)
6. Südamerikanische Drachenfigur mit Goldflamme und Saphir-Augen (»Schlange des Lichtes«)
7. Südamerikanische Darstellung eines Drachens mit Feueropal (»Feuerdrache«)
8. Herz auf Holzschale mit Goldplattierung und südamerikanischen Votivköpfen
9. Menschliche Hand aus reinem Bergkristall
10. Unterarmknochen aus reinem Bergkristall
11. Oberarmknochen aus reinem Bergkristall

(Stand 20.01.2011)

Objektbeschreibung 1

Ovales Hochrelief mit der südamerikanischen Darstellung des Sonnengottes Inti

Das im Hochrelief gearbeitete Stück zeigt eine zeremonielle Szene mit dem Sonnengott Inti, der sich über eine Feuerschale neigt. Das ovale, flache Relief besteht aus reinem Bergkristall und wiegt 27,4 Gramm.
Herkunftsland: Südamerika, Peru

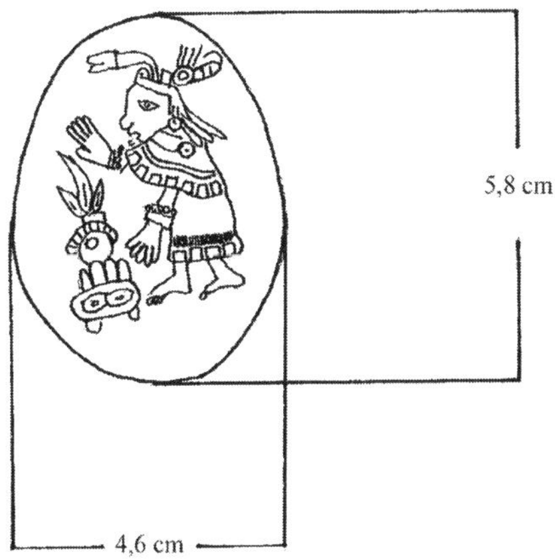

Ethnologische Sammlung: Council of World Elders
Head Office Karin Tag
Panoramaweg 27
D-61194 Niddatal
Stiftung aus Privatbesitz (Peru)

Identitätsbestätigung: Deutsche Stiftung Edelsteinforschung (DSEF)
Gemmologisches Labor Dr. C. C. Milisenda
(Gegründet 1969 durch die Deutsche Gemmologische Gesellschaft e.V.)
Prof.-Schlossmacher-Straße 1
D-55743 Idar-Oberstein

Natürlicher Bergkristall

Idar-Oberstein, den 20.Januar, 2011

Objektbeschreibung 2

Ovales Hochrelief mit der südamerikanischen Darstellung des Gottes Viracocha

Das im Hochrelief gearbeitete Stück zeigt den Gott Viracocha mit zeremoniellen Gegen-ständen. Das ovale, flache Relief besteht aus reinem Bergkristall und wiegt 105,0 Gramm.
Herkunftsland: Südamerika, Peru

Ethnologische Sammlung: Council of World Elders
Head Office Karin Tag
Panoramaweg 27
D-61194 Niddatal
Stiftung aus Privatbesitz (Peru)

Identitätsbestätigung: Deutsche Stiftung Edelsteinforschung (DSEF)
Gemmologisches Labor Dr. C. C. Milisenda
(Gegründet 1969 durch die Deutsche Gemmologische Gesellschaft e.V.)
Prof.-Schlossmacher-Straße 1
D-55743 Idar-Oberstein

Natürlicher Bergkristall

Idar-Oberstein, den 20.Januar, 2011

Objektbeschreibung 3

Ovales Hochrelief mit der südamerikanischen Darstellung des „Kreuz des Südens“ mit Reliequienschädel

Das im Hochrelief gearbeitete Stück zeigt eine Darstellung des stilisierten „Kreuz des Südens“ mit zwei aufeinander liegenden Schlangen, die einen Schädel einfassen. Das ovale, flache Objekt besteht aus reinem Bergkristall und wiegt 66,4 Gramm.
Herkunftsland: Südamerika, Peru

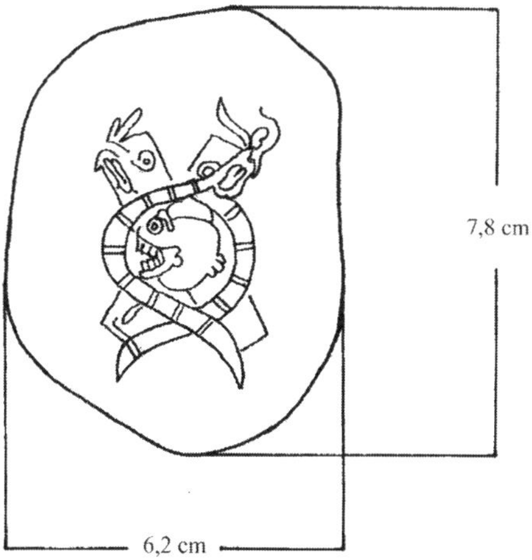

Ethnologische Sammlung: Council of World Elders
Head Office Karin Tag
Panoramaweg 27
D-61194 Niddatal
Stiftung aus Privatbesitz (Peru)

Identitätsbestätigung: Deutsche Stiftung Edelsteinforschung (DSEF)
Gemmologisches Labor Dr. C. C. Milisenda
(Gegründet 1969 durch die Deutsche Gemmologische Gesellschaft e.V.)
Prof.-Schlossmacher-Straße 1
D-55743 Idar-Oberstein

Natürlicher Bergkristall

Idar-Oberstein, den 20.Januar, 2011

DEUTSCHE STIFTUNG EDELSTEINFORSCHUNG
ABTEILUNG FÜR ECHTHEITSPRÜFUNG
(DSEF)

Objektbeschreibung 4

Ovales Hochrelief in Gold gefasst mit südamerikanischer Darstellung des „Kreuz des Südens" mit Reliquienschädel

Das im Hochrelief gearbeitete Stück zeigt das „Kreuz des Südens" mit zwei aufeinanderliegenden Schlangen, die einen Schädel einfassen. Das ovale, flache Objekt besteht aus reinem Bergkristall und hat inklusive Goldfassung ein Gesamtgewicht von 87,1 Gramm.
Herkunftsland: Südamerika, Peru
Restauratoren: Gerhard Wulke, Charis Otto-Lange

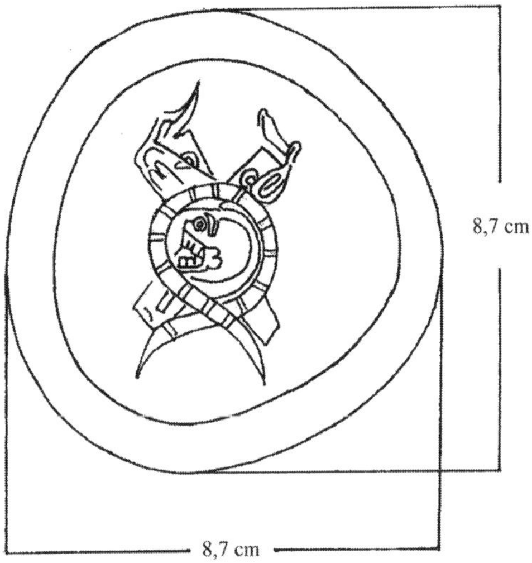

Ethnologische Sammlung: Council of World Elders
Head Office Karin Tag
Panoramaweg 27, D-61194 Niddatal
Stiftung aus Privatbesitz (Peru)

Identitätsbestätigung: Deutsche Stiftung Edelsteinforschung (DSEF)
Gemmologisches Labor Dr. C. C. Milisenda
(Gegründet 1969 durch die Deutsche Gemmologische Gesellschaft e.V.)
Prof.-Schlossmacher-Straße 1
D-55743 Idar-Oberstein

Natürlicher Bergkristall in Goldfassung

Idar-Oberstein, den 20.Januar, 2011

Objektbeschreibung 5

Hochrelief mit Darstellungen von südamerikanischen Zeremonialszenen in Gold gefasst

Das Hochrelief zeigt in vier Bildabschnitten Szenen aus dem südamerikanischen Kulturkreis. Zu sehen sind Darstellungen verschiedener Priester im Zeremonialgewand und eingelassene Motive, welche Rückschluss auf den Kalender der Mondphasen zulassen. Die Goldfassung zeigt Sonnenmotive und trägt eine große Sonne in der Mitte der Fassung. Die Platte hat ein Gesamtgewicht inklusive Goldfassung von 1.876,2 Gramm (1.538 Gramm Bergkristall, ca. 300 Gramm Gold, davon 37,8 Gramm Sonne in Gold). Herkunftsland: Südamerika, Peru.
Restauratoren: Gerhard Wulke, Charis Otto-Lange

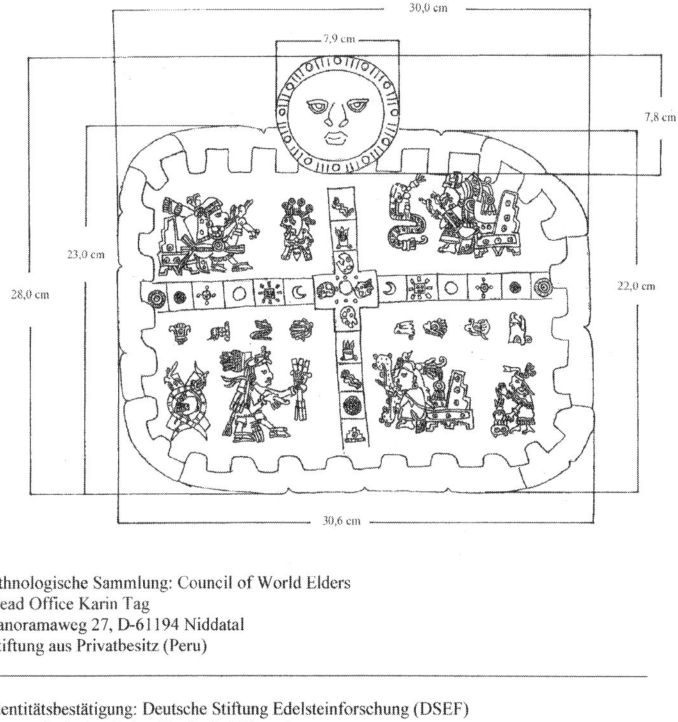

Ethnologische Sammlung: Council of World Elders
Head Office Karin Tag
Panoramaweg 27, D-61194 Niddatal
Stiftung aus Privatbesitz (Peru)

Identitätsbestätigung: Deutsche Stiftung Edelsteinforschung (DSEF)
Gemmologisches Labor Dr. C. C. Milisenda
(Gegründet 1969 durch die Deutsche Gemmologische Gesellschaft e.V.)
Prof.-Schlossmacher-Straße 1
D-55743 Idar-Oberstein

Natürlicher Bergkristall in Goldfassung

Idar-Oberstein, den 20.Januar, 2011

Objektbeschreibung 6

Südamerikanische Drachenfigur mit Goldflamme und Saphir-Augen

Die Darstellung des Drachen besteht aus reinem Bergkristall. Die Augen des Drachen bestehen aus blauem Saphir. Der Drache hat ein Gesamtgewicht von 198,5 Gramm.
Herkunftsland: Südamerika, Peru

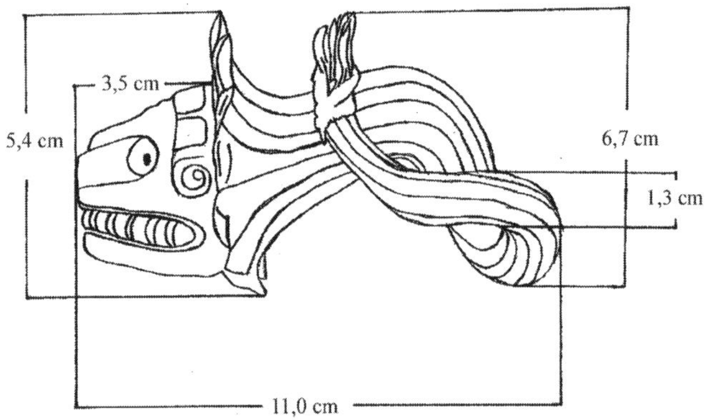

Ethnologische Sammlung: Council of World Elders
Head Office Karin Tag
Panoramaweg 27
D-61194 Niddatal
Stiftung aus Privatbesitz (Peru)

Identitätsbestätigung: Deutsche Stiftung Edelsteinforschung (DSEF)
Gemmologisches Labor Dr. C. C. Milisenda
(Gegründet 1969 durch die Deutsche Gemmologische Gesellschaft e.V.)
Prof.-Schlossmacher-Straße 1
D-55743 Idar-Oberstein

Natürlicher Bergkristall und Gold

Idar-Oberstein, den 20.Januar, 2011

Fortsetzung: Objektbeschreibung 6

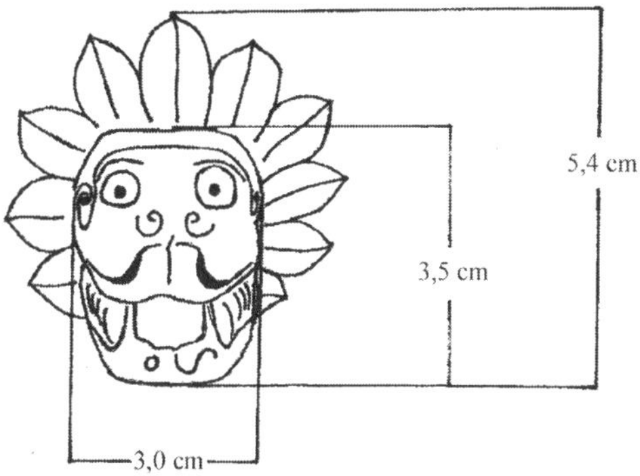

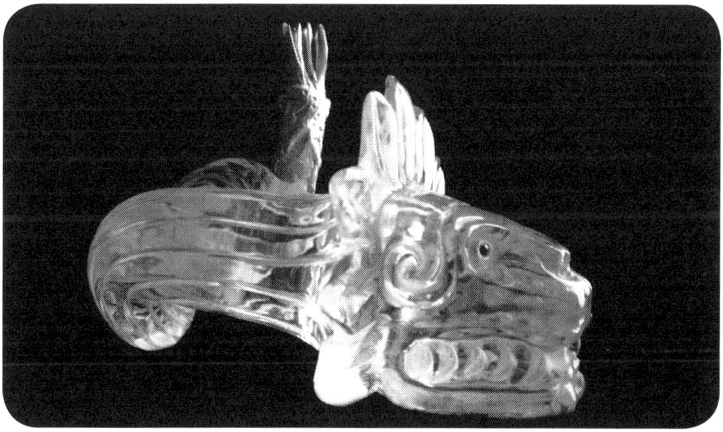

Objektbeschreibung 7

Südamerikanische Darstellung eines Drachens mit Feueropal

Der stilisierte Drachenkopf des Quetzalcuatl mündet in einen Drachenkörper aus Quadern, der mit Feuerflammen aus Feueropal geschmückt ist. Die Augen bestehen aus Feueropal. Der Drachenkörper besteht aus reinem Bergkristall und die Flammen aus Feueropal. Der Drache hat ein Gesamtgewicht von 547 Gramm.
Herkunftsland: Südamerika, Peru

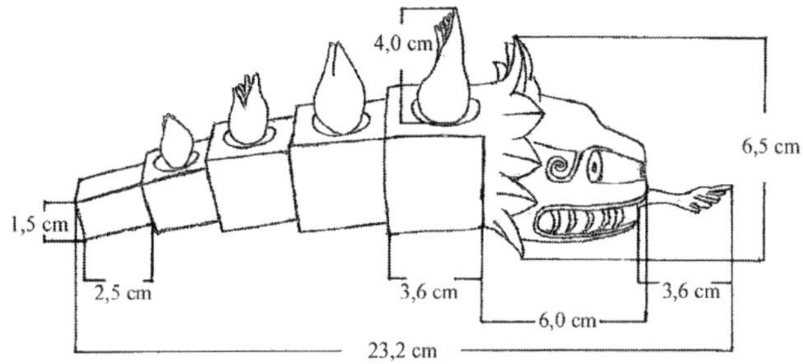

Ethnologische Sammlung: Council of World Elders
Head Office Karin Tag
Panoramaweg 27
D-61194 Niddatal
Stiftung aus Privatbesitz (Peru)

Identitätsbestätigung: Deutsche Stiftung Edelsteinforschung (DSEF)
Gemmologisches Labor Dr. C. C. Milisenda
(Gegründet 1969 durch die Deutsche Gemmologische Gesellschaft e.V.)
Prof.-Schlossmacher-Straße 1
D-55743 Idar-Oberstein

Natürlicher Bergkristall und Feueropal

Idar-Oberstein, den 20.Januar, 2011

Fortsetzung: Objektbeschreibung 7

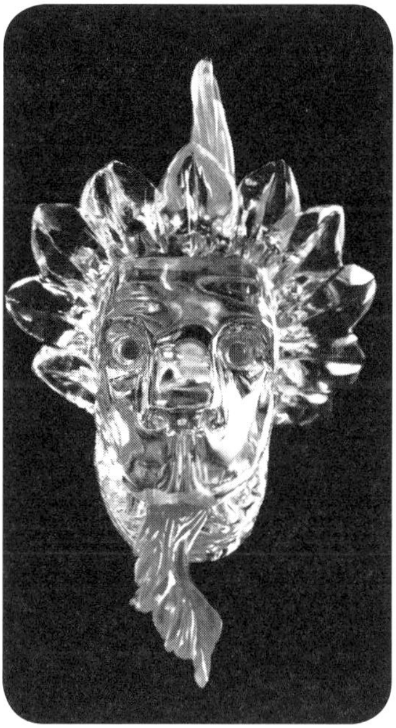

Objektbeschreibung 8

Herz auf Holzschale mit Goldplattierung mit südamerikanischen Votivköpfen

Das Objekt stellt die Nachbildung eines menschlichen Herzens dar, welches auf einer in Gold gefassten Holzschale ruht. Die Fassung zeigt Votivköpfe und Schlangen, die auf die runde Schale aufgebracht sind. Das Herz besteht aus reinem Bergkristall und wiegt 907,4 Gramm, der Goldanteil der Holzschale 231,0 Gramm.
Herkunftsland: Südamerika, Peru
Restaurator: Gerhard Wulke

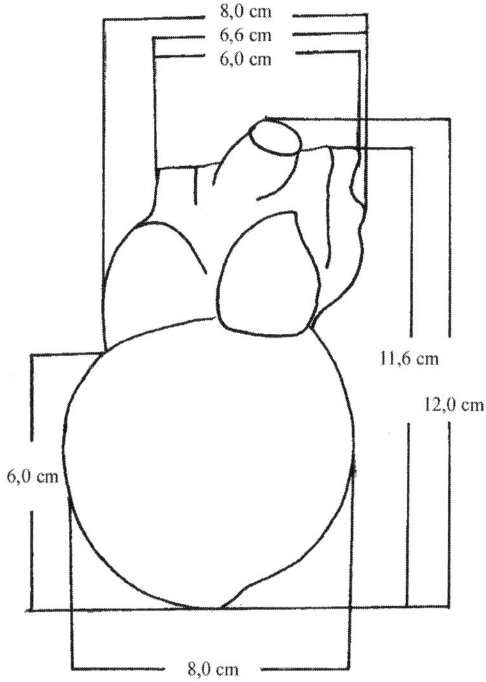

Fortsetzung: Objektbeschreibung 8

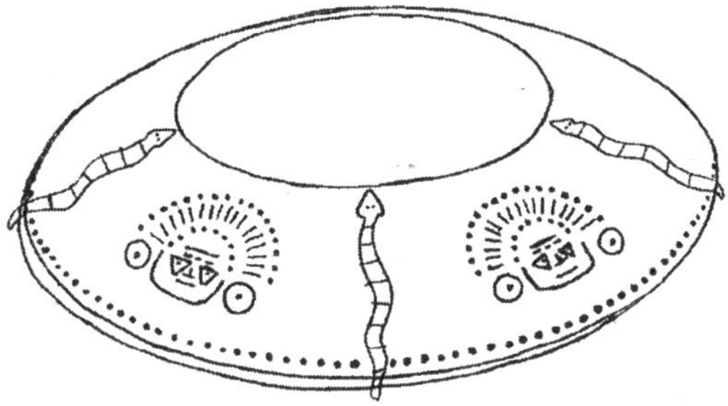

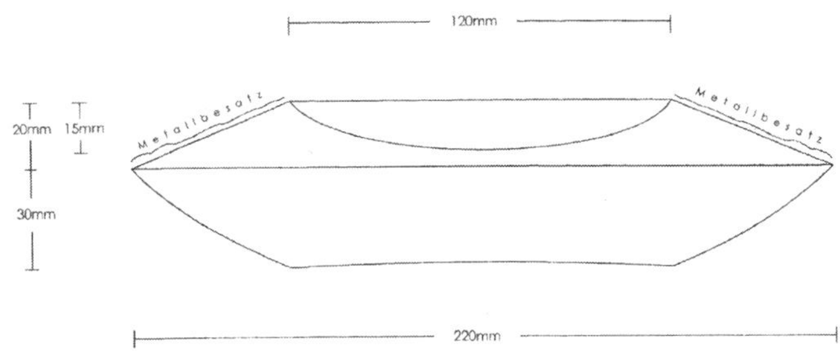

Ethnologische Sammlung: Council of World Elders
Head Office Karin Tag
Panoramaweg 27
D-61194 Niddatal
Stiftung aus Privatbesitz (Peru)

Identitätsbestätigung: Deutsche Stiftung Edelsteinforschung (DSEF)
Gemmologisches Labor Dr. C. C. Milisenda
(Gegründet 1969 durch die Deutsche Gemmologische Gesellschaft e.V.)
Prof.-Schlossmacher-Straße 1
D-55743 Idar-Oberstein

Natürlicher Bergkristall, Holzschale in Goldfassung

Idar-Oberstein, den 20.Januar, 2011

Objektbeschreibung 9

Menschliche Hand aus Bergkristall

Die Nachbildung der menschlichen Hand mit einem Teil des Unterarms besteht aus reinem Bergkristall und wiegt 175,0 Gramm.
Herkunftsland: Südamerika, Peru

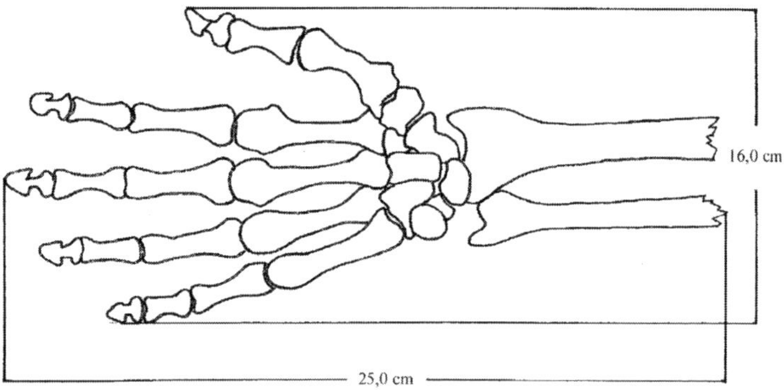

Ethnologische Sammlung: Council of World Elders
Head Office Karin Tag
Panoramaweg 27
D-61194 Niddatal
Stiftung aus Privatbesitz (Peru)

Identitätsbestätigung: Deutsche Stiftung Edelsteinforschung (DSEF)
Gemmologisches Labor Dr. C. C. Milisenda
(Gegründet 1969 durch die Deutsche Gemmologische Gesellschaft e.V.)
Prof.-Schlossmacher-Straße 1
D-55743 Idar-Oberstein

Natürlicher Bergkristall

Idar-Oberstein, den 20.Januar, 2011

Objektbeschreibung 10

Unterarmknochen aus reinem Bergkristall

Die Nachbildung des menschlichen Unterarms aus 2 Teilen (Elle, Speiche, lat. Ulna, Radius) besteht aus reinem Bergkristall.
Knochen 1 wiegt 94,3 Gramm
Knochen 2 wiegt 103,4 Gramm
Herkunftsland: Südamerika, Peru

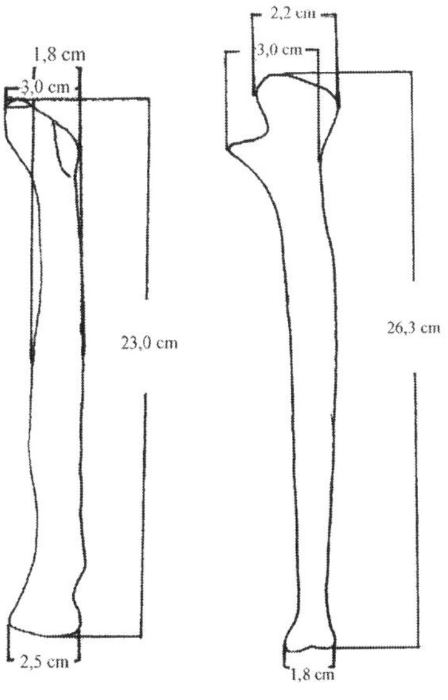

Ethnologische Sammlung: Council of World Elders
Head Office Karin Tag
Panoramaweg 27
D-61194 Niddatal
Stiftung aus Privatbesitz (Peru)

Identitätsbestätigung: Deutsche Stiftung Edelsteinforschung (DSEF)
Gemmologisches Labor Dr. C. C. Milisenda
(Gegründet 1969 durch die Deutsche Gemmologische Gesellschaft e.V.)
Prof.-Schlossmacher-Straße 1
D-55743 Idar-Oberstein

Natürlicher Bergkristall

Idar-Oberstein, den 20.Januar, 2011

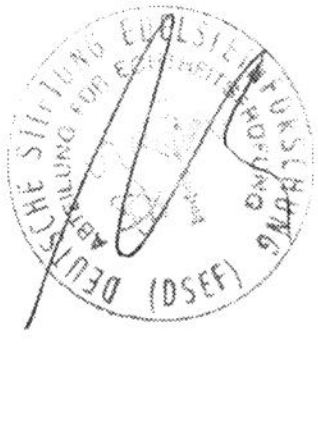

Objektbeschreibung 11

Oberarmknochen aus reinem Bergkristall

Die Nachbildung des menschlichen Oberarmknochens besteht aus reinem Bergkristall und wiegt 448,7 Gramm.
Herkunftsland: Südamerika, Peru

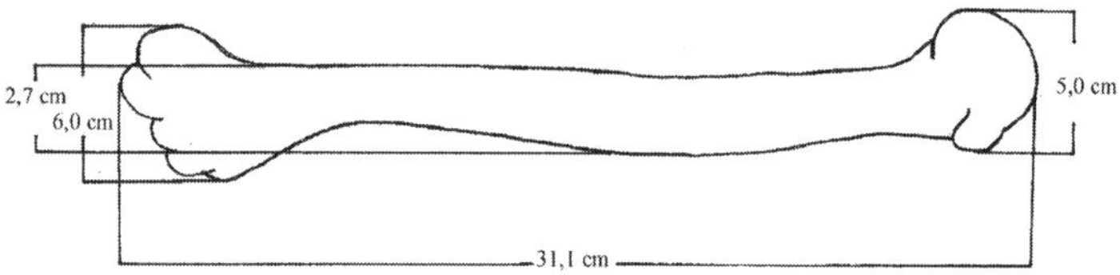

Ethnologische Sammlung: Council of World Elders
Head Office Karin Tag
Panoramaweg 27
D-61194 Niddatal
Stiftung aus Privatbesitz (Peru)

Identitätsbestätigung: Deutsche Stiftung Edelsteinforschung (DSEF)
Gemmologisches Labor Dr. C. C. Milisenda
(Gegründet 1969 durch die Deutsche Gemmologische Gesellschaft e.V.)
Prof.-Schlossmacher-Straße 1
D-55743 Idar-Oberstein

Natürlicher Bergkristall

Idar-Oberstein, den 20.Januar, 2011

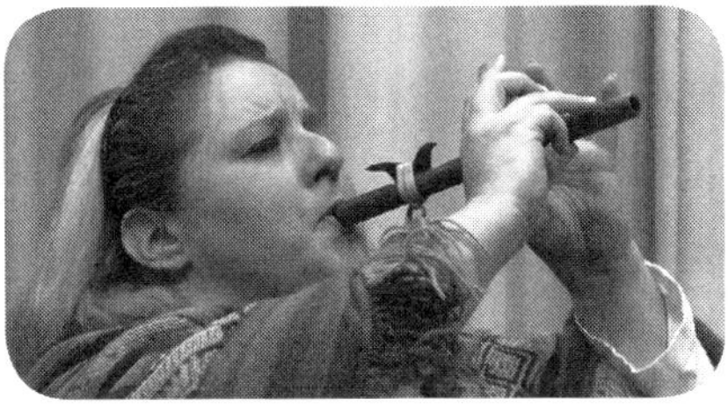

Karin Tag beschäftigt sich bereits seit 1986 mit archäologischen und geologischen Forschungen und Präparationen. Angeregt durch mehrere Hospitanzen an namhaften Museen (u. a. Senckenberg Museum/Frankfurt, Jura Museum/Eichstätt) begab sie sich selbst auf die Suche nach außergewöhnlichen Fundstücken und innovativen Forschungsmethoden. Gemeinsam mit ihrem jahrelangen intensiven Studium alternativer Heilweisen führte das 1996 zur Gründung des Seraphim-Instituts, in dem sie über elektromagnetische Felder und Photonenenergie forscht. Auf der ganzen Welt untersucht sie Kraftplätze und grenzwissenschaftliche Phänomene und leistet Friedensarbeit.

2002 erhielt sie von den Inka in Peru eine besondere Einweihung in indianisch-schamanische Rituale und Zeremonien. Ihr wurde der Ehrenname »Curandera« verliehen und zur Arbeit für den Weltfrieden der Kristallschädel Corazon de Luz als Dauerleihgabe übergeben. Den wissenschaftlichen und weltgeschichtlichen Forschungsstand über Kristallschädel fasste sie in ihren Büchern *Mysterium Kristallschädel* und *Der Geheimcode im Kristallschädel* zusammen. Mit *Die Prophezeiungen des Kristallschädels Corazon de Luz* legte sie 2009 im Amra Verlag das erste Buch mit medial empfangenen Botschaften eines Schädelsteins vor. Seit einiger Zeit liegt bei Amra Records auch *Heilung der Erde* vor, eine CD mit Karin Tags Gesängen, die eine Heilzeremonie nach traditioneller schamanischer Überlieferung bieten.

Karin Tag hält im gesamten deutschsprachigen Raum sowie auf internationalen Kongressen regelmäßig Workshops und Seminare ab. In ihrem Institut kann ganzjährig an Ritualen für den Weltfrieden mit Corazon de Luz und den Objekten der Kristallbibliothek teilgenommen werden.

Workshops und Seminare

mit Karin Tag und der Atlantischen Kristallbibliothek

In dieser Zeit beginnt nun das Vernetzen mit den Strukturen der Inneren Erde. Es ist wichtig, dass wir die Portale der Inneren Erde öffnen und mit der Kraft der Schlange des Lichtes zur Öffnung des neuen Bewusstseinswandels beitragen. Auch die Herzöffnung für uns Menschen und für den Planeten ist zu dieser Zeit von großer Kraft und Bedeutung.

Auf internationalen Vorträgen, Workshops und Seminaren können Sie die erste der Atlantischen Kristalltafeln, »Die Sonnentafel« (»The Sun Disk«), sowie das Atlantische Kristallherz, den Drachen Cuculcan und einige Orakelsteine besichtigen und dabei die besonderen Energien aufnehmen. Eine weitere Atlantische Kristalltafel, die »Mondtafel«, wird im Jahr 2011 der Hüterin Karin Tag übergeben.

Die Atlantischen Kristalltafeln enthalten nicht nur Informationen der kosmischen Bibliothek, sie sind auch Portalöffner für die höherliegenden Dimensionen und deren Frequenzen. Unter Aktivierung des besonderen Lichtes dieser heiligen Tafeln werden in Meditationen und Zeremonien die inneren Kräfte des Wissens lebendig und geben Kraft für besondere Fähigkeiten.

Mit dem Atlantischen Kristallherz in Zeremonie zu sein ist ein außergewöhnliches Erlebnis und dient der Aktivierung der Urquelle der Liebe in allen Bereichen des Lebens. Immer in Liebe zu handeln bedeutet, dem Schöpferquell der göttlichen Bewusstwerdung nahezukommen. In Meditationen und Zeremonien mit dem Atlantischen Kristallherz werden Herzheilungskräfte aktiviert, und der Weg in die Urquelle der Liebe öffnet die Glückseligkeit in jedem Herzen.

Die Energien des Kristallschädels Corazon de Luz offenbaren sich in indianisch-schamanischen Ritualen. Mit fantastischen Gesängen aktiviert Karin Tag dabei das Energiefeld des Kristallschädels auf traditionelle Weise. Auch persönliche Botschaften können über Karin Tag aus Corazon de Luz medial empfangen werden. Diese Botschaften stellen eine wertvolle Hilfe in allen persönlichen Bereichen dar. Dazu werden Einzeltermine bei Karin Tag im Seraphim-Institut angeboten.

Termine, Infomaterial sowie Bücher und CDs von Karin Tag erhalten Sie beim

SERAPHIM-INSTITUT
Panoramaweg 27, D-61194 Niddatal, Germany
Tel./Fax: +49 (0) 61 87 – 29 05 53
seraphim-institut@web.de
www.seraphim-institut.de

Zeremonien für den Weltfrieden

mit Karin Tag und den Schamanen und Ältesten aller indigenen Völker

Die besten Schamanen und Priester der nativen Völker vereinigen sich weltweit im Council of World Elders (Rat der Weltältesten), um mit ihrem Wissen und ihrer Weisheit das Bewusstwerden und Erwachen des Planeten Erde zu unterstützen. Die besten und bekanntesten Heiler der indigenen Völker und die berühmtesten Weisen der ganzen Welt vereinen ihre Kraft und ihr Wissen, um Mutter Erde eine Chance für eine friedliche Zukunft zu geben. In jährlichen Friedenskonferenzen werden brisante Themen der Erdentwicklung besprochen, und es werden Rituale für die Entwicklung des Friedens abgehalten. Die weltbesten Schamanen geben ihren Geist und ihre Kraft in die Rituale für die Heilung der Erde. Botschaften an die Völker der Erde werden gesammelt und für die Öffentlichkeit publiziert. Die Schamanen und Weisen der Urvölker der Erde helfen so den Menschen, sich selbst und den Planeten zu heilen.

Friedenskonferenz mit allen Mitgliedern des Council of World Elders am 24./25. September 2011 in Frankfurt am Main. Weitere Termine siehe Webseite www.council-of-world-elders.de oder telefonisch unter +49 (0) 6187 – 29 05 53.

Karin Tag

2012
DIE PROPHEZEIUNGEN
DES KRISTALLSCHÄDELS
CORAZON DE LUZ

Ein Licht berührt die Erde

224 Seiten, gebunden,
mit hellblauem Leseband
Amra Verlag, € 19,95

ISBN 978-3-939373-32-2

»Menschenkinder und Völker der Erde, dies ist die Chronik Eurer Geschichte.«

Kristallschädel gelten bei den indigenen Völkern Südamerikas schon seit 5000 Jahren als heilige Wissensspeicher für die bevorstehende Zeitenwende. In ihrer Gegenwart haben Menschen immer wieder Bilder, Visionen und Botschaften empfangen.

Corazon de Luz ist in unserer Zeit der einzige alte Kristallschädel, der zur schamanischen Arbeit benutzt wird. Er schildert die Geschichte der Menschheit bis weit über 2012 hinaus und gibt uns Hilfestellung angesichts der vor uns liegenden Herausforderungen.

Karin Tag ist Leiterin des ISR-Instituts für Photonenfotografie. 2002 wurde sie bei einem Ritual der Inka als Hüterin von Corazon de Luz erkannt und erhielt den Kristallschädel aus Peru anvertraut. Auf ihren gemeinsamen Reisen erforschen sie nun Kraftplätze und grenzwissenschaftliche Phänomene und leisten weltweit Friedensarbeit.

Leseproben auf www.AmraVerlag.de

Pepper Lewis

LÖSUNGEN FÜR EINEN KLEINEN PLANETEN

Die Weisheit
von Mutter Erde

256 Seiten, gebunden,
mit grünem Leseband
Amra Verlag, € 19,95

ISBN 978-3-939373-49-0

Künstliche Lebensumfelder, klimatische Veränderungen, geplünderte Ressourcen und das Verschwinden der Bienen ... Uraltes Wissen tritt nun zutage und erfüllt unseren Alltag mit neuem Sinn, denn wir sind alle Teil eines groß angelegten Entwurfs, der unsere persönliche Lebensreise beeinflusst. Die Erde entwickelt sich ständig weiter – und wir mit ihr.

Aus dem Inhalt: *Aufstieg – Atlantische und lemurische Energien – Behalten, was man lernt – Wiederherstellung durch Blumen – Auf die innere Stimme hören – Deine Wirkung auf das Land – Schaut über die Wirren hinaus – Sichere Orte – Die Veränderung steht kurz bevor – Glaubt Gaia an Gott?*

»Erfreuen Sie sich an den Botschaften in diesem Buch. Sie werden Ihr Herz erwärmen und Sie gleichzeitig im tiefsten Inneren Ihrer Seele bilden.«

Aus dem Vorwort von Kryon-Channel Lee Carroll

Pepper Lewis ist ein begnadetes Channel-Medium und eine weltweit bekannte spirituelle Lehrerin. Seit mehr als fünfzehn Jahren spricht durch sie der Empfindungskörper von Mutter Erde, liebevoll Gaia genannt.

Leseproben auf www.AmraVerlag.de

Karin Tag

HEILUNG DER ERDE

Eine Heilzeremonie nach traditioneller schamanischer Überlieferung

74 min, deutsch, spanisch, Booklet, im Jewelcase, Amra Records, € 19,95

ISBN 978-3-939373-71-1

Die Schamanin Karin Tag sagt: »Mit heiligen Flöten, Trommeln und Gesang nach traditioneller schamanischer Überlieferung kannst Du mit Mutter Erde auf Deine spirituelle Heilreise gehen. Die Anrufung der Elemente, des Kondors, Adlers und der Lichtwesen werden Dich in eine bezaubernde Welt der Verbindung mit der Natur und Deinen inneren Fähigkeiten führen. Die Zeremonie dient dem Frieden der Erde und berührt alles, was lebendig ist, mit tiefer Liebe.«

Aus dem Inhalt: *Initiation – Ich liebe Dich, Mutter Erde – Aktivierung der Energien – Tanz des Feuers – Heilige Elemente – Lob auf das Wasser – Ahnenanrufung – Verbindung*

Diese CD ist eine Rarität: Das Tönen der Muschel leitet ein Ritual ein, das sich über eine Liebeserklärung an Mutter Erde, den Ruf des Kondors und dreizehn weitere Stücke fortsetzt. Es ist die erste Aufnahme einer original schamanischen Heilzeremonie für unseren Planeten.

Curare, Pacha Mama – heile, Mutter Erde!

Hörproben und Video-Interview auf www.AmraVerlag.de

Tom Kenyon

AUFBRUCH INS HÖHERE BEWUSSTSEIN. DIE HATHOREN-BOTSCHAFTEN

Wie wir die Herausforderungen unserer Zeit meistern

240 Seiten, gebunden,
mit Musik-CD und Fototeil
Amra Verlag, € 19,95

ISBN 978-3-939373-31-5

Die Hathoren sind eine Gruppe interdimensionaler Wesen, die in Ägypten durch die Göttin Hathor wirkten. Sie arbeiten in der fünften bis zwölften Dimension des Bewusstseins und verschaffen ihrer himmlischen Musik und ihren Botschaften in unserer Zeit durch Tom Kenyon Ausdruck. Das vorliegende Buch versammelt weltweit erstmals ihre von 2003 bis 2009 vorwiegend im Internet verbreiteten Botschaften.

»Wenn ihr bereit seid, eine neue Welt aufzubauen, laden wir euch ein zu einer Reise des Verstandes und des Herzens. Wir sind eure älteren Brüder und Schwestern. Wir sind das, was ihr eine aufgestiegene Zivilisation nennen würdet. Wir sind gewachsen, so wie ihr gewachsen seid, aufsteigend zu der Quelle all dessen, was ist.«

Mit Musik-CD zur Aktivierung der Zirbeldrüse!

Tom Kenyon ist Klangheiler, Opernsänger, Psychotherapeut, Gehirnforscher und Schamane. Seit Jahren bereist er die ganze Welt, um das Wissen der Hathoren weiterzugeben.

Leseproben auf www.AmraVerlag.de